中国社会福利协会组织编写
福怡助老专项基金资助
中福长者养老服务有限公司提供支持

中国社会福利协会

养/老/服/务/指/导/丛/书

人力资源和社会保障部社会保障能力建设中心

岗位技能培训推荐教材

老年体育活动指导师实务培训

丛书总主编◎ 冯晓丽

分册主编◎ 方子龙　陆一帆

中国社会出版社　中国劳动社会保障出版社　北京大学医学出版社

图书在版编目(CIP)数据

老年体育活动指导师实务培训/冯晓丽主编. —北京：中国劳动社会保障出版社，2015
(中国社会福利协会养老服务指导丛书)
ISBN 978-7-5167-1882-7

Ⅰ.①老… Ⅱ.①冯… Ⅲ.①老年人-体育活动-岗位培训-教材 Ⅳ.①G812.48

中国版本图书馆 CIP 数据核字(2015)第 078317 号

中国劳动社会保障出版社出版发行
(北京市惠新东街 1 号 邮政编码：100029)
*
北京北苑印刷有限责任公司印刷装订 新华书店经销
787 毫米×1092 毫米 16 开本 19.25 印张 368 千字
2015 年 4 月第 1 版 2015 年 6 月第 2 次印刷
定价：48.00 元

读者服务部电话：(010) 64929211/64921644/84643933
发行部电话：(010) 64961894
出版社网址：http：//www.class.com.cn

丛书编委会

分册编委会

主　编　方子龙　陆一帆

副主编　王　琳　郭建军

编　者　（按姓氏拼音排序）

安　楠　丁孝民　段立公　付劲德　高　红　高维纬

何文捷　侯　斌　李俊涛　刘心润　刘永强　隆胜军

单　威　宋小波　孙立民　王启荣　文　安　武铁男

杨　叙　闫会萍　张一民　赵书祥　周文君　朱静华

主　审　盛志国　池　建

序

春回大地，柳绿桃红。正值2015年万物复苏、百花争艳的美好时节，中国养老服务业发展又喜添新枝，由中国社会福利协会组织编写的“养老服务指导丛书—岗位技能实务培训教材”即将面世。仅为此序，是为祝贺。

我国正面临着人口老龄化的严峻挑战，发展养老服务业的任务十分繁重。自从2000年我国步入老龄化社会以后，发展速度十分迅速。截至2014年年底，我国60岁及以上的老年人口已达到2.12亿，占总人口的15.5%，预计在2025年将突破3亿，2034年突破4亿，2054年突破4.72亿。与许多国家的老龄化进程相比，我国的老龄化还呈现出高龄化、失能化、空巢化等特点，对专业化养老服务和高素质养老专业人才的需求日益增加。

中国社会福利协会是民政部主管的全国性社会组织，自2010年成立以来，秉承“改善民生、推进社会福利事业发展”的宗旨，积极参与养老服务标准化、信息化、专业化建设，取得了丰硕成果：研发了养老服务标准化体系框架，组织起草、论证完成了多个养老服务标准；研发了国家养老服务信息系统，数据收集、机构管理、咨询服务、远程培训以及行业管理等功能正在逐步实现；特别是自2012年以来，在民政部本级福利彩票公益金的资助下，组织举办了多期极具实用特色的养老护理员、专业技术人员以及管理人员培训班，既为养老服务业的发展培养了一大批合格人才，也研发了一系列高质量的养老服务培训专业教材。

“养老服务指导丛书—岗位技能实务培训教材”是中国社会福利协会教材研发工作的成果之一。继2014年研发首批养老服务职业技能培训系列教材之后，第二批教材从老年人和服务提供者的需求出发，围绕老年人康复服务、心理咨询服务、护理服务、老年人痴呆照护服务、体育活动指导服务、中医保健服务等，汇聚了国内外相关领域最新的理论研究和实践成果，体现了较高的专业水准，具有很强的实用性和指导性。可以说，凝聚了中国社会福利协会以及长期从事养老服务理论研究、人才培训、实务操作等社会各个方面的智慧和汗水，成果来之不易。我相信，这批教材的出版发行，必将对提升养老服务从业人员素质、推动养老服务专业知识普及推广、深化养老服务政策理论研究，发挥重要的作用。

当前，我国养老服务业发展正面临着前所未有的机遇。新修订的《中华人民共和国老年人权益保障法》将积极应对人口老龄化上升为国家的一项长期战略任务，并从法律上确立了“以居家为基础、社区为依托、机构为支撑”的社会养老服务体系框架；国务院办公厅颁布的《社会养老服务体系建设规划 2011—2015 年》，是国家首次将社会养老服务纳入专项规划范围，并明确了“十二五”时期社会养老服务体系建设的目标任务；2013 年国务院颁布出台的《关于加快发展养老服务业的若干意见》（国发〔2013〕35 号），对发展养老服务业做了全面安排部署，进一步明确了养老服务业在国家调结构、惠民生、促升级中的重要作用。养老服务业前程似锦，养老服务业大有可为。让我们抓住机遇，携手并肩，继续努力，把这一服务亿万老年人的夕阳红事业打造成蓬勃发展的朝阳产业！

民政部副部长

2015 年 4 月 15 日

前言

随着老龄化社会的快速到来，我国已经成为世界上老年人口最多的国家，巨大的养老服务需求与专业化服务提供不足的矛盾日益突出。老年人最值得全社会的尊敬和爱戴，更需要关心和帮助。积极应对人口老龄化、为老年人提供有尊严的专业照护服务、从而提升老年人的生活水平和生命质量是全社会的共同愿望。近年来，政府部门将推进养老服务业快速发展作为重要民生工程，出台了一系列优惠扶持政策，其中重点强调专业化技能人才培养。2013 年，国家民政部设立了彩票公益金专项资助，中国社会福利协会组织北京大学等相关院校及研究机构研发了首批养老服务职业技能系列实训教材；2014 年下半年，中国社会福利协会以福怡助老专项基金资助，再次组织研发了第二批养老服务职业技能系列教材。

本教材以培养较高素质的老年体育活动指导师为目标，按照《老年体育活动指导师培训大纲》编写，以老年人体育活动服务实际操作技能为重点，较为全面、系统地介绍了老年人体育活动服务所需的相关职业知识和职业技能，突出职业技能培养的特点，力求体现老年体育活动指导师的多重角色功能。参加老年体育活动指导师实务培训、考试合格后，将获得主管部门岗位技能培训资质证书。

本教材由 11 章组成：包括老年体育活动指导师职业定位及素质要求、老年人体育活动指导相关基础知识、老年人参加体育活动的原则和内容、老年人的体质评价、老年人体育活动的医务监督、对普通老年人的体育活动指导、对患有慢性病的老年人的体育活动指导、对残疾老年人的体育活动指导、适合老年人的体育活动设施、老年人的运动营养指南以及老年人体育活动的组织、管理与实施。教材内容强调实用性和可操作性，通俗易懂，重点突出，从多个角度帮助学员理解和掌握老年人体育活动的服务知识和技能。通过系统学习，可以使学习者掌握老年人体育活动指导的基础知识，具备对老年人进行体育活动指导的技能，提供老年人体育活动体质评价的组织管理、医务监督和设施维护等项服务。

在本册教材编写过程中，国家体育总局运动医学研究所的方子龙研究员和北京体育大学的陆一帆教授带领的编写团队，以高度的社会责任感投身工作，深入服务机构调研，与实务工作者共同切磋，参考国内、外大量的老年人体育相关的最新文献资料，结合自身在运动医学、体育保健学、运动营养学领域的教学经验和实践体会，并广泛征求相关领域专家意见，为教材编写付出了辛勤努力，形成了一部既具有专业水准，又具有对岗位技能培训发挥引导作用的应用型教材，与同期开发的其他岗位专业技能实训教材相配套，将为加快我国养老服务业人才队伍职业能力建设发挥重要智力支撑作用。

在此，中国社会福利协会对国家民政部、教育部、卫生和计划生育委员会、人力资源和社会保障部领导对指导丛书给予的关怀、信任和指导表示衷心感谢！对全身心投入系列教材编写的专家学者们表示崇高的敬意和衷心感谢！对为此次教材研发提供资金支持的中福养老服务有限公司表示衷心的感谢！我们相信，参与教材研发团队的辛勤付出和社会力量的热心奉献，在不久的将来将转化为各专业技能岗位的优质服务，使全国老年人安享幸福晚年。

因本系列丛书属创新性尝试，时间有限，还需在培训工作实践中不断充实完善，不足之处恳请广大读者和学习者加以批评指正，并提出修改完善意见，我们将不胜感激。

“养老服务指导丛书”编委会

“养老服务指导丛书”总主编 冯晓丽

2015年2月

目 录

第1章 职业定位及素质要求

一、职业定位

老年体育活动指导师是指在老年人群众性体育活动中从事运动技能传授、科学锻炼指导和组织管理工作的人员，包括社区和养老服务机构的老年体育活动指导者、社区工作者和体育服务志愿者等。

二、职业资质

老年体育活动指导师应当符合以下基本条件：

1. 具有完全民事行为能力的中华人民共和国公民，基本文化程度为初中毕业。
2. 具有奉献精神和良好道德素养，遵纪守法。
3. 动作协调、具有较强的示范、讲解与语言表达能力。
4. 热爱老年人体育事业，已经从事或准备从事老年人体育活动指导服务工作。
5. 参加老年体育活动指导师的培训，考核合格。
6. 所传授的体育项目有技能标准要求的，应当参加该体育项目的培训并达到标准。

三、岗位职责

老年体育活动指导师应当承担的基本工作职责可以概括为以下三个方面：

1. 开展老年人体育活动指导

(1) 向老年人传授体育项目动作技能。

(2) 向老年人传授体育健身方法。

(3) 向老年人传授合理安排健身锻炼方法。

2. 组织老年人开展体育活动

（1）组织开展老年人体育健身技能教学活动。

（2）组织开展老年人体育竞赛活动。

（3）组织开展老年人健身培训交流展示活动。

3. 开展老年人健身咨询宣传活动

（1）向老年人宣传科学健身的理念和知识。

（2）向老年人推广科学健身的方法和经验。

（3）科学解答健身老年人提出的有关问题。

四、职业道德

1. 职业道德基本规范

爱岗敬业、诚实守信、办事公道、服务群众、奉献社会。

2. 老年体育活动指导师职业守则

（1）坚持科学、文明、安全、诚信的原则，因人、因时、因地制宜，开展老年人体育活动指导服务，提高老年健身者的健身技能和身体素质，推动全民健身活动的开展。

（2）不得进行反科学、伪科学、封建迷信以及其他有碍社会主义精神文明建设的传播活动。

（3）服务态度热情、周到、诚恳，平等待人，与服务对象保持和谐关系。

（4）以人为本，尊老敬老，不得有性格、肤色、民族歧视，不得歧视有残障的人员。

（5）行为举止有礼貌、大方，谈吐用词文明得体，仪表仪容整洁，保持良好形象。

（6）在开展服务时应当加强安全管理，防范人身伤害事故的发生。

（7）爱护健身场地设施并保持环境卫生。

（8）热爱本职工作，工作认真负责，吃苦耐劳。

（9）努力钻研业务，积极提高服务质量。

（10）以诚实、正直、公平的态度与他人友好协作。

第2章

老年人体育活动指导相关基础知识

学习目标

- 掌握与老年人进行体育活动有关的基本名词和术语
- 了解正常人体衰老的过程
- 了解体力活动和运动与衰老之间的关系
- 熟悉体力活动和运动对老年人的好处

老年人一般是指60岁以上的人。进入老年期后，人体在生理、生化、组织和形态等方面都会出现退行性变化，身体机能开始衰退，主要表现为人体各器官系统的储备能力下降、适应能力减弱、抵抗能力降低。体育锻炼对老年人增进健康、延缓衰老、防治疾病有积极作用。了解并掌握老年人衰老过程中与体力活动和运动相关的结构和功能的变化特点，以及合理的体育锻炼减轻老年性退变或减慢其发展进程、改善和提高老年人的机能、延缓衰老等相关基础知识，对科学指导老年人进行体育活动具有重要意义。

第1节　名词和术语

一、与老年人相关的名词和术语

1. 年龄

年龄是指一个人从出生时起到计算时止生存的时间长度，通常用年岁来表示。年龄是一种具有生物学基础的自然标志。一个人出生以后，随着岁月流逝，年龄也随之增长，这是不可抗拒的自然规律。

2. 老年人

不同的文化圈对老年人有不同的定义。由于生命的周期是一个渐变的过程，从壮年到老年的分界线往往是很模糊的。世界卫生组织（WHO）以及西方一些发达国家把老年人定义为65周岁以上的人群。《中华人民共和国老年人权益保障法》所称的老年人是指60周岁以上的公民。

3. 衰老

衰老是指人的整个生命周期中的一个随时间进展而表现出的形态和机能不断衰退、恶化直至死亡的过程。影响人衰老的因素有生活环境、生活方式、精神状态、遗传因素等。

4. 健康

世界卫生组织（WHO）关于健康的定义：健康是一种在身体上、精神上的完满状态，以及良好的适应力，而不仅仅是没有疾病和衰弱的状态。一个健康的人应当具备的条件主要包括身体健康、心理健康、社会适应良好、品德高尚等。

二、与体育活动相关的名词和术语

1. 体力活动

体力活动是指由骨骼肌肉收缩产生、导致能量消耗增加的任何身体活动。体力活动的基本要素包括活动的频率、活动持续的时间、活动的强度和活动的类型。体力活动包括职业性、交通性、家务性和休闲性体力活动。其中，休闲性体力活动可以进一步分为竞技运动、娱乐活动和体育锻炼。

2. 体质

体质是指人体的质量，是在遗传和变异基础上表现出来的人体形态结构、生理功能和心理因素综合的、相对稳定的特征。遗传和变异是个体体质形成的重要因素，并对其发展提供了可能性。但是，人的生存、发展和变化与内、外环境（包括自然环境和社会环境）有十分密切的联系并受其制约。因此，体质的发展与强弱在很大程度上取决于后天环境和能动的塑造。人的体质可以从以下几个方面综合衡量。

（1）身体发育水平

包括体格、体型、体姿、营养状况和身体成分等。

（2）身体功能水平

包括机体的新陈代谢状况和各器官、系统的效能。

（3）身体素质水平

包括速度、力量、耐力、灵敏性、柔韧性、协调性等。

（4）运动能力水平

包括走、跑、跳、投、攀爬等基本运动能力。

（5）心理发育水平

包括智力、情感、行为、感知觉、个性、性格、意志等。

（6）适应能力水平

包括对自然环境、社会环境、各种生活紧张事件的适应能力。

（7）对疾病和其他有碍健康的不良应激源的抵抗能力等。

3. 身体素质

身体素质是指人体在运动、劳动和日常活动中，在中枢神经调节下，各器官、系统功能的综合表现（如力量、速度、耐力、柔韧性、灵敏与协调性等能力）。身体素质的强弱，是衡量一个人体质状况的重要标志之一。身体素质的发展，对增强人的体质和健康有重要的意义。身体素质主要包括以下几个方面。

（1）力量素质

力量素质是指人体或人体的某一部分肌肉工作时克服内、外阻力的能力。外部阻力是指物体的重量、支撑反作用力、摩擦力以及空气或水的阻力等。

（2）速度素质

速度素质是指人体进行快速运动或在最短时间内完成某种运动的能力，一般包括动作速度、位移速度和反应速度等。

（3）耐力素质

耐力素质是指人体进行长时间运动时肌肉和内脏的工作能力。

（4）柔韧素质

柔韧素质是指跨过关节的肌肉、肌腱、韧带等软组织的伸展能力，即关节活动的幅度。

（5）灵敏和协调素质

灵敏和协调素质是指各种条件突然变换时，人体能够迅速、准确、协调地改变身体运动方向、路线、速度等方面的能力。

4. 运动（锻炼）

运动（锻炼）是指有计划的、有组织的、重复的，以保持和/或提高一种或几种身体素质为目的的体力活动。运动训练可以分为以下几个类型。

（1）耐力性运动训练

耐力性运动训练是指身体大肌群长时间持续进行的、有节奏的一种运动模式。

（2）抗阻性运动训练

抗阻性运动训练是指肌肉对抗阻力的一种运动模式。

（3）柔韧性运动训练

柔韧性运动训练是指用以维持或增进关节活动范围的一种运动模式。

（4）平衡性运动训练

平衡性运动训练是指结合增强下肢肌肉力量与降低跌倒可能性的一种运动模式。

5. 体育

体育（也称为体育运动）是指以身体练习为基本手段，以增强人的体质、促进人的全面发展、丰富社会文化生活和促进精神文明为目的的一种有意识、有组织的社会活动。它是社会总文化的一部分。

第 2 节　正常人体的衰老

一、与体力活动和运动相关的结构与功能衰退

随着年龄的增长，人体的大部分生理系统会产生结构和功能的退化，甚至发生一些与年龄相关的疾病。这些与年龄相关的生理改变会影响组织、器官、系统的功能，进而影响老年人的日常活动和独立行动的能力。

老年人最大有氧能力（最大摄氧量）和骨骼肌运动能力的下降，即是生理性衰老的表现。上述指标的变化也是运动耐受性和日常生活能力的重要决定因素。与年龄有关的最大摄氧量和肌肉力量下降意味着在任何强度下（亚极量运动），老年人需要比年轻人付出更大的努力才能完成做功的要求。

生理性衰老的另一个显著特征是身体成分的改变，其对老年人的健康和身体机能有重要影响。从中年时期开始，身体脂肪会逐渐累积，并重新分布在腹部和内脏部位，加上在中年和老年期产生的肌肉减少的情况，会增加患代谢性疾病和心肺疾病的风险。

以下列举一些健康人在衰老过程中生理功能和身体成分的典型变化。

1. 肌肉功能

（1）肌肉力量和爆发力

从 40 岁开始，等张、向心和离心肌力下降，65～70 岁之后加速下降。下肢力量的下降比上肢力量的下降快，爆发力下降的速度比力量下降的速度快。肌肉力量和爆发力的下降预示着老年人失能（残疾）和死亡的风险。

（2）肌肉耐力和易疲劳性

老年人肌肉耐力下降，保持一个相对强度所需的力量会随着年龄的增长而增加。年龄影响疲劳的机制还不清楚，而且因任务不同而异。肌肉耐力下降可能会影响日常重复性运动的恢复。

（3）平衡和移动性

老年人的感觉、运动神经和认知的变化都会改变生物力学特性（如坐、行、移动等）。这些变化加上一些环境制约因素会对老年人的平衡和移动产生负面影响。平衡能力降低会增加跌倒的恐惧心理，导致老年人日常活动减少。

（4）运动神经功能和控制

老年人的反应时间增加，简单和重复动作速度变慢，控制精细动作的能力降低；对复杂动作的影响程度更大。这些变化能影响很多日常活动能力，增加受伤的风险，延长学习动作的时间。

（5）柔韧性和关节活动度

到 70 岁时，老年人髋关节、脊椎、踝关节的柔韧性明显下降（特别是女性），肌肉和肌腱的弹性降低。柔韧性降低会增加受伤、跌倒和背痛的风险。

2. 心血管功能

（1）心脏功能

老年人的最大心率（208－0.7×年龄）、每搏输出量和心脏输出量降低，运动开始时心率的反应变慢，舒张期充盈模式发生改变，左心室射血分数降低，心率变异性降低。心脏功能变化是衰老过程中运动能力降低的决定性因素。

（2）血管功能

老年人的主动脉及其主要分支硬化，大部分外周（手臂的、皮肤的）动脉的血管舒张神经功能和血管内皮依赖性舒张降低。动脉硬化和血管内皮功能紊乱增加患心血管疾病的风险。

（3）血压

老年人安静时的血压（特别是收缩压）升高。老年人（特别是老年妇女）在极量运动和亚极量运动时的血压高于年轻人。收缩压升高意味着心脏做功增加。

（4）局部血流

老年人的腿部血流在安静时、亚极量或极量运动时通常会减少。在亚极量运动时，肾脏和内脏血管收缩可能随年龄增长而减少。局部血流的变化可能会影响老年人的运动、日常生活能力和血压的调节。

（5）氧摄取

老年人在安静状态或亚极量运动时，全身的氧摄取变化不大；在极量运动时，氧摄取能力变化不大或稍微下降。在安静状态或亚极量运动时，腿部的氧摄取变化不大；在极量运动时，腿部的氧摄取能力稍微下降。外周氧摄取能力保持相对稳定。

（6）血容量和成分

老年人的总血容量和血浆容量降低，血红蛋白浓度小幅下降。这些变化可能通过降低心脏前负荷使最大每搏输出量降低。

（7）体液调节

老年人渴的感觉降低，肾脏保钠、保水的能力降低。随着年龄增长，身体内水分减少。这些变化可能导致身体脱水倾向加剧，在热环境下运动耐受力下降。

3. 肺功能

（1）通气量

老年人胸腔壁硬化，呼气肌力量降低。老年人在运动时会采取与年轻人不同的呼吸策略，呼吸做功相对增加。肺部老化一般不会限制运动能力（运动员除外）。

（2）气体交换

老年人肺泡数目减少，但是剩余肺泡的体积变大。肺部氧气和二氧化碳交换面积减少。动脉血气体含量在极量运动中通常可以保持得很好。

4. 身体活动能力

（1）最大摄氧量

对于不爱运动的健康成年人，最大摄氧量每年会降低 0.4～0.5 毫升/千克体重/分钟（每 10 年降低 9%）。随着年龄的增长，最大摄氧量下降速度加快。这些变化预示着功能储备下降、疾病和死亡的风险因素增加。

（2）氧摄取动力学

与年轻人相比，老年人开始运动时的系统氧摄取动力学过程比较慢。运动前的热身活动可以消除这种年龄差异。较慢的氧摄取动力学过程可能导致供氧不足和过早出现疲劳。

（3）乳酸阈和通气阈

通气阈（用最大摄氧量的百分比表示）随着年龄增长而增加。最大乳酸产生、乳酸耐受度以及运动后的乳酸清除速度会随着年龄增长而降低。结果提示：大强度运动能力降低。

（4）亚极量做功效率

老年人固定速度步行时的代谢消耗增加；蹬自行车的做功效率基本保持不变；但是对于不爱运动的人而言，氧债（即运动后恢复期内的过量氧耗，用于偿还运动中所欠下的氧）可能会增加。这些是预测老年人能量消耗和摄氧量的有效指标。

（5）步行运动学

老年人最舒适的步行速度会减慢，步幅变短，双脚支撑时间变长，步态稳定性变差。在平衡功能受损时，指标的年龄差异更明显。这些指标可以预测老年人身体活动机能和跌倒的风险。

（6）爬楼梯能力

老年人最大蹬台阶高度变短，这是腿部力量、肌肉活动协调性和动态平衡下降的综合结果，是反映日常生活所需的活动能力的指标。

5. 身体成分/新陈代谢

（1）身高

在 40 多岁和 50 多岁时，每 10 年身高会降低 1 厘米。60 岁以后身高降低加速，女性身高降低大于男性。椎间盘压缩，胸曲更明显。脊椎变化会损害移动性和其他日常活动。

（2）体重

体重在 30 多岁到 50 多岁时不断增加，直到 70 多岁时开始下降。与衰老相关的体重和身体成分指数（BMI）变化可能会掩盖肌肉丢失/脂肪增加。老年人体重快速、大幅度降低可以提示疾病的进程。

（3）去脂体重（瘦体重）

从 30 岁到 70 岁，每 10 年去脂体重会减少 2%～3%。身体总蛋白质和钾的丢失似乎反映了代谢活跃的组织（如肌肉等）的丢失。去脂体重是一个重要的生理调节指标。

（4）肌肉数量和体积

从 40 岁开始，肌肉总量开始减少，65～70 岁后加速减少，腿部肌肉减少更快。四肢肌肉在肌纤维数目和肌纤维体积上都有减少（Ⅱ型肌纤维的减少多于Ⅰ型肌纤维的减少）。肌肉数量减少和Ⅱ型肌纤维体积变小等于肌肉速度和力量的降低。

（5）肌肉质量

老年人肌肉中的脂类和胶原蛋白增加，Ⅰ型肌纤维的肌球蛋白重链增加，Ⅱ型肌纤维的肌球蛋白重链减少，肌肉最大力量下降，单位重量的肌肉氧化能力下降。这些变化可能与胰岛素抵抗和肌肉虚弱有关。

（6）局部脂肪

身体脂肪在 30 多岁到 50 多岁时增加，优先在内脏部位（腹腔内）堆积（特别是男性）。70 岁以后，各个部位的脂肪都开始减少。内脏周围脂肪的堆积与心血管和代谢疾病有关。

（7）骨密度

骨密度在 20 多岁（25～30 岁）时到达顶峰，40 岁以后以每年 0.5%或更大的速度减少。女性绝经后骨丢失速度更快，每年丢失 2%～3%。骨质减少会增加骨折的风险。

（8）新陈代谢

静息代谢率、肌肉蛋白合成速度以及脂肪氧化率（亚极量运动时）都会随着年龄增长而降低。这些代谢变化可能影响运动时的物质利用。

二、体力活动和运动水平降低

老年人的体力活动通常少于年轻人。尽管有些活跃的老年人每天用在体力活动和运动的总时间与一般活跃的年轻人所用的总时间差不多，但老年人大多进行的运动类型是低强度的（如步行、园艺、低冲撞的有氧活动），而年轻人偏好进行的运动类型强度较大（如跑步、高冲撞的有氧活动）。

三、患慢性病的风险增加

随年龄的增长，患慢性疾病（包括心血管疾病、Ⅱ型糖尿病、肥胖、某些癌症等）的风险与致死率相对增加。老年人也是骨骼、肌肉退化（如退化性关节炎、关节炎、肌肉减少症等）的多发人群。因此，年龄被认为是大部分慢性疾病发生的主要危险因素。但是，有规律的体力活动能够大幅度减少这些风险。身体健壮的人（和/或高体力活动者）患心血管疾病以及总体致死率的相对风险均明显低于一般人（和/或中等体力活动者）和不强壮的人（和/或不爱运动的人）。肌肉力量和爆发力也可以预测所有原因以及与心血管疾病相关的死亡率。因此，避免不爱运动的生活方式，每天至少进行一些体力活动是降低患慢性疾病风险、延缓任何早发性死亡的明智选择。

第 3 节　体力活动和运动与衰老过程

衰老是一个复杂的过程，有许多因素相互影响，包括初级衰老、次级衰老（是由于慢性疾病和生活方式造成的）以及遗传因素。体力活动对初级衰老的影响很难被研究和证实，因为细胞衰老过程与疾病产生是密不可分的。迄今为止，没有任何一种生活方式干预（包括运动）被证明可以延长人的最大寿命。但是，有规律的体力活动可以影响慢性疾病的发展（通过减少次级衰老的作用），进而延长平均预期寿命。体力活动还可以通过恢复以前不爱运动的老年人的机能能力，减少次级衰老的影响力。另外，有氧运动训练和抗阻性运动训练还能分别提高老年人 20％～30％或更高的有氧代谢能力和肌肉力量。

一、衰老过程中导致功能衰退的因素

尽管大多数人因年龄增长，生理机能会衰退；但是，有些人仅有小幅度衰退或是不衰退；甚至有些人随年龄增长而有所提升。有些身体功能会随着时间的改变产生不同的变化，可反映出周期性事件（如季节性等）或其他突发因素（如生病、受伤等）对体力活动的影响力。但是，尽管排除不同程度的体力活动的影响，大部分生理指标仍存在个体差异，而且这种差异似乎随着年龄增长而越来越大。个体对标准化的健身运动训练计划所产生的适应性反应也存在个体差异；有些人会产生较大变化，有些人却仅有少许变化。

有关家族及双胞胎的运动训练研究表明，遗传因素对生理指标、有氧能力的可训练性、骨骼肌的特性以及心血管风险因子均有明显的影响力。虽然遗传因素对于身体功能随时间改变程度，以及老年人对运动训练的反应尚不很清楚，但是很有可能是因为生活方式与遗传因素之间的交互作用，造成老年人有如此大的个体差异。

二、体力活动和运动与衰老过程

不爱运动的健康老年人对亚极量有氧运动的短期生理适应，基本上与年轻人相似，可以满足运动时控制动脉血管压力、主要器官的血液灌流、增加活动肌群的氧气和物质供给、维持动脉血液动态平衡和散热等重要调节功能的要求。

另外，老年人对抗阻性运动（等长收缩和动态收缩）时短暂的心血管、神经肌肉适应能力，也似乎与年轻人一样。因此，与年龄相关的功能下降，对于健康老年人进行有氧或抗阻性运动训练应当不会造成阻碍。

此外，在长期的有氧运动或抗阻性运动训练计划中（以相对强度为基础、渐进式的负荷量），中年人和非虚弱的老年人的长期适应能力和训练反应与年轻人不相上下。虽然与年轻人相比，老年人改善的绝对值比较小，但很多指标的相对改善与年轻人是差不多的。这些指标包括最大摄氧量、亚极量运动的能量代谢反应、有氧运动的运动耐受性，以及进行抗阻运动时的四肢肌肉力量、肌肉耐力与肌肉大小等反应。

生理的衰老改变了对训练刺激产生适应的某些过程，即老年人可能需要较长的时间去达到相同的改善程度，这些改变会因性别差异而有所不同。有研究表明，至少到 70 岁，身体都可以维持很好的调节适应能力。但是，在大肌群运动与冷/热刺激的双重压力下，与年轻人相比，老年人表现出较低的运动耐受性，而且有较高的受伤或生病的风险。在高温环境下所产生的运动耐受性的年龄差异，可能部分归因于老年人较低水平的有氧能力。老年人停止有氧训练会导致心血管和代谢适应的快速下降。相比较而言，肌力训练所产生的神经性调节适应能力似乎比较持久，持续时间与年轻人相当。

三、体力活动和运动与成功衰老

对百岁老人和其他长寿老人的研究表明，其长寿通常都被归因于健康的生活方式。其中三种经常被提及的健康行为包括有规律的运动、维持社交网络和保持积极的精神状态。与长寿或成功衰老有关的生理因素包括较低的血压、较低的BMI且无中心性肥胖、良好的葡萄糖耐受（较低的血糖和胰岛素浓度）、较低的甘油三酯和低密度脂蛋白胆固醇（LDL），以及较高的高密度脂蛋白胆固醇（HDL）浓度。有规律的运动是迄今为止唯一被确认的与长寿有关的生活方式。有规律的运动能够对广泛的生理系统产生有利的影响，减少慢性疾病风险因素，并且与较佳的心理健康和社会融合有关。因此，尽管遗传因素可能对衰老造成不同程度的影响，但是体力活动才是区别个体是否能够成功衰老的生活方式因素。

四、体力活动和运动与疾病和慢性健康问题的预防、管理和治疗

越来越多的证据显示，有规律的体力活动能够降低许多慢性疾病的风险（包括心血管疾病、脑卒中、高血压、Ⅱ型糖尿病、骨质疏松症、肥胖、直肠癌、乳腺癌、认知障碍、焦虑和忧郁等）。此外，体力活动也常被建议作为许多慢性疾病的治疗与疾病管理的方式（包括冠心病、高血压、外周血管疾病、Ⅱ型糖尿病、肥胖、高胆固醇血症、骨质疏松症、骨关节炎、跛行和慢性阻塞性肺病等）。而且，临床实践指南也证实体力活动在某些疾病的治疗与管理所发挥的作用（包括忧郁与焦虑、痴呆、疼痛、充血性心力衰竭、晕厥、脑卒中、背痛和便秘等）。

第4节　体力活动和运动对老年人的好处

一、体力活动和运动对老年人身体的好处

与不爱运动的人相比，长期进行有氧运动的老年人具有广泛的生理与健康优势，这些优势主要包括但是不限于以下几个方面：

◇ 拥有更好的身体成分，全身脂肪和腹部脂肪比较少，四肢肌肉的相对数量比较多，身体承重部位的骨密度比较高。

◇ 四肢肌肉氧化和抗疲劳能力比较强。

◇ 运输和利用氧的能力比较强。

◇ 在最大运动强度时有较高的心输出量。

◇ 在特定的亚极量运动时，心血管和代谢的应激比较小。

◇ 患冠状动脉疾病的风险明显降低。

◇ 神经传导速度比较快。

◇ 延缓老年人失能（残疾）的发展进程。

与不爱运动的人相比，长期进行肌肉力量训练的老年人的肌肉数量比较多，普遍比较苗条且强壮。与长期进行有氧运动的人相比，长期进行肌肉力量训练的老年人全身肌肉数量比较多，骨密度比较高，而且能保持较高的肌肉力量和爆发力。

1. 有氧运动训练对老年人身体的好处

（1）提高有氧运动能力

足够强度（≥60%的最大摄氧量）、频率（每周至少 3 次）和持续期间（至少维持 16 周）的有氧运动训练，可以明显提高健康老年人的最大摄氧量。有氧运动提高最大摄氧量的效果，在 75 岁以上的健康老年人也能得到，尽管改善的效果明显比较小。但是，最大摄氧量增加的相对幅度，老年人与年轻人差不多。

（2）提高心血管适应能力

进行 3 个月以上的中等强度（≥60%的最大摄氧量）的有氧运动训练，有助于提高健康老年人在休息和急性运动时的心血管适应能力。这些适应性反应包括：

1）在安静和亚极量运动负荷时的心率比较低。

2）在亚极量运动时，收缩压、舒张压和平均血压升高的幅度比较小。

3）改善训练的肌群的血管扩张和摄氧能力。

4）心脏保护作用，包括降低动脉粥样硬化的风险（降低甘油三酯和增加 HDL 浓度）、减轻有弹性的动脉硬化的程度、提高血管内皮和压力反射的功能、增强迷走神经的紧张性。

（3）改善身体成分

对体重超重的老年人，中等强度的有氧运动训练能有效减少身体脂肪总量。在不改变饮食习惯的情况下，超重的老年人进行中等强度（≥60%的最大摄氧量）的有氧运动训练，在 2～9 个月内平均可以减少 0.4～3.2 千克（为 1%～4%的体重）。与年轻的超重者一样，身体脂肪总量的减少与运动训练的总量有关。虽然这些减少的身体脂肪总量，相对于随年龄所增加的体重而言似乎是微不足道的，但是，有氧运动对减少腹部（内脏）脂肪有明显效果。

（4）改善新陈代谢

排除饮食习惯改变的影响，有氧运动训练可以提高安静时维持血糖的能力，清除餐后血液循环中的导致动脉粥样硬化的脂类（甘油三酯），以及在进行亚极量运动时优先使用脂肪作为肌肉的能量来源。

（5）增进骨质健康

有氧运动训练可能有助于绝经后妇女有效对抗伴随年龄增长的骨质丢失问题。低强度的负重运动（如每周步行3～5次，持续1年以上），能增加绝经后妇女的骨密度（髋部和脊椎的骨密度增加0～2%）。这种运动有助于对抗因衰老所产生的骨质丢失（不爱运动的人每年丢失0.5%～1%），降低髋部骨折的风险。进行高强度的负重运动（如上下楼梯、快走、负重步行、慢跑等），至少在短期间内（1～2年）对绝经后妇女的骨密度有更明显的效果。

2. 抗阻性运动训练对老年人身体的好处

（1）增加肌肉力量

老年人进行抗阻性运动训练可以增加肌肉力量。肌肉力量改变包括等长肌力、等动肌力、最大肌力（1 RM—能举起1次的最大负重）、多次重复负荷肌力（如3 RM—能举起3次的最大负重）等。整体而言，老年人经过抗阻性运动训练后，肌肉力量会有所增加。有研究表明，老年人进行抗阻性运动训练后肌肉力量增加的幅度与年轻人相当；但是，也有研究表明，老年人肌肉力量增加的幅度低于年轻人；还有研究指出，年龄对肌肉力量适应能力的影响可能受到性别、运动的时间长短和/或特定肌群的影响。

（2）增强肌肉爆发力

老年人进行抗阻性运动训练可以增强爆发力。爆发力等于肌肉收缩的力量/力矩与速度的乘积。与肌肉力量相比，老年人的爆发力与日常生活更为相关。此外，随着年龄增长，爆发力丢失的速度比肌肉力量丢失更快，其中原因可能是Ⅱ型肌纤维大量丢失所导致的。但是，进行抗阻性运动训练的老年人确实能够增强爆发力。

（3）改善肌肉质量

肌肉质量可以定义为每单位肌肉体积或数量的肌肉表现（力量或爆发力）。大部分研究表明，老年人进行抗阻性运动训练后，肌肉力量和爆发力的增强大于肌肉数量的改变；这些效果在训练初期特别明显。

一般而言，运动单位募集和放电率增加，被认为是进行抗阻运动训练后肌肉质量改善的主要原因。此外，拮抗肌群活动程度降低、肌肉结构与肌腱硬度的改变以及Ⅱ型肌纤维区域的选择性肥大都会影响肌肉质量。虽然老年人的肌肉肥大反应已经逐渐减退，但是老年男性的肌肉质量改善幅度与年轻人很相似；然而，老年女性改善的幅度却低于年轻女性。肌肉质量改善的幅度似乎没有性别差异，而且不同性别的老年人在进行抗阻性运动训练后的适应能力也几乎相同。

（4）提高肌肉耐力

尽管在一段时间内反复产生肌肉力量和爆发力的能力可以决定老年人的活动范围和功能独立性，但是，抗阻性运动训练对肌肉耐力的作用也可以作为一种相对的补充。研究显示，进行中等或高强度的抗阻性运动训练后，肌肉耐力会有提高 34%～200%的明显效果，但是，低强度的抗阻性运动训练则无法提高肌肉耐力。肌肉力量的增加，继发性的神经、代谢和/或肥大反应的提高，都可能通过以下原因转变为肌肉耐力的提高。

1）减少完成亚极量运动需要募集的运动单位的激活。

2）减少拮抗肌的共同激活。

3）增加高能磷酸盐（三磷腺苷和磷酸肌酸）的利用率。

4）将肌球蛋白重链异构体的表达从Ⅱb（Ⅱx）型肌纤维转向Ⅱa 型肌纤维。

5）增加线粒体密度和氧化能力。

6）减少完成亚极量运动需要动用的肌纤维百分比。

（5）改善身体成分

老年人进行中等或高强度的抗阻性运动训练可以增加去脂体重并减少身体脂肪。男性进行抗阻性运动训练后所增加的去脂体重比女性多，但是如果以相对的增加率表示，这种性别差异就不再存在。虽然有些学者认为去脂体重增加主要来自全身水分的增加，但是，肌肉和骨骼组织也都会受到抗阻性运动训练的影响。去脂体重的增加可以归因于肌肉横断面和数量的增加，这些变化似乎是Ⅱa 型肌纤维面积增加、Ⅱx 型肌纤维面积减少、Ⅰ型肌纤维面积没有改变的综合结果。老年人进行抗阻性运动训练后会产生 10%～62%的肌肉组织肥大。中等或高强度的抗阻性运动训练会减少 1.6%～3.4%的身体脂肪。

（6）增进骨质健康

高强度抗阻性运动训练可以维持或提高骨密度，而且直接与肌肉和骨骼适应能力有关。与有氧运动训练一样，抗阻性运动训练对停经前、后妇女的骨密度均有积极作用。有研究发现，经过 24 周高强度、低运动量的抗阻性运动训练，股骨颈的骨密度增加 1.96%，但全身、脊椎或 Ward 三角（股骨颈转子角形成的区间，是骨折易发的部位）的骨密度并没有改变。有研究显示，腿部肌肉力量的变化与股骨颈、腰椎的骨密度变化显著相关。

（7）改善新陈代谢

抗阻性运动训练对代谢的影响很复杂。有研究显示，抗阻性运动训练可以改变安静时能量的供应，但是，关于抗阻性运动训练对基础代谢率（BMR）的效果则存在分歧。长期与单次抗阻性运动训练对老年人 BMR 的影响并不清楚。一些研究显示，进行 12～26 周的抗阻性运动训练可以提高 7%～9%的 BMR。但是，其他相似的研究却显示没有改变。抗阻性运动训练可以通过增加脂质氧化、降低休息时的糖类和氨基酸氧化比例来促进老年人以脂肪作为能量来源。血清胆固醇和甘油三酯也会受到抗阻性运动训练的影响。研究显示，抗阻性运动训练可以增加 8%～21%的 HDL，降低 13%～23%的 LDL，降低 11%～18%的甘油三酯。

3. 平衡训练对老年人身体的好处

多种形式的运动（通常包含力量和平衡运动，以及太极运动）可以有效降低跌倒风险高危人群的伤害性/非伤害性跌倒风险。很多以跌倒风险高危人群（患有骨质疏松症的女性、虚弱的老年人、有跌倒经历的个体）为对象的研究，探讨了年龄、运动与平衡能力之间的关系。研究结果显示，高水平的体力活动（特别是步行）可以降低 30%～50%的骨质疏松性骨折的风险。研究显示，平衡训练活动（如下肢力量训练）能明显增强平衡能力。建议将平衡训练纳入运动计划中，以达到预防跌倒的目标。处于跌倒高危风险的老年人可以从个性化制定的运动计划中得到好处。

4. 柔韧性训练对老年人身体的好处

随着年龄增长，关节活动范围会变小，这样的改变与较差的柔韧性、行动能力、身体独立性有关。探讨老年人进行特定的关节活动范围的运动对柔韧性的效果研究较少。以 70 岁的妇女为研究对象，结果显示，经过 10 周专人指导的下腰部和臀部静态伸展运动训练（1 周 3 次）后，下腰部/腘绳肌群的柔韧性（提高 25%）和脊柱伸展性（提高 40%）得到明显改善。结合伸展与节奏性动作进行全关节活动范围的训练（如伸展＋瑜伽或太极），其上半身（如肩膀）和下半身（如脚踝、膝盖）的柔韧性也能够有相当程度的改善。进行关节活动范围的运动本身就能够改善健康老年人的柔韧性，但是，需要多少运动量（频率、持续时间）及什么类型的关节活动范围运动（静态或动态）对老年人是最安全有效的，却鲜有共识。

5. 体力活动和运动对身体机能及日常生活活动的影响

体力活动和运动对身体表现的影响尚不明确，而且似乎没有线性关系。研究显示，抗阻性运动训练对步行、坐姿起立和平衡活动有正面影响，但是，仍然需要更多的研究来探讨运动和机能表现之间的关系。多大程度的运动参与能够增进身体机能和日常生活表现，至今仍然不清楚。不同类型的运动计划（如步行、爬楼梯、平衡、坐姿起立等）实施后，身体表现的结果并不一致（有些有进步，有些没有进步），而且体力活动的参与和失能（残疾）（如日常活动的独立性）的变化没有线性关系。尽管如此，一个为期 8 年的追踪研究指出，老年人心血管适应水平的维持与拥有功能性独立之间确实存在相关性。这种相关的性质和强弱可能随着特定功能的体力活动测量的选择而有所不同。再者，根据训练准则中的特异性原则，训练计划内容与日常生活动作的类型、阻力和动作速度越相似，其表现的适应性越好。

二、体力活动和运动对老年人心理健康和幸福的好处

除了对生理和各种慢性疾病的效果以外，目前认为体力活动和运动对许多心理因素有明显影响。

1. 体力活动和运动促进老年人的心理健康和幸福

有规律的体力活动和运动能够明显促进整体的心理健康和幸福。较好的身体素质和有氧运动训练与降低患临床抑郁症和焦虑症的风险有关。体力活动和运动通过对自我概念和自尊的调节作用，影响心理健康。但是，其他途径可能也会起作用（如内脏脂肪的减少、皮质醇和炎性脂肪素的升高与海马萎缩、认知和情感障碍有关）。对很多老年人而言，衰老与知觉控制感的丧失有关，而个体对自己生活的知觉控制感又与心理健康和幸福感有关。控制良好的运动训练，能够使老年人的身体素质和体力活动的自我效能同时提高，中等强度的体力活动比高强度或低强度的训练更有效。

2. 体力活动和运动改善老年人的认知功能

流行病学研究指出，心肺适应能力和高水平的体力活动可以降低认知功能减退和痴呆的风险。研究显示，有氧运动训练、抗阻性运动训练，特别是结合两者的训练，可以增强不爱运动的老年人的认知功能。

很多研究表明，身体移动能力的下降与认知减退有关。身体移动能力（特别是步行速度和是否有能力步行 1 千米）还与神经疾病病症有关。同样，步行的速度与认知障碍的发生有关。认知功能的下降与日常生活身体功能（包括握力、移动能力、步行速度、坐姿起立等）的下降有关。

体力活动与降低认知障碍和痴呆的风险有关。对老年人进行运动干预的研究显示，单次有氧运动对记忆力、注意力和反应时有短期的改善效果。更重要的是，单独进行有氧运动训练、抗阻性运动训练或同时进行两项训练，都可以持续改善认知功能。将认知训练与有氧运动训练结合起来，可以得到较大的增强认知功能的效果。体力活动和运动与认知功能关系的机理目前仍不清楚。但是一些研究者认为，行为训练与有氧运动训练可以提高血流速度、增加脑容积、提高大脑产生的神经营养因子、改善神经传递系统、提高胰岛素样生长因子－I（IGF－I）的功能。

3. 体力活动和运动提高老年人的生活质量

生活质量是一个心理学概念，通常被定义为个人有意识对自己的生活进行满意度评价。有研究结果支持体力活动和运动与很多生活质量层面（但是不是所有层面）有正相关关系。研究一致显示，当体力活动与自我效能提高有关时，与健康相关的生活质量改善才有可能发生。

4. 抗阻性运动训练改善老年人心理健康和幸福

抗阻性运动训练可以改善很多心理健康和幸福指标（包括焦虑、抑郁、总体幸福感和生活质量）。作为一种独立的干预手段，抗阻性运动训练治疗年轻的和老年的临床抑郁症患者的效果是稳定持久的。有氧运动训练和抗阻性运动训练都能对临床抑郁症患者产生临床上显著改善，改善率为25%～88%。

对没有临床抑郁症的老年人的研究结果则较为不一致。例如，没有临床症状的虚弱的社区老年人，经过轻阻力的阻力带训练后，抑郁症状并没有改善。不爱运动的健康老年妇女，在使用负重训练器材进行中等或高强度抗阻性运动训练后，平均抑郁分数也没有改善，但焦虑水平在中等强度抗阻性运动训练后有所下降。针对有轻微或严重抑郁症状的社区老年人和不爱运动的老年妇女进行中等至高强度的抗阻性运动训练，其总体幸福感和生活质量均有改善（如身体疼痛感、精力、社交功能、精神状态、睡眠质量等）。相反，低强度的非特异性训练，对健康独立的老年人的生活质量则无有效改善。

小结

虽然没有任何的体力活动能够阻止人体衰老的过程，但是，有规律地运动可以将由于不爱运动的生活方式造成的生理性衰老的影响降到最低，并通过控制慢性疾病和失能（残疾）的发展过程，延长健康寿命。老年人有规律地运动对心理和认知也有好处。尽管老年人对运动的一些适应性反应受到遗传基因的影响，但是，运动对老年人有以下好处。

1. 将有氧运动训练与抗阻性运动训练结合在一起，似乎比单一的运动方式更有效降低不爱运动的生活方式对健康、心血管系统、骨骼肌肉功能带来的负面影响。

2. 高强度运动对健康老年人的身体素质、代谢和运动能力都有好处；但是，未必需要高强度的运动才能降低患慢性疾病和代谢疾病的风险。然而，对于某些疾病和老年病症状的治疗，高强度的运动介入是比较有效的（如Ⅱ型糖尿病、临床抑郁症、骨质疏松症、肌肉减少症和肌无力等）。

3. 单次有氧运动的急性效果相对比较短暂；一旦停止运动，即使有规律运动的老年人长期训练的效果也会很快丧失。

4. 在衰老过程中，生理机能开始下降的时间点和下降的模式，因各个生理系统和性别不同而有所差异，而且对运动训练的一些适应性反应也依赖于年龄和性别。因此，运动能够改变年龄相关的生理退化的程度，可能部分依赖于激素状态以及开始进行特异运动干预的年龄。

5. 对老年人的运动推荐应当包括有氧运动、肌肉力量训练和柔韧性训练。此外，处于跌倒风险或移动能力障碍的老年人，应当额外增加一些特殊训练，以增强平衡能力。

有规律的体力活动和运动对成功衰老是不可缺少的，老年人可以通过有规律的体力活动和运动获得很多健康好处，而且这些好处可以伴随一生。由于老年人是所有年龄层中体力活动量最少的群体，所以，促进老年人的体力活动和运动非常重要。

思　考　题

1. 什么是身体素质？身体素质主要包括哪几个方面的素质？

2. 健康人在衰老过程中生理功能和身体成分会发生哪些典型变化？

3. 简述体力活动和运动对老年人身体健康的好处。

4. 简述体力活动和运动对老年人心理健康的好处。

第3章 老年人参加体育活动的原则和内容

学习目标

- 熟悉老年人参加体育活动的基本原则、基本禁忌和注意事项
- 掌握老年人体育活动方案的制定原则
- 掌握指导老年人进行耐力性运动训练的方法
- 掌握指导老年人进行抗阻性运动训练的方法
- 掌握指导老年人进行平衡性运动训练的方法
- 掌握指导老年人进行柔韧性运动训练的方法

尽管与年轻人一样，老年人可以参加体育活动，但是他们参加体育活动的原因和方式可能不一样。一个运动训练计划并不能适合所有人。向老年人推荐的有效的运动训练计划应当包括那些能够提高或维持心肺耐力、肌肉功能（力量、耐力和爆发力）、平衡和移动性以及柔韧性的运动。

第1节　老年人参加体育活动的原则

随着年龄的增长，老年人不仅心肺功能降低，而且运动器官也逐渐衰退（如肌肉萎缩、兴奋性降低、速度减慢、骨质疏松等）。另外，老年人的听觉、视觉、触觉、平衡器官功能也减退，表现为反应缓慢、灵敏度低、协调性差。应根据老年人生理变化的特点来决定老年人所选择的运动项目并确定运动强度。

一、老年人参加体育活动的基本原则

1. 安全性原则

由于老年人的体力和协调功能衰退，视、听功能减弱，对外界的适应能力下降，老年人参加体育活动首先要考虑安全问题，应当避免有危险性的项目和动作，运动强度、幅度不能太大，动作要简单、舒缓。

2. 全面性原则

老年人应当尽量选择多种运动项目和能活动全身的项目，使全身各关节、肌群和身体多个部位得到锻炼。注意上、下肢协调运动，身体左、右侧对称运动，并注意颈、肩、腰、髋、膝、踝、肘、腕、手指、脚趾等各个关节和各个肌群的运动。

3. 适度性原则

老年人应当根据自己的生理特点和健康状况选择适当的运动强度、运动时间和运动频率。最好每天坚持锻炼，至少每周锻炼 3～5 次。每天户外活动时间至少半小时，最好 1 小时。老年人进行体育锻炼时，一定要量力而行，运动强度以轻微出汗、自我感觉舒适为度。

二、老年人参加体育活动的基本禁忌

1. 忌激烈竞赛

老年人无论参加哪些运动项目，都应当重在参与、健身，不要争强好胜、与别人争高低；激烈的竞赛不仅体力承受不了，而且容易发生碰撞、跌倒、情绪激动，极易发生意外。

2. 忌负重憋气

老年人肺结构老化、功能降低，憋气用力可能会因肺泡破裂而发生气胸。憋气还会增加心脏负担，引起胸闷、心悸。憋气时因胸腔压力增高，回心血量和脑供血减少，容易发生头晕目眩，甚至昏厥。憋气完毕，回心血量骤然增加、血压升高，容易发生脑血管意外。

3. 忌头部倒置动作

老年人不要向前过度弯腰、仰头后倾、左右侧弯，更不要做头向下的倒置动作。因为这些动作会使血液流向头部，而老年人血管壁变硬、弹性差，容易发生血管破裂，引起脑出血。当恢复正常体位时，血液快速流向躯干和下肢，脑部暂时发生缺血，会出现两眼发黑、站立不稳，甚至跌倒。

4. 忌晃摆旋转

老年人协调性差、平衡能力弱、腿力发软、步履缓慢、肢体移动迟钝，不宜进行滑冰、荡秋千和各种旋转动作，以免发生危险。

5. 忌急于求成

老年人对体力负荷适应能力比较差，因此，在运动时应当有较长时间的适应阶段，一定要循序渐进，切忌操之过急。

三、老年人参加体育活动的注意事项

1. 做全面身体检查

通过身体检查可以了解自己的健康状况，做到心中有数，为老年人合理选择运动项目和适宜的运动量提供依据。

2. 了解运动前、后的脉搏

测量早晨起床时的基础脉搏以及运动前、后的脉搏变化，进行自我监测，必要时可以测量血压。

3. 锻炼要循序渐进

每次运动前要做几分钟准备活动，缓慢开始，运动量由小到大，逐渐增加。以前没有运动习惯的老年人，开始几天可能会出现不适应反应，表现为疲劳、肌肉酸痛、食欲变差，甚至影响睡眠。此时应当减少运动量，降低运动强度。经过一段时间适应后再慢慢增加运动量，不要急于求成。

4. 活动环境要好

老年人应当尽量选择空气清新、场地宽敞、设施齐全、锻炼氛围好的场所进行体育活动。

第 2 节　老年人体育活动方案的制定

对于已经完成运动前评估（见第 5 章第 1 节）的老年人，可以为其制定锻炼方案，内容包括运动方式、运动强度、运动时间、运动频率等。

一、运动方式

运动方式的选择取决于老年人过去的运动习惯、身体机能水平和锻炼目的。以提高有氧能力为主要目的，应当选择有大肌群参与的连续、长时间的运动（如长距离走、慢跑、骑自行车、游泳、跳绳、划船、登山等）。最常用的运动方式是长距离走，因为此项活动不需要特殊的技能和场地。这些运动如果以中等、低强度进行都可以起到增进健康的作用，但是如

果想要提高心肺功能，可以通过增加运动时间、运动频率和运动强度来获得。老年人还可以通过参加健美操、哑铃操的练习来达到提高心肺功能的目的，见表 3—1。

表 3—1　　老年人运动方式选择指南

运动方式	锻炼目的（改善身体机能和形态）						
	肌肉力量	肌肉耐力	心肺耐力	柔韧性	身体成分	速度及灵敏	协调性
有氧运动		√	√	√	√		√
骑自行车		√	√			√	
健美操		√		√	√	√	√
高尔夫球							√
滑冰	√	√	√	√	√		√
慢跑		√	√		√		√
网球			√	√	√	√	√
乒乓球			√	√	√	√	√
爬楼梯	√	√					
牵拉				√			
游泳		√	√	√	√		√
快走			√				
举重	√	√				√	√

二、运动强度

1. 心率控制下的有效和安全运动强度

老年人确定运动强度的依据是锻炼目的和最大心率。根据最大心率计算出来的 50%最大强度被称为有效强度（想要获得有效锻炼效果的强度）。运动中的强度大于 50%最大强度才有效；85%最大强度被称为安全强度（低于此强度进行锻炼基本上是安全的）。如果是为了增进健康，建议采用 50%～70%最大心率的运动强度进行锻炼；如果是为了提高心肺功能，建议采用 70%～85%最大心率的运动强度进行锻炼。

2. 心率储备下的运动强度

虽然 220－年龄的最大心率计算方法被广泛使用，但是，用于老年人会由于衰老过程带来的血管硬化、心肌收缩力降低和血压升高等改变，导致准确度降低。

有学者提出了改进的计算公式：最大心率＝208－0.7×年龄。这一计算公式将年龄增长的变化比例减小了，更符合老年人的生理变化特征。

但是，上述公式仍然存在很大问题，因为公式只考虑年龄，偶然影响运动能力的体重、体脂率、力量等因素都没有考虑进去。为此，有学者提出心率储备的概念，即通过最大心率与安静心率的差值（心率储备＝最大心率－安静心率）来描述与心率相关的运动强度；锻炼强度的计算公式为：适宜运动心率＝心率储备×锻炼强度（％）＋安静心率。

3. 用 RPE 值控制运动强度

运动强度也可通过自感劳累分级（RPE）作为评价手段，RPE 值与心率变化明显相关，被用于描述运动中用力或疲劳的程度。最初的 RPE 值设定为 6～20，共 15 级。现在大多采用改良的 RPE 量表，将 RPE 值设定为 0～10，包括 RPE 值为 0.5 的情况，共 12 级。就个体而言，RPE 值与心率之间存在相关性，即 RPE 值越大，运动时的心率越高。自感劳累量表见表 3—2。

表 3—2　　自感劳累量表

6～20 级分类		0～10 级分类	
RPE 值	劳累程度	RPE 值	劳累程度
6	安静状态	0	安静状态
7	非常轻松	0.5	非常非常轻松
8	非常轻松	1	非常轻松
9	很轻松	2	轻松
10	很轻松	3	稍费力
11	轻松	4	较费力
12	轻松	5	费力
13	稍费力	6	费力
14	稍费力	7	非常费力
15	费力	8	非常费力
16	费力	9	非常费力
17	很费力	10	非常非常费力
18	很费力		
19	非常费力		
20	非常费力		

4. 运动强度的特点

老年人应当尽量避免 80％以上强度的运动，以免发生危险。

（1）50％～60％的强度特点

1）用力程度：轻松运动，呼吸规律、顺畅。

2）目的效果：适合开始锻炼的老年人提高有氧能力，释放精神压力。

3）能量供应：以脂肪氧化供能为主，少量糖氧化或糖酵解参与供能。

4）运动方式：慢跑、快走、骑自行车。

(2) 60%～70%的强度特点

1）用力程度：微微出汗、呼吸加深、可以交谈。

2）目的效果：保持心血管功能，控制体重，促进代谢。

3）供能方式：以糖氧化供能为主，少量糖酵解参与供能。

4）运动方式：跑步、快速骑自行车、游泳。

(3) 70%～80%的强度特点

1）用力程度：强度适中，明显出汗，交谈感到困难。

2）目的效果：提高有氧运动能力和心血管机能，超出消耗脂肪的运动强度。

3）供能方式：以脂肪供能的比例减少，糖供能比例明显增加。

4）运动方式：越野跑或长跑、连续游泳、登山。

(4) 80%～90%的强度特点

1）用力程度：亚极限强度，感到吃力，呼吸频率明显加快。

2）目的效果：提高无氧能力，提高速度和快速能力。

3）供能方式：以糖酵解供能为主，脂肪供能明显减少。

4）运动方式：间歇跑、快速爬楼梯、连续跳绳、上坡跑。

(5) 90%～100%的强度特点

1）用力程度：非常费力，不能长时间坚持，呼吸困难。

2）目的效果：提高无氧运动能力和乳酸耐受力，提高力量。

3）供能方式：以磷酸原（三磷腺苷、磷酸肌酸）供能为主。

4）运动方式：100 米跑，30 米冲刺，骑自行车冲刺。

三、运动时间

运动时间与运动强度成反比，强度越大，运动时间越短。一般锻炼时间为 20～60 分钟。但是根据统计，每次运动时间超过 45 分钟，损伤发生概率也明显升高。

四、运动频率

对老年人而言，开始锻炼阶段的运动频率应当以让老年人可以坚持锻炼为前提，随着锻炼习惯的建立，建议增加每次锻炼的时间，最好达到通过增加锻炼强度来获得理想锻炼效果的阶段。一般建议的锻炼频率是每周 3～4 次。如果想要提高心肺功能，则需要更多的运动次数，但是，这也意味着运动损伤的发生概率升高。每周 1～2 次的锻炼频率基本可以保持现有的运动水平。

第3节　老年人的耐力性运动训练

一、耐力性运动训练的概念

耐力性运动（又称为有氧运动）通常是指大肌群的持续运动，目的是提高心血管耐力。耐力性运动一般用于促进心血管健康；但是，根据运动的形式和强度，耐力性运动也能提高老年人的肌肉力量和改善平衡与活动性。有规律的耐力运动训练还能减少其他常见的与生活方式相关的疾病（如Ⅱ型糖尿病和某些癌症等）的风险，保持理想体重并促进全面的身心健康。

二、耐力性运动训练的类型

以改善和提高人体心血管机能为目标的耐力性（有氧）运动的类型很多。表3—3列举了一些适合老年人的不同类型的耐力性运动。

表3—3　　适合老年人提高体能的耐力性运动

分组	运动描述	适宜人群	运动类型（举例）
A	需要最少的技能或体能进行的耐力性运动	所有老年人	步行、休闲骑自行车、水中有氧体操、慢速舞蹈
B	需要最少的技能进行的高强度耐力性运动	有规律运动习惯和/或至少达到平均体能水平的老年人	慢跑、跑步、划船、有氧体操、爬楼梯、快速舞蹈
C	需要一定技能才能进行的耐力性运动	具备某些运动技能和/或至少达到平均体能水平的老年人	游泳、越野滑雪、滑冰
D	娱乐性耐力运动	有规律运动习惯并达到平均体能水平的老年人	持拍运动、篮球、足球、高山滑雪、徒步旅行

A组活动包括老年人经常参加的耐力性运动训练的类型或方式。步行是最简便实用的运动方式。对那些负重承受能力比较低的老年人来说，骑自行车是一个理想的选择。这些运动的好处是不需要太多的训练和特殊设备就能够进行。A组活动的强度比较容易控制，特别是对那些刚刚开始参与活动的老年人，这非常重要。不管运动水平如何，维持一个合适的强度对耐力运动训练计划的安全性和有效性是必需的。水中运动特别适合于那些行动不便的老年人，因为水的浮力可以减少体重的负担，而且能排除运动中跌倒的风险。温暖的水还可以使

老年人在运动时感觉舒适。水中运动不仅能提高有氧能力，而且能改善患有膝部或髋部骨质疏松症的老年人的下肢肌肉力量和关节活动度。慢速舞蹈也是一种适合老年人的既能愉悦身心，又能改善耐力素质、肌肉功能、柔韧性、平衡性、步态和灵敏性的运动类型。

根据个人的健康状况、体能水平、运动技能和兴趣差异，B～D组的活动对老年人也是合适的。老年人可以选择坚持某项运动或者循序渐进地挑战更多的运动。当选择一项新的运动时，定期监控运动的强度非常重要，因为在掌握它之前，新的运动可能更费力。增加运动的复杂程度对改善平衡和运动能力、肌肉功能或关节活动度有好处。

进行耐力性运动训练时需避免那些可能使骨或关节受伤的运动，也不要参加可能增加跌倒风险或碰撞引起受伤的活动。

三、耐力性运动训练计划的制定

1. 运动频率

老年人进行中等强度的活动，每次至少需要 10 分钟，一天至少累积 30～60 分钟（多了更好），一周共 150～300 分钟。进行高强度的运动，一天至少 20～30 分钟，一周共 75～150 分钟。可以将中等强度和高强度运动结合起来，效果是一样的。

运动频率取决于运动强度和每次运动持续的时间。一般认为，每周锻炼 3～4 次（隔 1 天锻炼 1 次）的效率最高。最低的运动频率应当不低于每周锻炼 2 次。

2. 运动强度

除了利用运动时心率以外，运动强度也可以通过 RPE 值作为评价手段。基于 RPE 量表（0～10 级分类）来估计运动时的强度，中等强度运动的 RPE 值为 5～6，大强度运动的 RPE 值为 7～8。RPE 值（0～10 级分类）与运动时呼吸状况和疲劳程度的对应关系见表 3—4。

3. 运动持续时间

老年人每次运动持续时间为 15～60 分钟，一般需要持续 20～40 分钟。对于中等强度的运动，每天持续 30 分钟以上；而大强度运动，每天需要持续 20 分钟左右。其中达到适宜心率的时间需在 15 分钟以上。在计算间歇性运动持续的时间时，应当扣除间歇时间。间歇运动的运动密度应当视体力而定。体力差的老年人的运动密度应当比较低，体力好的老年人的运动密度可以比较高。

4. 运动总量

老年人进行中等强度的运动，一周总共需要 150～300 分钟；大强度的运动，一周总共需要 75～150 分钟，可以将中等强度和大强度运动做等效组合。

运动量由运动强度和运动时间共同决定（运动量＝运动强度×运动时间）。在总运动量确定时，运动强度较小则运动时间需较长；反之，运动强度较大则运动时间可以较短。较大

表 3—4　RPE 值（0～10 级分类）与运动时呼吸状况和疲劳程度的对应关系

RPE 值	运动时的呼吸状况和疲劳程度
0	一点也不觉得呼吸困难或疲劳
0.5	非常非常轻微的呼吸困难或疲劳，几乎难以察觉
1	非常轻微的呼吸困难或疲劳
2	轻度的呼吸困难或疲劳
3	中度的呼吸困难或疲劳
4	稍微严重的呼吸困难或疲劳
5	严重的呼吸困难或疲劳
6	非常严重的呼吸困难或疲劳
7	非常严重的呼吸困难或疲劳
8	非常严重的呼吸困难或疲劳
9	非常非常严重的呼吸困难或疲劳
10	非常非常严重的呼吸困难或疲劳，达到极限

强度的运动适合于年轻人和体力较好的人，较小强度的运动则适合于老年人和体力较差的人。年轻人和体力较好的人可以由较高的运动强度开始锻炼，老年人和体力较差的人则应当由较小的运动强度开始锻炼。运动量应当由小到大，增加运动量时，先延长运动时间，再提高运动强度。

四、耐力性运动训练的实施

1. 基本原则

耐力性运动训练应当与自身的运动水平相适应。耐力性运动训练的实施由运动频率、运动强度和运动持续时间三大要素组成。实施耐力性运动训练计划的老年人应当结合自身的运动水平合理地进行训练，以达到改善和提高心血管机能水平的目的。

没有锻炼习惯的老年人的运动水平一般比较低，适合每天 20 分钟、一周 3 次、小～中等强度的耐力性运动训练。如果刚开始完成每天 20 分钟较大强度的训练时感到很吃力，则可以根据自身情况将其分解为每次 10 分钟，每天进行 2 次，并配合做好恢复训练。当训练能够轻松完成时，则可以根据自身情况，适当延长运动时间、增加运动强度或增加运动频率。老年人耐力性运动训练实施框架见表 3—5。

2. 注意事项

（1）在耐力性运动训练中需要对运动量的监控提出具体要求。

（2）锻炼前要做充分的准备活动。

（3）耐力性运动训练的禁忌证包括：病情不稳定的心力衰竭和严重的心功能障碍、心肌

表 3—5　　老年人耐力性运动训练实施框架

惯常的活动/运动水平	运动频率（天/星期）	运动强度（0～10 级 RPE）	运动时间（分钟/天）	运动总量（步）
不爱活动/惯常不运动/非常虚弱	3～5	小～中等（RPE 3～6）	20～30	3 000～3 500
很少活动/不运动/中等～高度虚弱	3～5	小～中等（RPE 3～6）	30～60	3 000～4 000
偶尔活动/无或没达到适量运动/中等～轻微虚弱	3～5	中等～大（RPE 6～8）	30～90	>3 000～4 000
经常活动/有规律的中等～大强度运动	3～5	中等～大（RPE 6～8）	30～90	>3 000～4 000
大量的经常活动/有规律的大强度运动	3～5	大～大	30～90	>3 000～4 000

炎、心内膜炎、严重的心律失常、不稳定型心绞痛、心肌梗死后不稳定期、严重的高血压、不稳定的血管栓塞性疾病等。

（4）患有心脏病的老年人在运动中出现以下指征时应立即停止运动：运动时上身不适，运动中无力、头晕、气短，运动中或运动后关节疼痛或背痛等。

第 4 节　老年人的抗阻性运动训练

一、抗阻性运动训练的概念

抗阻性运动是指在运动时肌肉使用相对较大的力量使身体克服阻力运动、固定在某个位置或控制身体返回初始位置的速度。抗阻性运动训练是增强成年人肌肉耐力、力量和爆发力最有效的方式。肌肉在这三个方面的表现是人体达到最佳的机能表现和参与很多休闲娱乐活动所必需的。抗阻性运动训练是老年人运动训练计划必需的组成部分，可以有效延缓肌肉衰老带来的系统性功能衰退。为保持身体活动性和机能，建议抗阻性运动训练应当包括渐进性举重训练和负重健美体操。

抗阻性运动训练的主要目的有三个：增强肌肉力量/爆发力、促进肌肉肥大、提高肌肉耐力。其中肌肉力量/爆发力训练对训练技术要求比较高，需要一定的经验。因此，建议以前未接触过抗阻性运动训练的老年人，先从肌肉耐力训练开始。肌肉耐力训练一般为小重量、高次数的练习，较高次数的练习可以有效巩固掌握的技术动作，并为以后较大的重量训练打下肌肉力量基础。

一般来说，抗阻性运动训练动作根据参与肌群大小，以及对运动表现的贡献程度，可以分为核心训练动作和辅助训练动作两类。核心训练动作是指包含一个或多个大肌群的多关节训练动作，又可以分为结构性训练动作和爆发式训练动作。结构性训练动作是指躯干脊柱参与承重的训练动作，爆发式训练动作是指非常快速地进行结构性训练动作。辅助训练动作通常指只动用小肌群或一块大肌群的单关节训练动作。

核心训练动作对改善体能、提高运动表现效果明显，所以在选择训练动作时应当被优先考虑。辅助训练动作对改善体能和提高运动表现不太重要，通常用于运动所使用的辅助肌群加强，运动损伤的预防和康复训练。老年人要尽量进行多关节肌和大肌群的抗阻性运动训练，避免小肌群或单关节肌群的练习。

二、抗阻性运动训练的类型

有效的抗阻性运动训练要求肌肉必须克服某种类型的阻力。无论是通过举重、牵拉阻力带或是移动身体，都能达到效果。抗阻性运动训练有多种类型，老年人可以根据个人喜好、机能水平和训练预算来进行合理选择。一个有效的、全面的抗阻性训练项目应当可以训练到身体所有主要的肌群（胸部、肩部、腹部、背部、臀部、腿部及手臂），同时根据个人需要制定训练的重点。

1. 将自身体重作为负荷进行训练

（1）优点

简单易行，花费少，与日常生活中的抗阻性活动相似。

（2）缺点

难以增加或减少阻力，身体超重或受伤会使训练难以进行，难以制定适合所有肌群的训练。

（3）举例

蹲起、仰卧起坐或俯卧撑、侧抬腿（躺着或站立时）。

2. 利用组合健身器材进行训练

（1）优点

运动可以控制，负荷不会降低，有多种可以很容易改变的阻力，还能增加社交活动。

（2）缺点

在开始和修改训练计划时需要得到指导，花费较高，不是所有设备都可以随意调节提供的阻力大小，大部分器材都是对称式设计的，身体有伤者不能使用。

（3）举例

气动阻力（如空气压力或水压）、健身中心里常见的运动设备。

3. 采用自由重量作为负荷进行训练

（1）优点

很多练习模拟人体的功能活动，对训练环境没有过多要求，坐着和站着都可以练习，可以进行不对称的运动。

（2）缺点

出于安全考虑需要训练指导，配备一系列阻力需要相当的费用，对握力偏弱或受伤的人来说具有挑战性，难以锻炼到所有需要锻炼的肌群。

（3）举例

哑铃和杠铃、踝部和腕部加重袋、装满沙子或水的家用容器。

4. 利用阻力带和管子的负荷进行训练

（1）优点

在大多数环境下都可以练习，坐着和站着都可以练习，花费相对较少。

（2）缺点

难以监控阻力的大小和训练效果；由于管子的长度，在一些运动时管子的拉手决定了阻力的大小，因此需要一系列管子；需要注意手腕的形态，防止扭伤；必须经常检查是否断裂和材料疲劳（老化）。

（3）举例

能抓握的阻力带、有拉手的橡皮管、与牢固结构相连的管子或带子。

5. 利用水的阻力进行训练

（1）优点

对某些疼痛患者（如关节炎和肌纤维痛）很有好处，在团队中进行还可以增加社交活动。可以通过控制水的深度调节对关节的压力。

（2）缺点

运动强度受 RPE 的影响，难以评估力量的增长，训练场地（游泳池）不容易找到，穿着泳衣不舒服或者怕水都限制训练的进行。

（3）举例

泡沫漂浮装置（可以加重物）、手臂和腿部的阻力。

三、抗阻性运动训练计划的制定

1. 训练组数

老年人进行抗阻性运动训练时，每个部位的肌群（胸部、肩部、腹部、背部、臀部、腿部及手臂）完成 1 组（8～10 次练习）抗阻练习即可以有效保持老年人的健康状况。当 1 组训练可以轻松完成时，推荐采用2～3组练习，能够有效改善老年人的肌肉功能。

2. 运动频率

如果以前没有任何训练经历，刚开始安排抗阻性运动训练时，建议每周安排2～3次抗阻训练，两次训练之间的间隔至少要达到48小时。训练的主要目的是尽快学习掌握动作技术和安全事项。如果训练年限比较长，训练经验比较丰富，也可以采用“分解训练”的策略进一步提高训练频率。

3. 运动强度

采用10～15 RM的强度进行练习，RPE值应当控制在12～13的水平（6～20级分类）。可以根据老年人的适应情况适当增大运动负荷，而负荷增加的形式应当以增加重复次数为主。为了抑制衰老性肌肉萎缩，推荐采用稍大强度的抗阻性运动训练。

四、抗阻性运动训练的实施

1. 基本原则

（1）循序渐进原则

初次参加抗阻性运动训练的老年人，应当有不少于8周的小负荷训练适应期，一次抗阻训练课的时间不宜太长，以20～30分钟为宜。当训练经验提升、技术提高时，可以根据自身情况适时调整训练计划和目标。

（2）合理安排运动负荷

老年人进行抗阻性运动训练时，应当注意合理安排和适时调节训练频率和训练强度，达到理想的训练负荷要求。

2. 注意事项

（1）老年人进行抗阻性运动训练时，应当尽量进行多关节和大肌群的抗阻训练，避免小肌群或单关节肌群的练习。例如，提倡老年人进行双手举起重物的练习，不宜像年轻人那样进行单纯的肘屈伸练习。每次抗阻训练应当选择完成8～10种练习对全身肌肉进行训练。

（2）老年人进行抗阻性运动训练时，应当对其训练负荷进行即时监控，并根据老年人的反应做出及时调整。

（3）在训练中，老年人要保持正常的呼吸，掌握正确的抗阻训练技术动作并对关节运动范围有所控制，保证在完成抗阻运动时不产生剧烈疼痛，避免受伤。

（4）为提高老年人的平衡能力和肌肉间的协调能力，应当进行一些站立位的抗阻练习。

（5）肌肉的离心收缩训练可能造成比较严重的肌肉酸痛，不适合老年人进行训练，应当避免。抗阻训练器械宜采用橡皮带、实心球，或采用克服自身体重的方式进行训练，采用杠铃等器械时应当在指导师的帮助和保护下进行训练。

第 5 节 老年人的平衡性运动训练

一、平衡性运动训练的概念

平衡能力是指身体所处的一种姿态以及在运动或受到外力作用时自动调整并维持姿势的能力。当人体重心垂线偏离稳定的支持面时，能够立即通过主动的或反射性的活动使重心垂线返回到稳定的支持面内，这种能力称为平衡能力。

人体的平衡能力除了与身体结构的完整性和对称性有关外，还与前庭器官、视觉器官、本体感受器、大脑平衡调节、小脑共济协调以及肢体肌群力量、肌张力之间的相互平衡等密切相关。因此，平衡所反映的是人体对来自前庭器官、肌肉、肌腱、关节内的本体感受器以及视觉等各方面刺激的协调、综合能力。

平衡能力的减弱往往是因为很多临床病症（如帕金森病、低血压、前庭障碍等）或者偶尔是某些药物的副作用所引起的。另外，年龄因素也是减弱平衡能力的原因之一。感知能力、运动能力和运动认知的下降，将改变坐姿、站姿和移动的生物力学特征。这些因素加上环境限制，对平衡产生不利影响，造成难以做到维持稳定状态、自由活动、确认身边环境的适宜性。

随着年龄的增长，人体保持平衡的能力逐渐降低，这种变化非常缓慢，最初可能感受不到，但是进入老年期后，平衡能力日益下降，容易发生跌倒，成为重大的健康隐患（特别是在骨骼很脆弱的情况下）。那些经常性跌倒或平衡困难的人以及所有面临功能下降的老年人都需要进行平衡性运动训练。

平衡性运动训练是针对身体的平衡能力进行的一系列训练。恢复平衡能力训练是指训练时着重要求维持人体平衡所采取的各种训练措施。通过这种训练，能激发姿势反射，加强前庭器官的稳定性，从而改善平衡功能。为了达到平衡，需要能够快速收集位置快速移动的感官信息。平衡需要良好的预判和人体运动的反应性控制。预先反应是指能在运动前发生或计划的反应。当平衡被打破、需要快速矫正身体的时候就需要平衡能力的反应性控制。例如，被地毯绊了一下，脚迅速调整步伐；或者在冰面上滑倒前迅速抓住栏杆。

针对老年人设计的所有运动项目，加入平衡性运动训练将有益于在一个安全而有计划的训练方案中提升老年人在运动中的预判能力和反应性控制。

二、平衡性运动训练的类型

平衡可分为静态平衡和动态平衡。

1. 静态平衡

静态平衡是指人体在无外力的作用下，保持某一姿势，自身控制身体平衡的能力，主要依赖于肌肉的等长收缩及关节两侧肌肉协同收缩来完成。

2. 动态平衡

动态平衡是指在外力作用于人体或身体的原有平衡被破坏后，人体需要不断调整自己的姿势来维持新的平衡的一种能力，主要依赖于肌肉的等张收缩来完成（如在平衡板上的站立训练）。

针对所有老年人的“最佳的”平衡性运动训练的类型还不明确。目前已提出的建议包括一系列的锻炼，即采用不同的方式，使锻炼者一定程度上失去平衡，但是仍在控制范围之内。

一些证据显示，选择太极拳运动，包括缓慢而流畅的各种头部和颈部的环绕动作，随着不同的手臂动作的重心转换，手动随眼动，以及从双脚支撑向单脚支撑的动作变化来提高平衡能力。

三、预防跌倒的平衡性运动训练

老年人的感觉系统和平衡能力会随着年龄增长而减退。骨骼和肌肉结构异常或功能退化、中枢神经系统功能退变、各种慢性疾病的影响、同时服用多种药物、外界环境因素，甚至心理因素，都是导致老年人容易发生跌倒的相关因素。老年人跌倒是导致老年人住院、死亡的一个重要因素。

老年人应当定期进行全面体检，主要检查中枢神经、骨骼、肌肉系统及评价用药的情况，检查视力和骨质疏松的情况。此外，在外活动时出现头晕，应当及时扶物站立或蹲下，以防跌倒，必要时可以选择携带拐杖出门。如果感到疲劳、睡眠不足、身体不适时，不应当勉强活动，雨雪天尽量不要外出。另外，老年人做运动时动作幅度要小，动作不要太急，应当缓慢进行。早晨醒来不要立刻下床，做到 3 个 30 秒：醒后 30 秒再起床，坐起后 30 秒再起立，站立后 30 秒再行走。

稳定性和平衡性好坏与身体核心部位肌肉是否强壮有密切关系。核心部位是由腰肌、腹肌、髂肌和骨盆部位的肌肉环绕身体。这些核心部位的肌肉能够给身体从事各种活动提供系统性的支持，从而使人获得稳定和平衡能力。通过锻炼核心肌肉，不但能纠正不良姿势，而且能防治腰背疼痛，甚至对预防老年人跌倒也十分有益。针对老年人平衡性训练和预防跌倒的运动训练的实施框架见表 3—6。

表 3—6　针对老年人平衡性训练和预防跌倒的运动训练的实施框架

运动频率	一般每周进行 2～3 天训练，但是老年人如果愿意增加训练频率，想多练几次就多练几次
运动强度	没有特别的建议。如果老年人是在合适的强度下来训练平衡能力，任何的难度增加都会失去平衡，需要循序渐进或者使用外力辅助。如果老年人能够轻松地保持稳定，则表明目前的强度不够。针对单脚平衡的强度难度如下： （1）低难度：扶着墙壁，短时间内仅仅抬起一只脚 （2）中等难度：双手胸前交握，站稳 （3）高难度：单脚站稳，同时用手将健身球从身体的一侧移动到另一侧
运动类型	不同的训练内容包括： （1）逐步提高姿势难度并减少辅助支撑 （2）干扰重心的动态运动 （3）针对相关姿势的肌群锻炼 （4）减少感觉输入
注意事项	必须强调的是，如果是在小组训练中缺少有经验的指导师进行一对一辅助，老年人要能够自我监控并确保自身安全。为了小组活动的安全性，每位老年人需要理解适合自己的强度难度水平，并确保在没有掌握低等级技能前不去挑战高级别的难度。训练的安全需要有稳固的支持，包括：椅子、柜台或站稳的人，以便随时提供必要的支撑保护

1. 锻炼平衡常甩腿

老年人身体的平衡性、协调性和承重力都会下降，平时多做甩腿运动有助于锻炼平衡性，促进腿部的血液循环。具体方法是：手扶椅背或者牢固的树干，一条腿站稳，另一条腿抬起一定角度（以身体能保持平衡为宜），在空中画圈，做完还原，稍稍休息，换腿做，早、晚各做 5～6 次。这有利于下肢肌肉和关节的保健，增强行走时的平衡性与灵活性。

2. 关节强韧多扭膝

膝盖是人体比较脆弱的关节，平时需要加强锻炼。具体方法是：双脚并拢，微微下蹲，双手按住双膝，以膝关节带动腿部顺时针转 10 次，逆时针转 10 次，每天 1～2 次。旋转幅度要尽量大，让双腿由弯曲到伸直，再由伸直到弯曲，每次都做到极限。长期坚持能增强膝关节柔韧性。

3. 壮筋补虚揉腿肚

感觉下肢不舒服时，揉揉自己的腿肚后会感觉轻松很多。在小腿肚上有个叫作承山穴的穴位就有解乏的作用。这个穴位很好找，用力伸直小腿或抬起脚跟时，小腿肚上会出现一个类似“人”字形的凹陷，凹陷的尖角处就是承山穴。经常揉腿肚时按压此穴位，可舒筋活络、壮筋补虚，对缓解腰背疼痛、腿疼转筋、小腿痉挛等效果良好。一般每日 1～2 次，每次 10 分钟左右，以有微微酸胀感为度。

四、平衡性运动训练计划的制定

平衡性运动训练在老年人的锻炼计划中非常重要。与柔韧性锻炼一样，它能够影响老年人日常生活的质量，减少跌倒致伤的危险。平衡性运动训练利用视觉的效果，从神经上激活特定肌肉。平衡性运动训练不仅仅是让练习者单腿站立，有效的平衡还有赖于柔韧性、躯干主要肌肉的力量，以及良好的肌肉协调性。下面的训练针对以上各方面。如果要达到“最佳”效果，必须注意方法和技巧，见表3—7。

表3—7　老年人平衡性运动训练举例

动作名称	动作要求	锻炼目的	运动强度
静止搭桥	屈腿平躺，脚着地，手臂放在体侧。脊柱位于正中位置，臀部、大腿和躯干肌肉用力提起骨盆，直到肩膀与膝盖连成直线，身体缓慢下降，回到起始位置	增强后背和腹部主要肌肉的稳定性	每组4～10次
借球搭桥	平躺，双脚放在健身球上，膝盖微屈，手臂置于体侧。做搭桥练习，脚跟用力压球面，保持身体平衡，双手向上伸直，慢慢放下身体，回到初始位置	增强躯干的主要肌肉、腘绳肌、臀部和股四头肌的稳定性	每组4～10次
伸展同侧手臂和腿	四肢着地，手臂垂直于地面，膝盖在臀部正下方，脊柱位于正中位置，收腹，缓慢伸展右臂和右腿，与躯干在同一水平线上，保持姿势，数到8，然后缓慢放下。左侧重复做同样练习。比较容易的做法是一次伸出一只手臂或一条腿，逐渐同时伸展手臂和腿	通过收缩腹肌和脊柱伸肌，促进全身的平衡	每组8次
鹰姿	站立，重心移至左腿，右腿向侧方抬高，脚掌放在左大腿的内侧，脚和大腿内侧同样施压，这有助于维持平衡，双臂向两侧平伸，尽量不要动，保持30秒。另一侧重复。闭眼做时，难度增大	从骨盆底部收缩肌肉，有助于维持平衡。这是瑜伽中的一个动作，能够增强脚和脚踝的肌肉，对维持平衡很重要，特别是对老年人	每组4次
单腿平衡	站立，重心放在左腿上，提起右腿抱住右膝，脊柱充分伸展，当感觉到平衡时，闭上眼睛，体会脚部的肌肉如何努力维持平衡，尽量保持30秒。另一侧重复。开始时可以在附近放把椅子，帮助维持平衡	努力维持平衡，同时闭上眼睛促进大脑和肌肉之间的本体感觉神经交流	每侧4秒

五、平衡性运动训练的实施

1. 平衡性运动训练的注意事项

（1）从最稳定的体位通过训练逐步进展至最不稳定的体位。

（2）从静态平衡进展至动态平衡（逐步加大平衡难度，破坏站立平衡训练和在平衡板上训练），诱发老年人的平衡反应。

（3）支撑面积由大到小。

（4）身体重心由低到高。

（5）自我保持平衡到破坏平衡时维持训练。

（6）训练时由睁眼到闭眼。

2. 适应证和禁忌证

（1）适应证

主要适用于因神经系统或前庭器官病变引起的平衡功能障碍的老年人。

（2）禁忌证

中枢性瘫痪伴有重度痉挛者，精神紧张导致痉挛加重者，对伴有高血压、冠心病的患者要在治疗师监督下进行。

第 6 节　老年人的柔韧性运动训练

一、柔韧性运动训练的概念

柔韧素质是指人体关节活动幅度的大小以及跨过关节的韧带、肌腱、肌肉、皮肤及其他组织的弹性和伸展能力。柔韧素质包括两方面：①关节活动幅度的大小，主要取决于关节本身的结构，受骨性结构和结缔组织结构的限制，这些结构包括肌肉、肌腱、韧带和关节囊等。②跨过关节的肌肉、肌腱、韧带等软组织的伸展性，通过合理训练可以获得。

身体柔韧性可以分为主动柔韧性和被动柔韧性。主动柔韧性是指利用肌肉可以使关节活动的范围，被动柔韧性则单纯是关节活动的最大范围。一般来说，女性的被动柔韧性比较强；但是因为相应的肌肉发展不足，通常在主动柔韧性方面不如男性。但是无论如何，主动柔韧性的活动不会超出被动柔韧性的活动范围。

柔韧性运动训练是指针对身体各关节的柔韧素质所进行的一系列伸展和弹性能力训练，可以提高关节的柔韧性，使关节获得更大幅度的活动。

随着年龄的增长，人的体质会逐渐发生相应变化。当人进入老年阶段后，变化比较明显的是人体连接骨与骨的肌肉、肌腱、韧带、关节囊等软组织部分会逐渐发生老化、变形、挛缩、粘连进而萎缩，柔韧性相应会越来越差。而在这种情况下，依然有很多老年人只注重心肺功能的锻炼，却忽视了柔韧性、力量等维持身体机能的锻炼。其实，柔韧性对预防老年人跌倒、日常生活损伤、保持生活质量有十分重要的作用。例如，关节韧带柔韧性机能的减退引起一些诸如颈椎病、腰椎间盘突出症、肩周炎、腰腿痛等退行性疾病。人体关节韧带柔韧性机能减退过程的个体差异很大，除自然衰老外，与运动锻炼有直接的重要关系。

二、柔韧性运动训练的类型

柔韧性不仅取决于结构的改变，而且取决于神经对骨骼肌的调节，特别是拮抗肌放松、紧张的协调。协调性改善可以保证动作幅度加大。提高柔韧性可以采用拉长肌肉、肌腱及韧带等组织的方法，有静力性伸展、动力性伸展两种。而这两种柔韧性训练方法都有主动和被动的区别。进行柔韧性训练的目的是提高跨过关节的韧带、肌肉、肌腱等软组织的伸展性。

1. 主动或被动的静力性伸展

主动或被动的静力性伸展练习是一种行之有效且比较流行的训练方法，是缓慢地将肌肉、肌腱、韧带拉伸到有一定酸、胀和痛的感觉位置，并维持此姿势一段时间，一般认为停留 10～30 秒是理想的时间，每种练习以连续重复 4～6 次为最好。在伸展过程中酸胀痛的感觉会逐渐减退。这种拉紧的感觉是伸展反射（当肌肉被拉长时的保护机制）开始引起的。在超过 10 秒之后，相反的伸展反射会促使肌肉放松，从而避免可能发生的撕裂并允许肌肉进一步拉长。这种方法可以比较好地控制使用力量，可以使受损伤的风险最小化并十分有效，特别适合于活动少和未经训练的人，由于拉伸缓慢可避免拉伤。

2. 主动或被动的动力性伸展

主动或被动的动力性伸展练习是指有节奏、速度较快、幅度逐渐加大的多次重复一个动作的训练方法。主动的动力性伸展是靠自身的力量拉伸，被动的动力性伸展是靠同伴的帮助或借助外力负重的拉伸。利用主动或被动的动力性伸展法进行练习时，所用的力量应当与被拉伸的关节的可能伸展能力相适应，如果大于肌肉组织的可伸展能力，肌肉或韧带就会拉伤。在运用该方法时用力不宜过猛，幅度一定要由小到大，先做几次小幅度的预备拉伸，再逐渐加大幅度，从而避免拉伤。

三、柔韧性运动训练计划的制定

柔韧性运动训练计划的制定需要考虑训练的多方面情况，包括以下几个方面。

1. 运动方式

基于指导老年人进行健身锻炼的经验，综合老年人各方面的特点，提倡老年人练习柔韧性时采取主动形式的静力拉伸，因为这种方法可以减少或消除超过关节伸展能力的危险性、防止拉伤，更重要的是缓慢伸拉不会激发牵张反射。

2. 运动强度

老年人进行柔韧性练习时的运动强度和用力大小，一定要在自己可以控制的范围内，因为个体差异，用力大小应当以个人能力来把握，以微微感到酸、胀为宜，循序渐进，持之以恒。

柔韧性练习应当是缓慢、放松、有节制和无疼痛的，做到“酸加”“痛停”“麻停”。如果被伸展的肌肉有极轻微的疼痛感或轻微的不适感即表示已达到足够的运动强度。如果没有达到相当绷紧的感觉，表示运动强度不够，如果有很难受的痛觉则表示运动强度太大。只有通过适当努力才能提高柔韧性。随着柔韧性提高，练习强度应当逐渐加大。

3. 持续时间

在达到合适的拉伸强度后，即根据自身的能力保持静止状态 10～30 秒，然后慢慢松开至放松状态。

4. 组数和重复次数

每种姿势的柔韧性练习的时间和次数应当是逐渐增加的，从最初的 10 秒练习时间，逐渐增加至 30 秒。每种姿势应当重复 3 次以上。每个部位练习 3～4 组，每组 2～5 次即可，中间放松休息 15～30 秒。老年人每次活动的时间一般不要超过 30 分钟。

5. 运动频率

老年人进行柔韧性运动训练，至少应当隔天练习一次，或者每周进行 3～5 次拉伸练习。

6. 练习时间

一天内的人体机能状态不同，而且个体差异较大，建议根据个人习惯安排柔韧性练习，但是，不提倡睡前进行柔韧性练习，以免引起机体兴奋，影响睡眠质量。

7. 温度环境

老年人做柔韧性练习时，室内或室外温度以 20℃左右为宜。气温过低时，不宜在室外锻炼。

8. 身心状态

老年人进行柔韧性练习时，必须做到心静体松，以保持神经系统兴奋与抑制过程转换灵活性高，加强支配肌肉收缩与放松的能力，以收到更好的练习效果。

四、柔韧性运动训练的实施

1. 基本原则

（1）循序渐进

初次练习容易产生不适感，甚至酸痛感，经过一段时间的练习，疼痛感和不适应感才能消除。在肌肉伸展产生紧绷感或者感到疼痛时应当降低强度，防止拉伤。动作难度应当由低到高，强度由小到大。

(2) 持之以恒

如果柔韧性练习停止一段时期，已经获得的效果就会有所消退。因此，柔韧性练习要持之以恒才能有效。

(3) 全面发展

无论是准备活动中的伸展练习，还是专门发展某些关节柔韧性的练习，都要兼顾身体各关节柔韧性的全面发展。因为在身体活动中完成动作要涉及几个相互关联的部位甚至全身。

2. 注意事项

(1) 柔韧性练习之前必须做热身练习

在进行较大强度的肌肉伸展练习前，必须做好热身活动，使身体微微出汗，以防出现未经准备突然的动作导致拉伤和疼痛等。

(2) 柔韧性练习之后应当结合放松练习

每次伸展练习之后，应当做些相反方向的练习，使血液供能机能加强，有助于伸展肌群的放松和恢复，例如，压腿后做几次屈膝下蹲动作。

小结

体力活动或运动对老年人是有好处的，不管他们的年龄、性别或以前是否参加体育活动。有规律地进行体育活动能提高老年人的身体机能和总体生活质量。遵循最新的专业建议，一般健康的老年人可以安全地进行一系列耐力性运动、抗阻性运动、平衡性运动和柔韧性运动训练。为了保持或提高体质健康状况，需要确定开始或持续进行体育活动的适当水平。了解并掌握老年人参加体育活动的基本原则、基本禁忌和注意事项，制定指导老年人进行体育活动的方案，并对各种方案合理组织实施，可以帮助老年人进行安全有效的体育活动。

思考题

1. 老年人参加体育活动的基本原则、基本禁忌和注意事项有哪些？
2. 制定老年人体育训练方案需要考虑哪些基本要素？
3. 如何指导老年人进行耐力性运动训练？
4. 如何指导老年人进行抗阻性运动训练？
5. 如何指导老年人进行平衡性运动训练？
6. 如何指导老年人进行柔韧性运动训练？

第4章

老年人的体质评价

学习目标

- ➢ 了解老年人体质评价的重要性
- ➢ 掌握老年人体质评价的准备和安全事项
- ➢ 掌握老年人体质评价的内容、测试方法和评价标准

老年人的体质状况决定了老年人的体力活动能力和日常生活质量，与老年人的健康密切相关。足够的肌肉力量、心肺耐力、柔韧性、灵敏性和平衡能力是保障老年人完成日常活动的基础。良好的体质状况，可以使老年人有可能进行各种合适的体育活动，或者至少能在没有帮助的情况下完成爬楼梯、从扶手椅上站起来、进出浴缸等日常必需的体力活动。

如果能够早期发现老年人体力活动能力上的欠缺和弱点，帮助他们制定合理的体力活动和体育锻炼方案，就可以帮助他们延缓这些能力的丧失，并在相当长的一段时间内保持这些能力。另外，由于可能存在的多种慢性疾病的困扰，在生命的最后几年，老年人对治愈疾病的医疗需求会逐步转变为保持生活质量的要求，保持一定水平的体力活动可以帮助老年人达到维持，甚至是提高生活质量的目标。

用安全、简单、易于操控的方法和仪器设备来评估老年人的体质状况，包括老年人的力量、耐力、柔韧、灵敏和平衡等基本体力活动素质和能力，对老年人的体质健康具有重要意义。

第1节　对老年人进行体质评价的重要性

一、了解老年人体力活动的水平

体力活动不足是全球慢性疾病死亡的第四大危险因素，世界范围内每年超过300万人的死亡是由体力活动不足造成的，而这种死亡是可以预防的。目前，世界上60%以上人口的体力活动量达不到健康效益的推荐标准。定期对老年人进行体质水平测试和评价，可以了解老年人的体力活动水平，及时发现体力活动能力的不足，及时进行运动干预，可以大大降低慢性疾病的死亡率，使老年人获得健康效益。

二、确定老年人体质状况的优势

体质测评可以测定老年人的运动素质能力，例如力量、耐力、柔韧、灵敏和平衡等。通过测试可以了解老年人运动素质各个方面的优缺点，从而确定老年人体质的基本优势。在制订运动干预计划时，可以从老年人的优势素质开始，减少老年人的心理负担，激发老年人参加体育活动的兴趣，并维持良好的体育锻炼依从性，而后逐渐加入老年人的弱势运动素质锻炼项目，并通过定期的体质测评进行调整，从而保证运动干预措施的有效性。

三、诊断老年人体质状况的弱点

通过体质测评，在确定优势素质的同时，可以获得老年人体质弱点的诊断信息。这些弱点信息可以帮助老年人在日常生活和体力活动中规避一些运动风险。当老年人具备一定的运动素质后，通过个性化的、循序渐进的、综合的运动项目设计，可以逐步改善这些体质弱点。

四、帮助老年人建立体育活动目标

通过体质测评，可以帮助老年人建立适合自身状况的维持基本体力活动能力的目标。这些目标一般分为短期、中期和远期目标。短期目标往往从改变生活方式开始，通过改正老年人的不良生活习惯，养成良好的体力活动习惯，从而为实施和达到中期、远期的目标做准备。

五、评价老年人体育活动的效果

在运动干预实施过程中的阶段性体质评价，可以了解经过一段时期干预的实际效果和老年人体质状况的变迁状况。通过结果分析，可以判断此阶段的目标是否合理，预期效果是否达到，以及是否需要进行调整。体育锻炼对体质健康的良好效果，也会增强老年人的自信心，维持更好的体育锻炼依从性。

六、激励老年人参加体育活动

通过体质测评结果，老年人可以了解同伴的体质状况，寻找群体中的健身榜样，并进行参照，从而产生激励作用。

七、监控老年人锻炼的过程

与运动训练监控一样，对老年人进行定期的体质健康测评可以产生监控锻炼过程的作用。这样的监控可以在整个评价和干预的全程中实施。

第 2 节　老年人体质评价的准备和安全事项

一、初步的认可与评价

在开始测试前，需要了解老年人的基本健康状况、体力活动情况和运动习惯，以发现老年人的测试禁忌、评价老年人的测试风险、获得老年人运动习惯和爱好的基本信息，为制定测试方案和干预方案做准备。

许多健康/体质健康和医疗机构都会精心设计健康/医疗史/体力活动调查问卷，以提供更加具体的健康/体质、体力活动和运动健身习惯，以及医疗史等信息。其中加拿大运动生理学会编制的身体状况安全问卷调查表（PAR－Q）是最常用的体力活动调查问卷，见表 4—1。

如果 1 个或更多问题的答案是“是”：则在开始进行比日常更多的体力活动之前，要咨询医生，在医生的建议下开始，运动时要循序渐进，否则就仅能进行对于老年人来说相对安全的运动。

如果全部问题的答案是“否”：表明老年人可以开始进行更多的体力活动，但是要注意

表 4—1

身体状况安全问卷调查表

身体状况安全问卷调查

PAR－Q FORM

（15～69 岁人士问卷）

姓名：　　　　　　　　　　　　　　　　编号：

为了您的安全，请回答以下问题（在适用处打“√”）

是	否	
		1. 您的医生是否说过您的心脏有问题，您应当在医生的建议下进行体力活动？
		2. 在您进行体力活动时，您是否感觉胸部疼痛？
		3. 在过去的一个月里，当您没有进行体力活动时，您是否有过胸部疼痛？
		4. 您是否曾经因为头晕而失去平衡，或失去知觉？
		5. 当您改变体力活动时，您是否出现骨骼或关节问题恶化的情况？
		6. 您的医生现在是否为您的血压或心脏问题开药方？
		7. 您是否知道有什么其他原因导致您不能进行体力活动？

我已阅读、理解并完成这份调查问卷。所有问题的回答都令我满意。

签字：　　　　　　　　　　　　　　　　日期：

循序渐进，这样才能够保证安全；也表明老年人的身体状况允许其参加一次体质评估，以帮助确定其基础体质水平，并制订体力活动计划。如果老年人的血压超过 144/94 毫米汞柱，那么需要先咨询医生。如果老年人患有暂时的疾病（如感冒等），要等身体恢复健康后再开始运动。

二、测试的准备

根据老年人的人口学基本信息、病史、运动史，制定适合其本人的测评项目，涵盖体质健康的各个方面，并按照所选择的各个测试项目进行测试前的准备工作。同时，告知受试老年人测试项目的基本内容和注意事项，指导其进行必要的准备，包括测试时间、地点、测试服装和注意事项等，并获得老年人的同意。如需进行有风险的心肺耐力测试，需要安排具有资质的急救人员在场，并配备急救设备或制定急救预案，开辟急救通道。

三、运动测试的安全问题

老年人体质健康测评有很多好处。虽然大多数时候，这些测试和评价是很安全的，但是仍然存在很多已经证实的危险因素。测试中有急性肌肉骨骼损伤的风险，更重要的是有发生猝死和心肌梗死的风险。

首先，参与测试前，要对老年人进行筛查。筛查包括表现、体征、症状和多种心血管、肺部疾病的危险因素以及代谢性疾病和其他状态（如运动系统损伤），排除具有测试禁忌证者。

其次，在进行心肺耐力的水平测试时，最好有急救人员在场，并有急救预案，要鉴别有一种或者几种临床疾病的老年人，必要时给予医疗监护。

最后，测试需要在良好的环境中进行，地面平坦、防滑，气温和湿度适宜，测试用器材均符合安全标准；参与测试的老年人需要穿适合的运动鞋、运动服，并确定测试时身体状况良好，无不适，刚从室外进入室内的老年人需要静坐休息 10～15 分钟。

第 3 节　对老年人进行体质评价的内容

一、老年人体力活动行为的评定

运动传感器法是目前比较常用的对体力活动行为进行评定的方法。运动传感器可以分为计步器和加速度计两种。这两种设备都是小型机械电子装置，可以放置在身体的某个部位，用以记录四肢和/或躯干的运动。

1. 计步器

与加速度计相比，计步器的优点是体积小，价格便宜。其原理是利用人体步行时产生的垂直加速度使其内部的杠杆发生偏转，每次偏转记录一次，并逐渐累加。计步器提供的数据很简单，就是一段时间步数的累加。为了保证较高的测量信度，需要至少测量 3 天。对于大部分活动以步行为主的老年人，通过计步器记录的每日步数基本上可以反映其体力活动的水平，见表 4—2。

表 4—2　　每日步数与体力活动水平

每日步数（步）	体力活动水平
＜5 000	静坐少动
5 000～7 499	低
7 500～9 999	中
10 000～12 500	高
＞12 500	很高

计步器有一些明显的缺陷限制了它的使用。一般认为计步器不适合测量人群复杂的体力活动。首先，计步器不能记录运动相关的环境情况以及运动类型和间歇。其次，计步器不能记录肌肉等长运动，也不能记录上肢运动，对于自行车、游泳、负重以及软地和斜坡环境运

动也不能准确记录。但是，对于以步行为主要活动方式的人群，计步器可以为他们提供费用低廉的自我监控方法，以协助他们达到指定的运动目标。

2. 加速度计

加速度计是一种使用电池的小装置，通常戴在髋关节处（也可以放在臂部和踝关节处），用来测量活动和活动的加速度。加速度计可以评估不同时间间隔的运动，并可以储存数据。储存的数据可以下载到计算机，利用回归方程计算各种参数，进行体力活动水平分级。

加速度计的优点是：对体力活动进行客观测量，因而规避了自我报告形式产生的结果偏倚；而且加速度计对成年人常见的走、跑运动方式敏感。

加速度计的缺点是：在测量上肢运动、力量训练、水中活动和复杂活动时不是很有效。也不适合静力性运动和身体重心的微小运动；另外，加速度计比较昂贵，不便普及。

二、老年人功能健康测试

1. 日常生活的体力活动评价

老年人的身体活动包括日常生活、家庭和社区中的休闲时间活动、交通往来（如步行或骑自行车）、职业活动（如工作）、家务劳动、玩耍、游戏、体育运动或有计划的锻炼等。常用的基本日常生活活动评定量表有 Barthel 指数量表和功能独立性评定量表（FIM）。

（1）Barthel 指数量表

Barthel 指数评定内容共 10 项，每项根据是否需要帮助或帮助程度分为 0 分、5 分、10 分、15 分四个等级，满分为 100 分，见表 4—3。

表 4—3　　Barthel 指数评定量表

项目	独立完成	需要部分帮助	需要极大帮助	完全依赖
进食	10	5	0	—
洗澡	5	0	—	—
修饰	5	0	—	—
穿衣	10	5	0	—
控制大便	10	5	0	—
控制小便	10	5	0	—
如厕	10	5	0	—
床椅转移	15	10	5	0
平地行走	15	10	5	0
上、下楼梯	10	5	0	—

1）评分细则

①进食：指用合适的餐具将食物由容器送到口中，包括用筷子、勺子或叉子取食物，对碗、碟的把持，咀嚼，吞咽等过程。

10 分：可以自己独立进食（在合理的时间内独立进食准备好的食物）。

5 分：需要部分帮助（前述某个步骤需要一定帮助）。

0 分：需要极大帮助或完全依赖他人。

②洗澡

5 分：准备好洗澡水后，可以自己独立完成。

0 分：在洗澡过程中需要他人帮助。

③修饰：包括洗脸、刷牙、梳头、刮脸等。

5 分：可以自己独立完成。

0 分：需要他人帮助。

④穿衣：包括穿/脱衣服、系扣子、拉拉链、穿/脱鞋袜、系鞋带等。

10 分：可以自己独立完成。

5 分：需要部分帮助（能自己穿或脱，但是需要他人帮助整理衣服、系扣子、拉拉链、系鞋带等）。

0 分：需要极大帮助或完全依赖他人。

⑤大便控制

10 分：可以控制大便。

5 分：偶尔大便失控。

0 分：大便完全失控。

⑥小便控制

10 分：可以控制小便。

5 分：偶尔小便失控。

0 分：小便完全失控。

⑦如厕：包括擦净、整理衣裤、冲水等过程。

10 分：可以自己独立完成。

5 分：需要部分帮助（需要他人搀扶、帮助冲水或整理衣裤等）。

0 分：需要极大帮助或完全依赖他人。

⑧床椅转移

15 分：可以自己独立完成。

10 分：需要部分帮助（需要他人搀扶或使用拐杖）。

5 分：需要极大帮助（较大程度上依赖他人搀扶和帮助）。

0 分：完全依赖他人。

⑨平地行走

15 分：可以自己独立在平地上行走 45 米。

10 分：需要部分帮助（需要他人搀扶，或使用拐杖、助行器等辅助用具）。

5 分：需要极大帮助（行走时较大程度上依赖他人搀扶，或坐在轮椅上自行在平地上移动）。

0 分：完全依赖他人。

⑩上、下楼梯

10 分：可以自己独立上、下楼梯。

5 分：需要部分帮助（需要扶楼梯、他人搀扶，或使用拐杖等）。

0 分：需要极大帮助或完全依赖他人。

2）评分标准

①总分：将各项得分相加即为总分。

②分级

0＝生活自理：100 分，日常生活活动能力良好，不需要他人帮助。

1＝轻度功能障碍：61～99 分，能够独立完成部分日常活动，但是需要一定帮助。

2＝中度功能障碍：41～60 分，需要极大帮助才能完成日常生活活动。

3＝重度功能障碍：≤40 分，大部分日常生活活动不能完成或完全需要他人照料。

Barthel 指数是临床研究最多、应用最广泛的评定方法，其信度和效度已经过广泛证实。优点是简单实用、再现性和灵敏度较好。缺点是仅有运动方面内容，缺乏认知等方面内容。

（2）功能独立性评定量表（FIM）

FIM 不仅能评定躯体功能，而且还能评定语言、认知和社会功能，已经在美国等多个国家应用，我国也在应用中，见表 4—4。

FIM 评定的内容共 18 项，其中躯体功能 13 项、语言功能 2 项、社会功能 1 项、认知功能 2 项。采取 7 分制评分。功能水平和评分标准如下：

1）独立：老年人活动中不需要他人帮助。

①完全独立（7 分）：构成活动的所有作业均能规范、完全地完成，不需要修改和辅助设备或用品，并在合理的时间内完成。

②有条件的独立（6 分）：具有下列一项或几项：活动中需要辅助设备，活动需要比正常长的时间，或有安全方面的考虑。

2）依赖：为了进行活动，老年人需要另一个人予以监护或身体的接触性帮助，或者不进行活动。

表 4—4　　功能独立性评定量表（FIM）

类别		项目	得分
运动功能	自理能力	进食	
		梳洗/修饰	
		洗澡	
		穿裤子	
		穿上衣	
		如厕	
	括约肌控制	膀胱控制	
		直肠控制	
	转移	床、椅、轮椅间	
		厕所	
		浴室（盆浴或淋浴）	
	行走	步行/轮椅	
		上、下楼梯	
	运动功能评分		
认知功能	交流	理解	
		表达	
	社会认知	社会交往	
		解决问题	
		记忆	
	认知功能评分		
FIM 总分			

①有条件的依赖：老年人付出 50%或更多的努力，其所需要的辅助水平如下：

a. 监护和准备（5 分）：老年人所需要的帮助只限于备用、提示或劝告，帮助者和老年人之间没有身体的接触或帮助者仅需要帮助准备必需用品或帮助带上矫形器。

b. 少量身体接触的帮助（4 分）：老年人需要的帮助只限于轻轻接触，自己能付出 75%或以上的努力。

c. 中度身体接触的帮助（3 分）：老年人需要中度的帮助，自己能付出 50%～75%的努力。

②完全依赖：老年人需要 50%以上的帮助或者完全依赖他人，否则活动就不能进行。

a. 大量身体接触的帮助（2 分）：老年人付出的努力小于 50%，但是大于 25%。

b. 完全依赖（1 分）：老年人付出的努力小于 25%。

FIM 评分最低为 18 分，最高为 126 分，根据评分情况，可做如下分级：126 分为完全独立；108～125 分为基本独立；90～107 分为极轻微依赖或有条件的独立；72～89 分为轻度依赖；54～71 分为中度依赖；36～53 分为重度依赖；19～35 分为极重度依赖；18 分为完全依赖。前 2 级可列为独立；最后 3 级可列为完全依赖；中间 3 级可列为有条件的依赖。

2. 日常使用工具的活动评价

日常使用工具的活动评价常使用功能活动问卷量表（FAQ）。FAQ 主要是对家属进行问卷调查，各项内容按其能力按 0～3 分打分。分数越高障碍越重，正常标准为<5 分，≥5 分为异常，见表 4—5。

表 4—5　功能活动问卷（FAQ）（问家属）

项目	正常或从未做过，但是能做（0 分）	困难但可单独完成或从未做（1 分）	需要帮助（2 分）	完全依赖他人（3 分）
每月平衡收支、算账的能力				
工作能力				
能否到商店买衣服、杂货和家庭用品				
有无爱好，会不会下棋和打扑克				
会不会做简单的事，如点炉子、泡茶等				
会不会准备饭菜				
能否了解最近发生的事件（时事）				
能否参加讨论和了解电视、书或杂志的内容				
能否记住约会时间、家庭节日和吃药				
能否拜访邻居，自己乘公交车				
总分				

3. 平衡功能测试——闭眼单脚站立

（1）目的

测量和评价老年人的平衡能力。

（2）场地

平坦地面。

（3）器材

闭眼单脚站立测试仪或秒表。

（4）测试

1）使用闭眼单脚站立测试仪时，测试人员打开电源开关，按“按键”后，显示屏上出现闪烁信号，蜂鸣器发出声响，表明测试仪进入工作状态。受试者双脚依次踏上测试板，其中习惯支撑脚站在中间踏板上，另一只脚站在周边踏板上，显示屏上显示“0”，同时蜂鸣器发出声响，受试者闭眼，抬起周边踏板上脚的同时，蜂鸣器停止发声，测试仪开始计时。当受试者的支撑脚移动或抬起脚着地时，蜂鸣器发出声响，表明测试结束，显示屏上显示测试值。测试 2 次，测试人员记录最好成绩，记录以秒为单位，不计小数。

2）使用秒表计时，受试者自然站立，闭眼，双手叉腰，当听到“开始”口令后，抬起任意一只脚，同时测试人员开表计时。受试者抬起脚落地或支撑脚移动位置，计时停止。测试两次，取最好成绩，记录以秒为单位，不计小数。

（5）注意

1）测试前，双脚要依次踏上测试台，站稳后，方可进行测试。

2）在测试过程中，受试者不能睁眼。

3）测试人员要注意保护受试者。

4）每次测试前，须待仪器自动清空回零或按“按键”清空回零。

（6）评价

评价标准见表 4—6。分数越高，平衡功能越好。

表 4—6　　老年人闭眼单脚站立评价标准（秒）

得分	男性		女性	
	60～64 岁	65～69 岁	60～64 岁	65～69 岁
1	1～3	1～2	1～2	1～2
2	4～6	3～5	3～5	3～4
3	7～14	6～12	6～12	5～10
4	15～48	13～40	13～40	11～35
5	>48	>40	>40	>35

三、与老年人健康相关的体质测评

在选择老年人健康相关体质测评的方法时，需要考虑许多问题。首先，要确定所选的测试方法是否能够反映要测试和评价的目标。其次，要考虑这种测试方法的信度、效度、敏感性、可靠性和潜在的偏倚等。最后，要看所选的测试能否提供规范的评价表，以便受测者和测试人员查阅成绩，并与同龄、同性别的人群进行比较。

本节介绍的老年人健康相关体质测评是目前最新并被广泛采用的试验方法。这些测试操作简便、仪器设备易于控制、方法有效，可以帮助了解老年人身体素质中的力量、有氧耐力、柔韧、灵敏和平衡素质，而且测试对象年龄范围（60～90 岁以上）和体力活动能力范围较宽，对评价老年人晚期日常生活体力活动状况非常重要。同时，为了更好地管理和评分，这些测试都很安全而且具有一定的趣味性，并且通过国内外的大样本量的试验印证，具有良好的可靠性和有效性。

1. 心肺耐力测试

（1）6 分钟走试验

1）目的：测量和评价老年人的有氧耐力，即动用全身大肌群进行持续一段时间活动的能力（如登山、购物、上楼梯等）。

2）场地：20 码（约 18.3 米）长×5 码（约 4.6 米）宽的平整矩形场地，全程 50 码（约 45.7 米），每 5 码做一个标记。

3）器材：长卷尺、两块秒表、四个标志杆（立于矩形场地的四个角）、胶带、记号笔、签字笔（记录已经走的圈数）、标记棒或者标记卡、供受试者等待时用的椅子、名签或号码簿。

4）测试：要求受测者在 6 分钟的时间内，围绕场地走尽可能多的距离。将受试者两两分组，每组受试者用名签区分开。每组中一名受试者在起始线准备测试，另一名受试者数圈数，可以通过两种方法数，一种是当受试者每完成完整的一圈时，递给受试者一个标记棒，另一种是在标记卡上记录圈数。“开始”指令发出后，受试者开始以自己感觉舒适的节奏走，在 6 分钟内尽可能快地多走。6 分钟后，受试者停止走动。成绩是受试者所走的圈数乘以 50 码加上多出来的那部分距离（码）。

5）评价：评价标准见表 4—7 和表 4—8。

表 4—7　　老年女性 6 分钟走试验评分表（码）

百分等级	60～64 岁	65～69 岁	70～74 岁	75～79 岁	80～84 岁	85～89 岁	90～94 岁
95	741	734	709	696	654	638	564
90	711	697	673	655	612	591	518
85	690	673	650	628	584	560	488
80	674	653	630	605	560	534	463
75	659	636	614	585	540	512	441
70	647	621	599	568	523	493	423
65	636	607	586	553	508	476	406
60	624	593	572	538	491	458	388
55	614	581	561	524	477	443	373
50	603	568	548	509	462	426	357
45	592	555	535	494	447	409	341
40	582	543	524	480	433	394	326
35	570	529	510	465	416	376	308

续表

百分等级	60～64 岁	65～69 岁	70～74 岁	75～79 岁	80～84 岁	85～89 岁	90～94 岁
30	559	515	497	450	401	359	291
25	547	500	482	433	384	340	273
20	532	483	466	413	364	318	251
15	516	463	446	390	340	292	226
10	495	439	423	363	312	261	196
5	465	402	387	322	270	214	150

表 4—8　　老年男性 6 分钟走试验评分表（码）

百分等级	60～64 岁	65～69 岁	70～74 岁	75～79 岁	80～84 岁	85～89 岁	90～94 岁
95	825	800	779	762	721	710	646
90	792	763	743	716	678	659	592
85	770	738	718	686	649	625	557
80	751	718	698	661	625	596	527
75	736	700	680	639	604	572	502
70	722	685	665	621	586	551	480
65	710	671	652	604	571	532	461
60	697	657	638	586	554	512	440
55	686	644	625	571	540	495	422
50	674	631	612	555	524	477	403
45	662	618	599	539	508	459	384
40	651	605	586	524	494	442	366
35	638	591	572	506	477	422	345
30	626	577	559	489	462	403	326
25	612	562	544	471	444	382	304
20	597	544	526	449	423	358	279
15	578	524	506	424	399	329	249
10	556	499	481	394	370	295	214
5	523	462	445	348	327	244	160

（2）2 分钟台阶试验

1）目的：测量和评价老年人的有氧耐力，当 6 分钟走测试受到时间、场地或天气等因素限制时，可以选择 2 分钟台阶试验进行测量和评价有氧耐力。

2）器材：计数器、秒表、卷尺、胶带。

3）测试：要求受试者在 2 分钟的时间内，尽量多地将腿抬到规定的高度。找到受试者膝盖骨与髂骨（髋骨向前凸出的部分）的中点，并用胶带标记。抬腿高度即为地面到该中点的位置。将胶带标记的位置高度标记在附近的墙或门廊上，作为指导受试者抬腿的正确高度。“开始”指令发出后，受试者开始交替抬腿，并将每一个膝盖抬到所指示的高度。2分钟后，停止抬腿。成绩是2分钟内受试者所完成的完整的抬腿次数（右腿膝盖到达规定高度时算1次）。

4）评价：评价标准见表4—9和表4—10。

表4—9　　老年女性2分钟台阶试验评分表（次）

百分等级	60～64岁	65～69岁	70～74岁	75～79岁	80～84岁	85～89岁	90～94岁
95	130	133	125	123	113	106	92
90	122	123	116	115	104	98	85
85	116	117	110	109	99	93	80
80	111	112	105	104	84	88	76
75	107	107	101	100	90	85	72
70	103	104	97	96	87	81	69
65	100	100	94	93	84	79	66
60	97	96	90	90	81	76	63
55	94	93	87	87	78	73	61
50	91	90	84	84	75	70	58
45	88	87	81	81	72	67	55
40	85	84	78	78	69	64	53
35	82	80	74	75	66	61	50
30	79	76	71	72	63	59	47
25	75	73	67	68	60	55	44
20	71	68	63	64	56	52	40
15	66	63	58	59	51	47	36
10	60	57	52	53	46	42	31
5	52	47	43	45	37	39	24

表4—10　　老年男性2分钟台阶试验评分表（次）

百分等级	60～64岁	65～69岁	70～74岁	75～79岁	80～84岁	85～89岁	90～94岁
95	135	139	133	135	126	114	112
90	128	130	124	126	118	106	102
85	123	125	119	119	112	100	96
80	119	120	114	114	107	95	91
75	115	116	110	109	103	91	86

续表

百分等级	60～64 岁	65～69 岁	70～74 岁	75～79 岁	80～84 岁	85～89 岁	90～94 岁
70	112	113	107	105	99	87	83
65	109	110	104	102	96	84	79
60	106	107	101	98	93	81	76
55	104	104	98	95	90	78	72
50	101	101	95	91	87	75	69
45	98	98	92	87	84	72	66
40	96	95	89	84	81	69	62
35	93	92	86	80	78	66	59
30	90	89	83	77	75	63	55
25	87	86	80	73	71	59	52
20	83	82	76	68	67	55	47
15	79	77	71	63	62	50	42
10	74	72	66	56	56	44	36
5	67	67	67	47	48	36	26

（3）3 000 米快走试验

1）目的：测量和评价老年人的有氧耐力。

2）场地：地面平整，可丈量的场地。

3）器材：秒表、发令枪（发令哨）、号码布。

4）测试：要求受试者大步快走，用尽可能短的时间完成 3 000 米快走。受试者 15 人一组（不得少于 5 人），佩戴上号码布，听到哨音后开始自然地大步快走。测试人员发出开始信号后开始计时，当受试者胸部达到终点时停止计时。大步走时双脚不能同时离地，不能有跑的动作。成绩是完成 3 000 米快走所用的时间。

5）评价：评价标准见表 4—11。

表 4—11　　老年人 3 000 米快走试验评分表

得分	男性		女性	
	60～64 岁	65～69 岁	60～64 岁	65～69 岁
100	≤26′00″	≤27′00″	≤28′00″	≤29′00″
95	26′50″	27′50″	28′50″	29′50″
90	27′40″	28′40″	29′40″	30′40″
85	28′30″	29′30″	30′30″	31′30″
80	29′20″	30′20″	31′20″	32′20″
75	30′10″	31′10″	32′10″	33′10″

续表

得分	男性		女性	
	60～64 岁	65～69 岁	60～64 岁	65～69 岁
70	31′00″	32′00″	33′00″	34′00″
65	31′50″	32′50″	33′50″	34′50″
60	32′40″	33′40″	34′40″	35′40″
55	33′30″	34′30″	35′30″	36′30″
50	34′20″	35′20″	36′20″	37′20″
45	35′10″	36′10″	37′10″	38′10″
40	36′00″	37′00″	38′00″	39′00″
35	37′00″	38′00″	39′00″	40′00″
30	38′00″	39′00″	40′00″	41′00″
25	39′00″	40′00″	41′00″	42′00″
20	40′00″	41′00″	42′00″	43′00″
15	41′00″	42′00″	43′00″	44′00″
10	42′00″	43′00″	44′00″	45′00″
5	43′00″	44′00″	45′00″	46′00″
0	≥43′01″	≥44′01″	≥45′01″	≥46′01″

2. 骨骼肌健康测试

（1）30 秒座椅试验

1）目的：测量和评价老年人的下肢力量。

2）器材：直背椅（椅子高度为 47 厘米）、秒表。

3）测试：要求受试者在 30 秒的时间内，尽量多地完成从坐姿到站姿。受试者坐在椅子中央，双脚平放于地板，双手交叉放于胸前。“开始”指令发出之后，受试者从椅子上站起至完全直立，然后再坐回椅子上，并恢复至开始时的姿势。试验开始前，受试者要先重复 1～2 次试验动作，测试人员看动作是否标准。成绩是受试者在 30 秒内完成的站起坐下的次数。

4）评价：评价标准见表 4—12 和表 4—13。

表 4—12　　老年女性 30 秒座椅试验评分表（次）

百分等级	60～64 岁	65～69 岁	70～74 岁	75～79 岁	80～84 岁	85～89 岁	90～94 岁
95	21	19	19	19	18	17	16
90	20	18	18	17	17	15	15
85	19	17	17	16	16	14	13

续表

百分等级	60～64 岁	65～69 岁	70～74 岁	75～79 岁	80～84 岁	85～89 岁	90～94 岁
80	18	16	16	16	15	14	12
75	17	16	15	15	14	13	11
70	17	15	15	14	13	12	11
65	16	15	14	14	13	12	10
60	16	14	14	13	12	11	9
55	15	14	13	13	12	11	9
50	15	14	13	12	11	10	8
45	14	13	12	12	11	10	7
40	14	13	12	12	10	9	7
35	13	12	11	11	10	9	6
30	12	12	11	11	9	8	5
25	12	11	10	10	9	8	4
20	11	11	10	9	8	7	4
15	10	10	9	9	7	6	3
10	9	9	8	8	6	5	1
5	8	8	7	6	4	4	0

表 4—13　　老年男性 30 秒座椅试验评分表（次）

百分等级	60～64 岁	65～69 岁	70～74 岁	75～79 岁	80～84 岁	85～89 岁	90～94 岁
95	23	23	21	21	19	19	16
90	22	21	20	20	17	17	15
85	21	20	19	18	16	16	14
80	20	19	18	18	16	15	13
75	19	18	17	17	15	14	12
70	19	18	17	16	14	13	12
65	18	17	16	16	14	13	11
60	17	16	16	15	13	12	11
55	17	16	15	15	13	12	10
50	16	15	14	14	12	11	10
45	16	15	14	13	12	11	9
40	15	14	13	13	11	10	9
35	15	13	13	12	11	9	8
30	14	13	12	12	10	9	8
25	14	12	12	11	10	8	7

续表

百分等级	60～64岁	65～69岁	70～74岁	75～79岁	80～84岁	85～89岁	90～94岁
20	13	11	11	10	9	7	7
15	12	11	10	10	8	6	6
10	11	9	9	8	7	5	5
5	9	8	8	7	6	4	3

（2）30秒屈伸臂试验

1）目的：测量和评价老年人的上肢力量。

2）器材：没有扶手的直背椅或折叠椅、秒表、5磅（2.3千克）的哑铃用于女性，8磅（3.6千克）的哑铃用于男性。

3）测试：要求受试者在30秒的时间内，尽量多地完成从坐姿到站姿。受试者坐在椅子中央（略靠向有利手的方向），双脚平放于地面。受试者手持哑铃，手臂自然下垂，与地面垂直。开始测试前，受试者先热身，进行1～2次屈伸臂练习，测试人员看动作是否标准。“开始”指令发出后，受试者在30秒内尽可能多地屈伸手臂。在屈手臂时手掌应当跟着旋转，而在伸手臂时，手掌回到手握哑铃的位置。另一手臂在测试过程中要保持自然下垂。成绩是30秒内完成的屈手臂次数。

4）评价：评价标准见表4—14和表4—15。

表4—14　　老年女性30秒屈伸臂试验评分表（次）

百分等级	60～64岁	65～69岁	70～74岁	75～79岁	80～84岁	85～89岁	90～94岁
95	24	22	22	21	20	18	17
90	22	21	20	20	18	17	16
85	21	20	19	19	17	16	15
80	20	19	18	18	16	15	14
75	19	18	17	17	16	15	13
70	18	17	17	16	15	14	13
65	18	17	16	16	15	14	12
60	17	16	16	15	14	13	12
55	17	16	15	15	14	13	11
50	16	15	14	14	13	12	11
45	16	15	14	13	12	12	10
40	15	14	13	13	12	11	10
35	14	14	13	12	11	11	9
30	14	13	12	12	11	10	9

续表

百分等级	60～64 岁	65～69 岁	70～74 岁	75～79 岁	80～84 岁	85～89 岁	90～94 岁
25	13	12	12	11	10	10	8
20	12	12	11	10	10	9	8
15	11	11	10	9	9	8	7
10	10	10	9	8	8	7	6
5	9	8	8	7	6	6	5

表 4—15　　老年男性 30 秒屈伸臂试验评分表（次）

百分等级	60～64 岁	65～69 岁	70～74 岁	75～79 岁	80～84 岁	85～89 岁	90～94 岁
95	27	27	26	24	23	21	18
90	25	25	24	22	22	19	16
85	24	24	23	21	20	18	16
80	23	23	22	20	20	17	15
75	22	21	21	19	19	17	14
70	21	21	20	19	18	16	14
65	21	20	19	18	18	15	13
60	20	20	19	17	17	15	13
55	20	19	18	17	17	14	12
50	19	18	17	16	16	14	12
45	18	18	17	16	15	13	12
40	18	17	16	15	15	13	11
35	17	16	15	14	14	12	11
30	17	16	15	14	14	11	10
25	16	15	14	13	13	11	10
20	15	14	13	12	12	10	9
15	14	13	12	11	12	9	8
10	13	12	11	10	10	8	8
5	11	10	9	9	9	7	6

3. 身体成分测试

（1）测量身高

1）目的：测量身高，用于计算老年人的身体成分指数（BMI）。

2）器材：身高计（精度为 0.1 厘米）。

3）测试：测试时，受试者赤脚，背向立柱，呈立正姿势站立在身高计的底板上。躯干挺直，头部正直，两眼平视前方，保持耳屏上缘与眼眶下缘最低点呈水平位。上肢自然下垂，两腿伸直，两足跟并拢，足尖分开约60°。足跟、骶骨部、两肩胛间与身高计的立柱相接触。测试人员单手将水平压板沿立柱下滑至受试者头顶。读数时，测试人员双眼与水平压板水平面等高。记录以厘米为单位，保留小数点后一位。

（2）测量体重

1）目的：测量体重，用于计算老年人的身体成分指数（BMI）。

2）器材：体重计（精度为0.1千克）。

3）测试：测试时，受试者应穿着尽可能少的衣物，自然站立在体重计中央，保持身体平稳，读数即可。记录以千克为单位，保留小数点后一位。注意上、下体重计时，动作要轻缓。

（3）计算身体成分指数（BMI）

1）目的：评价老年人的身体成分。

2）公式：BMI＝体重/身高^2（千克/米^2）。

3）评价：评价标准见表4—16。

表4—16　　成年人体重分类

分类	BMI（千克/米^2）
体重过低	＜18.5
体重正常	18.5～23.9
超重	24.0～27.9
肥胖	≥28

（4）测量腰围

1）目的：测量和评价老年人腰部脂肪堆积（中心型肥胖），并用于计算腰围/臀围比（WHR）。

2）器材：尼龙带尺。

3）测试：受试者自然站立，双肩放松，双臂交叉抱于胸前。测试人员面对受试者，将带尺经脐上0.5～1.0厘米处（肥胖者可选择腰部最粗处）水平绕一周。带尺围绕腰部的松紧度要适宜（使皮肤不产生明显凹陷）。带尺上与“0”点相交的数值即为测量值。记录以厘米为单位，保留小数点后一位。

4）注意：测试人员应当严格控制带尺的松紧度。测试时，受试者的被测部位要充分裸露，不能有意识地挺腹或收腹。

5）评价：老年男性的腰围应当控制在＜85厘米，老年女性的腰围应当控制在＜80厘米。评价标准见表4—17。

（5）测量臀围

1）目的：测量臀围，用于计算腰围/臀围比（WHR）。

表 4—17　　成人中心型肥胖分类

分类	腰围值（厘米）
中心型肥胖前期	85≤男性腰围<90
	80≤女性腰围<85
中心型肥胖	男性腰围≥90
	女性腰围≥85

2）器材：尼龙带尺。

3）测试：受试者自然站立，双肩放松，双臂交叉抱于胸前。测试人员立于受试者侧前方，将带尺沿臀大肌最突起处水平围绕一周。带尺围绕臀部的松紧度要适宜（使皮肤不产生明显凹陷）。带尺上与“0”点相交的数值即为测量值。记录以厘米为单位，保留小数点后一位。

4）注意：测试人员应当严格控制带尺的松紧度。测试时，男性受试者只能穿短裤，女性受试者穿短裤、背心或短袖衫。测量时，受试者不能有意识地挺腹或收腹。

（6）计算腰围/臀围比（WHR）

1）目的：评价老年人的身体成分，判断发生心血管疾病等慢性病的风险。

2）公式：WHR＝腰围/臀围。

3）评价：60～69 岁的老年人，判断患病危险性的标准是：男性 WHR≥1.03，女性 WHR≥0.90。

四、老年人的运动能力测试

1. 速度和灵敏性测试——曲线托球跑

（1）目的

测量和评价老年人的速度和灵敏性素质。

（2）场地

在一块足够大的平坦地面上，画一条长 12 米的直线，平均分成 3 段（每段 4 米），然后以每段长度为直径画三个相切圆（依次为第 1 个圆、第 2 个圆和第 3 个圆）。

（3）器材

秒表、发令哨、皮尺、乒乓球拍、网球。

（4）测试

受试者手握乒乓球拍，在拍上放一个网球，站立于起点线后，听到开始信号后，沿第 1 个圆的左侧半圆弧线跑，再沿第 2 个圆的右侧半圆弧线跑，然后沿第 3 个圆的左侧半圆弧线跑向上端点；从上端点沿第 3 个圆的右侧半圆弧线跑，再沿第 2 个圆的左侧半圆弧线跑，然后沿第 1 个圆的右侧半圆弧线跑向下端点（起点线）。测验人员给出起跑信号的同时开始计时，受试者曲线跑回起点时停止计时。成绩以秒为单位记录，取小数点后一位，小数点后第二位非“0”时则进“1”。

（5）注意

整个过程必须按照规定的路线托球跑动，若中途掉球需捡起继续跑，但若球已远离测试场地，则需重新进行测试。球拍不能靠着身体或用手护球。

（6）评价

评价标准见表 4—18。

表 4—18　　老年人曲线托球跑试验评分表（秒）

得分	男性		女性	
	60～64 岁	65～69 岁	60～64 岁	65～69 岁
100	≤18.0	≤20.0	≤18.5	≤20.5
95	18.8	20.8	19.3	21.3
90	19.6	21.6	20.1	22.1
85	20.4	22.4	20.9	22.9
80	21.2	23.2	21.7	23.7
75	22.0	24.0	22.5	24.5
70	22.8	24.8	23.3	25.3
65	23.6	25.6	24.1	26.1
60	24.4	26.4	24.9	26.9
55	25.2	27.2	25.7	27.7
50	26.0	28.0	26.5	28.5
45	26.8	28.8	27.3	29.3
40	27.6	29.6	28.1	30.1
35	28.4	30.4	28.9	30.9
30	29.2	31.2	29.7	31.7
25	30.0	32.0	30.5	32.5
20	30.8	32.8	31.3	33.3
15	31.6	33.6	32.1	34.1
10	32.4	34.4	32.9	34.9
5	33.2	35.2	33.7	35.7
0	≥33.3	≥35.3	≥33.8	≥35.8

2. 爆发力测试——一分钟仰卧举腿

（1）目的

测量和评价老年人的爆发力。

（2）器材

垫子、秒表、双柱标杆。

（3）测试

受试者身体仰卧在垫子上，两臂置于身体两侧，两腿并拢伸直。垫子侧方放置一个双柱标杆，位于髋关节两侧，标杆高 50 厘米，用一根皮筋连于两杆。受试者做收腹、直抬腿动作，两脚必须碰到皮筋，然后还原成开始姿势。受试者做好预备姿势后，测试人员发出开始信号并计时，计受试者在 1 分钟内所完成的次数。

（4）注意

动作必须规范，动作不合要求时不计数。

（5）评价

评分标准见表 4—19。

表 4—19　　老年人一分钟仰卧举腿试验评分表（次）

得分	男性		女性	
	60～64 岁	65～69 岁	60～64 岁	65～69 岁
100	⩾45	⩾44	⩾43	⩾42
95	44	43	42	41
90	43	42	41	40
85	41	40	39	38
80	39	38	37	36
75	37	36	35	34
70	35	34	33	32
65	33	32	31	30
60	31	30	29	28
55	29	28	27	26
50	27	26	25	24
45	25	24	23	22
40	23	22	21	20
35	21	20	19	18
30	19	18	17	16
25	17	16	15	14
20	15	14	13	12
15	13	12	11	10
10	11	10	9	8
5	9	8	7	6
0	⩽8	⩽7	⩽6	⩽5

3. 柔韧性测试

（1）坐位体前屈

1）目的：测量和评价老年人全身的柔韧性。

2）场地：一块足够大的平坦地面。

3）器材：坐位体前屈测试计。

4）测试：受试者两腿伸直，两脚平蹬测试纵板坐在平地上，脚跟并拢，脚尖自然分开，上体前屈，用双手中指指尖推动游标平滑前进，直到不能推动为止。测试计的脚蹬纵板内沿平面为0点，向后为负值，向前为正值。记录以厘米为单位，保留小数点后一位。测试两次，取最好成绩。

5）注意：腰椎损伤的老年人不能做此项目。身体前屈，两臂向前推游标时两脚不能弯曲。受试者应当匀速向前推动游标，不得突然发力。

6）评价：评分标准见表4—20。

表4—20　　老年人坐位体前屈试验评分表（厘米）

得分	男性		女性	
	60～64岁	65～69岁	60～64岁	65～69岁
100	≥17.0	≥15.5	≥19.0	≥17.5
95	15.7	14.4	18.0	16.3
90	14.4	13.2	17.0	15.0
85	13.1	11.8	15.7	13.7
80	11.8	10.4	14.3	12.4
75	10.5	9.0	12.9	11.0
70	9.2	7.6	11.5	9.6
65	7.9	6.2	10.1	8.2
60	6.6	4.8	8.7	6.8
55	5.3	3.4	7.3	5.4
50	4.0	2.0	5.9	4.0
45	2.7	0.6	4.5	2.6
40	1.4	−0.4	3.1	1.2
35	0.1	−1.8	1.7	−0.2
30	−1.2	−3.2	0.3	−1.6
25	−2.5	−4.6	−1.1	−3.0
20	−3.8	−6.0	−2.5	−4.4
15	−5.1	−7.4	−3.9	−5.8
10	−6.4	−8.8	−5.3	−7.2
5	−7.7	−10.2	−6.7	−8.6
0	≤−7.8	≤−10.3	≤−6.8	≤−8.7

（2）肩部柔韧性测试

柔韧性是移动某一关节使其达到最大活动范围的能力。老年人的肩部柔韧性可以从其肩关节的活动幅度来考量。

1）目的：测量和评价老年人肩部的柔韧性。

2）器材：关节测角器（包括固定臂、活动臂和铰接轴三部分）。

3）测试：

①受测者背靠墙壁站立，两臂自然下垂，肘关节伸直，前臂放松。肩关节处于解剖学位置。关节测角器的铰接轴置于测量肩的肩峰处、固定臂沿腋中线放置，活动臂沿肱骨外侧中线放置，测量肩关节的屈曲度。正常幅度为 110°～120°。

②受测者测试姿势同上，但胸部贴墙。关节测角器各个部分的放置位置同上，测试肩关节的伸展度。正常幅度为 25°～30°。

③受测者测试姿势同上，但上举一侧上肢。关节测角器的铰接轴放置在肱骨头，固定臂放置与脊柱平行，活动臂沿肱骨正中线放置，测试肩关节的外展度。正常幅度为 90°。

受试者姿势同上，但允许稍屈肩关节。关节角度器的放置同上，测试肩关节的内收幅度。正常幅度为 90°。

④受试者仰卧，上臂外展 90°置于床上，肘关节屈 90°，前臂处于旋内、旋外的中间位并与床面垂直。关节角度器的铰接轴置于鹰嘴处，固定臂置于床面水平位，活动臂置于鹰嘴与尺骨茎突连线上，测试肩关节的旋内和旋外幅度。正常幅度为 30°～40°。

在每个体位上测完一侧肩关节后，测试另外一侧，一般为先左后右。

4）评价：记录肩关节的活动幅度，与正常范围相比较。

小结

用安全、简单、易于操控的方法和仪器设备来评估老年人的体质状况，包括老年人的力量、耐力、柔韧、灵敏和平衡等基本体力活动素质和能力，对老年人的体质健康具有重要意义。

老年人体质评价的目的是了解老年人体力活动的水平，确定老年人体质状况的优势，诊断老年人体质状况的弱点，帮助老年人建立体育活动目标，评价老年人体育活动效果，激励老年人参加体育活动，监控老年人锻炼的过程。

在对老年人进行体质测试前，需要了解老年人的基本健康状况、体力活动情况和运动习惯，以发现老年人的测试禁忌、评价老年人的测试风险、获得老年人运动习惯和爱好的基本信息，为制定测试方案和干预方案做准备。

老年人体质评价包括功能健康测试、与健康相关的体质测评和运动能力测试。测试时需要掌握测试的目的、测试的方法和注意事项，以及测试结果的评价标准。

思 考 题

1. 简述老年人体质评价的重要性。
2. 对老年人进行体质评价前，需要做哪些准备工作？
3. 老年人体质评价包括哪几方面的内容？
4. 如何计算身体成分指数（BMI），以及用 BMI 对老年人的体重进行分类？

第5章

老年人体育活动的医务监督

学习目标

➢ 掌握评价老年人锻炼前风险评估的手段

➢ 掌握老年人锻炼中身体状况与指标变化之间的关系

➢ 掌握老年人锻炼后进行医务监督的目的和意义，根据情况选择合理监督指标

➢ 了解老年人在不同气候、环境下进行锻炼的注意事项

体育锻炼对老年人身体健康的有益作用已经毋庸置疑。通过体育锻炼可以提高心肺功能、改善精神状态、缓解压力、提高力量和有氧能力。这些作用对健康的和患有慢性病的老年人都有好处。但是也有学者提出体育锻炼对老年人的作用有限，这主要与锻炼的具体安排不同有关。

老年人或多或少地患有一些慢性疾病，这些人进行锻炼时更需要注意监控运动负荷量。监控主要涉及心血管系统、免疫系统和运动系统。体育锻炼在改善心肺功能、缓解精神压力、提高力量和有氧能力方面有促进作用。但是，老年人也要考虑体育活动增加骨折、骨关节病和跌倒的风险。监控体育锻炼后的相关系统反应，将有助于老年人更好地提高生存质量。

第1节　老年人进行体育活动前的医务监督

老年人开始改变锻炼习惯前应当进行一次全面体检，以了解身体健康状况和运动能力。

通过全面的评估，可以了解老年人的身体是否具备承受较大运动负荷的能力。在接下来的体育锻炼中，也要定期（如间隔3个月到半年）对老年人进行身体状况和运动能力的评估。

一、健康体格检查

1. 了解老年人的健康状况

登记老年人过去和现在所患有的疾病情况，可以为将要进行的锻炼方案设计提供依据。

（1）现病史和既往病史

记录目前所患有的内脏器官疾病和慢性疾病，记录过去患过的重要内脏器官疾病。

（2）家族史

记录家族直系亲属是否患过与遗传有关的疾病。

（3）月经状况

记录目前是否已经绝经和月经周期的情况。

2. 心血管系统检查

心血管系统是体育锻炼直接作用的系统，也是人体运动能力的主要限制系统，该系统的功能状况直接影响锻炼者的锻炼方式、锻炼负荷和锻炼效果。

（1）心率

在一定范围内，心率（脉搏）与最大摄氧量呈线性关系，可被用于控制运动强度。

1）安静心率。老年人的心率随着年龄的增加而改变。安静心率一般会在一定年龄后逐渐升高，这是因为心脏的每搏量降低所致。但是，安静心率保持稳定是状态良好的表现。一般认为，如果安静心率（晨脉）升高超过12次/分钟就表明身体出现了疲劳，需要寻找原因。

2）最大心率。最大心率是设计锻炼方案的基础，通过估算最大心率来设定锻炼的靶心率（THR）区域。传统计算公式是：最大心率＝220－年龄。例如，60岁老年人的最大心率＝220－60＝160次/分钟。

无氧运动的心率区间是最大心率的70％～90％。例如，60岁老年人的无氧运动心率范围是：160×（70％～90％）＝112～144次/分钟。

（2）血压

正常人的血压是120/80毫米汞柱。60岁以后，老年人的血压是每增加10岁提高10毫米汞柱。如果70岁老年人的血压为130/90毫米汞柱，80岁老年人的血压为140/100毫米汞柱，都属于正常血压。这是因为老年人的血管会随着年龄的增长而硬化。但如果血压高于140/90毫米汞柱，还是应当进行相应的治疗。

（3）心电图

心电图反映的是人体心脏的电活动。老年人进行心电图检查的主要目的是排除或减少由于心脏本身问题带来的运动风险概率。通过安静时和运动中的心电图检查，可以全面了解心脏对将要进行的运动负荷的适应能力。如果安静心电图出现明显传导异常、心律异常、心肌缺血、心肌肥厚等改变，需要请专科医生进行确认，再决定是否可以参加体育运动。如果安静心电图未见异常，可能还需要通过运动负荷中的心电图检查来确认其心脏状况。老年人如果出现心电图改变，需要结合病史、运动史和家族史等多方面进行评价。

二、运动风险评估

运动风险评估是老年人开始体育锻炼前的一个重要环节。不管结果如何，运动风险评估都是后面进行体育锻炼的基础。常用的评估方法是身体状况安全问卷调查表（PAR－Q）（见第 4 章第 2 节）。通过问卷调查可以基本了解老年人的健康状况、锻炼习惯和运动能力。

1. 风险因素的分类

体育锻炼可以增进老年人健康，提高生活质量。但是，老年人参加体育锻炼也会面临一些风险。充分认识这些风险才能尽量降低相关风险。运动风险因素有以下几种分类方法。

（1）按原因分类

分为健康风险、运动风险、环境风险和气候风险。

（2）按性质分类

分为主动损伤风险、被动损伤风险，急性损伤风险、慢性损伤风险。

（3）按影响分类

分为基本风险和特殊风险。

（4）按系统分类

分为运动系统风险、心血管系统风险、神经系统风险、泌尿系统风险和内分泌系统风险等。

2. 风险因素的分层

不同人群参加体育锻炼前应当进行相应的风险评估，以确定其可参加运动的强度和方式等。下面列举的是心血管系统的风险评估过程，如图 5—1 所示。

3. 体力活动的禁忌证

体力活动的禁忌证可分为绝对禁忌证和相对禁忌证（即有条件禁忌）。

（1）绝对禁忌证

1）近期安静心电图有明显改变，近两天有心肌梗死或其他心脏急性疾病发生。

2）不稳定型心绞痛。

3）室性心动过速和严重心律不齐。

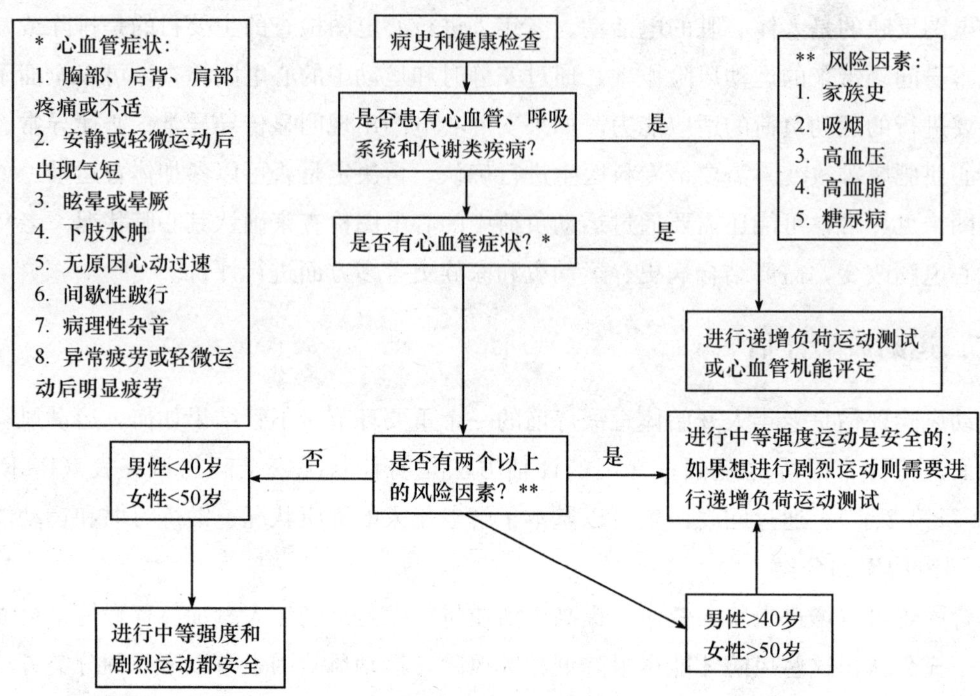

图 5—1 心血管系统风险控制

4）不能控制的心律不齐导致出现不适症状或血流动力学指标改变。

5）症状严重的动脉瓣狭窄。

6）未能控制症状的心功能衰竭。

7）未能控制的肺栓塞或梗阻。

8）急性心肌炎或心包炎。

9）怀疑或确诊患有动脉夹层瘤。

10）急性感染，伴有发烧、身体无力或淋巴结肿大。

（2）相对禁忌证

1）冠状动脉侧枝狭窄。

2）中等程度狭窄性心脏病、瓣膜病。

3）电解质紊乱（如低钾血症、低镁血症）。

4）安静时严重的高血压（如收缩压＞200 毫米汞柱和/或舒张压＞110 毫米汞柱）。

5）心动过速。

6）肥厚性心肌病导致流出道狭窄。

7）由于运动可能会导致加重的肌肉损伤、风湿性关节炎等。

8）重度房室传导阻滞。

9）心室壁瘤。

10）未能控制的代谢性疾病（如糖尿病、甲状腺功能亢进、黏液性水肿）。

11）神经系统或身体损伤导致不能完成相应动作或锻炼。

三、制定锻炼方案

对于已经完成运动前评估的老年人可为其制定锻炼方案。内容包括：运动方式、运动强度、运动时间、运动频率等（见第 3 章第 2 节）。

第 2 节　老年人进行体育活动中的医务监督

一、老年人体育活动中的医务监督方法

1. 控制心率在靶心率区间

老年人锻炼的有效性和风险控制中重要的一个环节是运动强度的控制。心率是老年人运动强度控制的可行性较高的一项指标。在描述运动强度时往往用到靶心率这个概念。中等强度体力活动的靶心率是锻炼者最大心率的 50%～70%。最大心率的计算公式，对老年人建议采用 208－0.7×年龄。

例如，65 岁老年人的最大心率是 208－0.7×60＝166 次/分钟。

如果打算进行中等强度锻炼，所设定的靶心率区间应当是：

50%的强度的靶心率＝166×0.5＝83 次/分钟。70%的强度的靶心率＝166×0.7＝116 次/分钟。

65 岁老年人进行体育锻炼时需要靶心率控制在 83～116 次/分钟之间来保证锻炼的有效性和安全性。

如果要进行剧烈运动，其靶心率区间是最大心率的 70%～85%。根据上述公式计算出心率范围是 116～141 次/分钟。

通过在运动中或运动后即刻测定心率可以了解运动强度。现在有一些便于使用的运动穿戴系统，可以方便地连续监测心率和能量消耗。

运动中的心率（脉搏）监测需要有一个短暂的停顿，然后找到脉搏测量位置（桡动脉或颈动脉，建议采用桡动脉），轻轻按压即可感到波动。一般采用记录 10 秒钟脉搏，然后乘以 6 的方式计数。为提高准确度，如果在开始计数和停止计数时都摸到一次波动，只记录一

次，而不要算作两次。如果所测得的心率在所设定的靶心率范围内，表明运动强度是合理的。

2. 交谈难度

控制运动强度在中低强度范围，可以采用RPE值，也可以依据个体在运动中交谈状况。如果可以轻松交谈，为低强度运动；如果进行交谈时感到吃力，为中等强度以上的运动。

3. 出汗状况

老年人进行锻炼时，以微微出汗为宜，这时反映运动强度已达到中下水平；体质好的老年人可以达到明显出汗，但是不提倡运动到大汗淋漓。出汗量受个体差异、季节、体能水平等多方面因素影响，所以要因人而异，只能进行自身比较，不宜与他人进行比较。

二、老年人体育活动中特殊情况的处理

1. 运动中发生呼吸困难的处理方法

运动中的呼吸困难可以表现为气短、喘息、剧烈咳嗽，原因有运动过于剧烈、运动性哮喘、心脏病发作等。因此，运动中出现呼吸困难首先需要判断其发生的原因，如果排除运动强度的因素，往往可能是比较严重的情况，需要及时找医生或专业急救人员进行处理。

如果是由于运动导致的呼吸困难，往往是因为呼吸过浅、频率过快、寒冷刺激所致。这时可以通过降低呼吸频率，采用两步一吸、两步一呼的方式进行呼吸。如果是在寒冷季节进行户外运动中用嘴呼吸时，要注意将舌头抵住上颚，让空气从舌头两侧流过，目的在于增加吸入空气的温度和湿度，降低对胃肠道的刺激，减少发生呼吸肌痉挛的可能。

2. 运动中发生头晕的处理方法

运动中出现头晕多见于中暑。如果在炎热季节进行锻炼，突然感到头晕、不出汗、出现恶心呕吐现象时，要考虑中暑的可能。这时需要尽快到阴凉处休息，如果头晕加重，需要及时找专业急救人员进行处理。

导致运动中头晕的常见原因是大脑供血不足，最为常见的状况是在运动后突然停止活动（如坐下），导致下肢静脉血液不能有效回流，大脑暂时性供血不足。一定要记住：运动后，特别是剧烈运动后，不能立即坐下、蹲下、躺下或站立不动，要通过慢走、慢跑使下肢肌肉收缩来保证血液回流，减少运动后头晕的情况发生。

3. 运动中发生肌肉痉挛的处理方法

导致运动中肌肉痉挛（抽筋）的常见原因有寒冷刺激、疲劳、出汗过多、用力过猛。发生肌肉痉挛时可以适当补充运动饮料，然后对痉挛肌肉进行缓慢用力的牵拉，使痉挛肌肉维持在持续拉长的状态15～20秒，多数痉挛会缓解。随后对再痉挛肌肉进行按摩、热敷等进行进一步放松处理。

4. 运动中发生中暑先兆的处理方法

中暑先兆发生在炎热季节，是由高温环境引起的，以体温调节中枢功能障碍、汗腺功能衰竭和水、电解质丢失过多为特点。根据发生机制不同可以分为热射病、热痉挛和热衰竭。主要处理方法是脱离热源或热环境，降低体温，补充水和电解质。根据类型不同还需要降低头部和体内温度、缓解肌肉痉挛、促进血液回流。

5. 运动中发生心绞痛的处理方法

运动中发生心绞痛的原因可以分为两大类：稳定型和非稳定型。稳定型心绞痛只在运动时发生，停止运动或减轻运动强度会明显缓解症状；非稳定型心绞痛则是无发生规律，在安静时也会发生，往往是心脏病发作的前兆。心绞痛的个体差异很大，现场处理需要专业人员进行，锻炼者最好通过体检来进行确认，根据医生建议安排锻炼方式。

心绞痛和心脏病发作的感觉很像，但是心绞痛可以通过停止运动或服用硝酸甘油而缓解，因为这是由于动脉供给心肌的血液不足所致；心脏病发作是由于动脉硬化导致狭窄所致，处理不当，后果严重。

6. 运动中发生腹痛的处理方法

腹痛是运动过程中一种常见的症状，在耐力项目（如中长跑、马拉松、骑自行车）发生率较高，其中 1/3 的人查不出发病原因，而仅与运动训练有关。其发生与缺乏锻炼、准备活动不充分、身体疲劳、呼吸过浅过快、饥饿有关。

运动性腹痛的发生原因复杂，与肝脏瘀血、呼吸肌痉挛、胃肠道痉挛、腹内疾病（如肝炎、溃疡病、慢性阑尾炎）有关，还有一部分原因不明。

对运动性腹痛的处理取决于发生的性质，对能查明原因的需要及时消除病因。对运动中发生的腹痛首先应当减速并加深呼吸，用手持续按压疼痛部位。如果仍然疼痛，应当暂时停止运动，按压合谷、内关等穴位，多数腹痛会缓解。

7. 运动中发生关节扭伤的处理方法

关节扭伤可以伤及韧带、肌肉、关节软骨。在锻炼中要积极预防这类损伤，因为这些组织一旦损伤愈合很困难。通过关节相关部位的静力性练习可以提高关节的稳定性，减少这类损伤的发生。

如果发生扭伤，首先需要进行 15～20 分钟的冷敷（可采用自来水、冰袋等），然后一定要进行加压包扎（采用弹力绷带进行 24 小时有一定压力的缠绕，以减轻肿胀），休息 2～3 天，在休息时要把受伤肢体抬高放置。

第3节　老年人进行体育活动后的医务监督

一、老年人体育活动后的一般医务监督指标

1. 体重

运动导致机体能量消耗增加，所以运动负荷是否合理还需要考虑运动后的身体恢复、营养补充等因素的影响。运动负荷合理时，老年人的体重应当保持稳定，可有波动，但每个月波动不应当超过1千克。如果出现体重明显下降时要注意查找原因。

2. 食欲

运动量合适的运动后，稍作休息再吃饭时不会有食欲降低的情况。但是如果感到食欲下降，可能是运动量过大的表现，也需要考虑健康状况等因素。

3. 睡眠

睡眠状况是反映神经系统功能状态的指标。当运动量过大时，有些人会反映在睡眠上。正常睡眠状况的改变与运动量过大有关，良好的睡眠是入睡快，醒后精力充沛。如果入睡迟、易醒、失眠，睡醒后仍感疲劳，则表明运动负荷超过了机体的负担能力或机体已经疲劳，需要减少活动量。

二、老年人体育活动后的心血管系统监督指标

1. 晨脉

人体在清晨清醒、起床前的脉搏（晨脉）可以反映身体的基本状况。随着心肺功能的提高，锻炼者安静时的心率应当逐渐下降，并且保持稳定。锻炼后第二天的晨脉应当恢复正常，如果比前一天晨脉升高超过12次/分钟，往往是前一天锻炼运动量过大、身体疲劳的表现。

2. 运动后脉搏

老年人的运动后脉搏比年轻人慢一些。运动后脉搏恢复时间可以反映运动强度的大小，但是要注意个体差异的问题。一般来说，小强度运动后的脉搏会在30分钟内恢复到安静水平；中等强度运动后脉搏应当在60～90分钟内恢复；如果到第二天早晨还没有恢复就表明负荷过大。

3. 血压

运动后第二天清晨的血压应当恢复到正常水平。如果第二天清晨的血压比其正常时的水平升高超过 20%或血压超出正常范围（老年人每增加 10 岁，正常值也相应升高 10 毫米汞柱），表明前一天运动强度或运动量过大或出现了健康问题。

4. 心电图

经常锻炼的人往往出现心电图改变，特别是锻炼时间长的老年人。当心电图出现异常现象时，首先要判断其性质，如果有病理性改变的提示时，需要找医生进行诊断以决定是否可以运动以及可进行什么运动。对于长期坚持锻炼的老年人，如果在安静时出现偶发性的心律不齐、轻度的 S—T 段位置改变、房室传导阻滞，可以在医生的指导下进行运动负荷试验来确定是否适合继续进行锻炼。如果运动中心电图的异常现象没有增多，则可以继续进行锻炼，否则需要做进一步检查。

三、老年人体育活动后运动系统出现的反应

1. 关节肿胀

老年人锻炼后出现关节肿胀的部位多见于膝关节，这是由于运动负荷超出关节承受能力，导致膝关节滑膜炎、骨关节炎，主要是因为软骨退变与骨质增生产生的机械性、生物化学性刺激，继发膝关节滑膜水肿、渗出和积液等。

老年人锻炼要特别关注运动对膝关节的影响，由于老年性关节功能退化，运动负荷过大会加重关节负担，加速关节磨损过程。因此，如果运动后第二天出现关节肿胀现象，就表明运动负荷过大，需要在今后运动时减少运动时间或运动强度。

2. 肌肉酸痛

锻炼后出现肌肉酸痛是运动负荷超过了机体过去所习惯的负荷的表现。运动后肌肉酸痛是局部发生微细损伤造成的，也表明锻炼者需要更多的时间进行恢复。因此，如果在锻炼后出现肌肉酸痛，锻炼者一定要减少锻炼强度/量、延长锻炼间隔、增加休息时间。

四、老年人体育活动后疲劳的消除方法

疲劳是指人体在进行一段时间的身体或精神活动后的一种状态，表现为工作效率降低、感觉疲惫、失眠和情绪改变。

1. 身体疲劳

（1）身体疲劳的主要表现

身体疲劳主要表现为肌肉疲劳，可出现力量下降、动作不协调、反应迟钝、动作准确度下降、动作错误率增高、运动技能下降等表现。

（2）消除身体疲劳的方法

身体疲劳的消除主要是恢复体内的能量储备，基本途径包括改善血液循环、促进代谢废物排出和补充能量。以下方法有助于身体疲劳的消除。

1）锻炼后进行 20 分钟左右的整理活动（放松），可采用牵拉、慢跑等方式消除疲劳。

2）疲劳部位的放松按摩。

3）用热水泡脚、局部热敷。

4）进行热水浴、冷热水交替浴，但是需要注意热水浴的时间不要超过 20 分钟，时间过长会带来负面效果。

5）通过增加高质量的蛋白质、新鲜水果和蔬菜的摄入，充分补水等合理膳食手段，促进机体恢复过程。

2. 心理疲劳

心理疲劳常来自精神压力的积累，表现出理解能力下降、思考能力降低、工作效率降低，同时会影响身体的工作能力。

（1）心理疲劳的主要表现

心理疲劳主要表现为焦虑、抑郁、易怒、记忆力下降、工作效率降低、情绪改变。

（2）消除心理疲劳的方法

1）听音乐、相声是一种愉快的释放精神压力的方法。

2）冥想或练习瑜伽、气功这类调节呼吸的锻炼，通过深呼吸释放压力。

3）放慢做事节奏，不要同时处理多件事。

4）消除导致精神紧张的根源。

5）自我暗示，将热毛巾敷在颈部周围或感到紧张的部位 10 分钟，按摩感到紧张的部位。

第 4 节　老年人在不同气候、环境里进行体育活动的医务监督

一、老年人在炎热环境里进行体育活动的医务监督

炎热环境指温度超过人体舒适程度的环境，通常是在 29℃以上。锻炼时的炎热环境主要来自日光的辐射。机体在多数情况下主要通过蒸发、对流的方式进行散热，传导和辐射方

式的散热作用较小。但当温度高于 35℃时，对流变成了吸热过程，而蒸发散热由于出汗量超过了蒸发的速度导致效率明显降低，这时如果伴随有高湿、无风的环境则容易导致机体内部热量蓄积，发生中暑。因此，在夏季，特别是在南方进行锻炼时要避开 14：00—15：00 的最高温时段，同时在运动中注意身体反应，避免中暑发生。

1. 体温升高的生理反应

当机体的散热速度低于吸热速度时，人体内部体温升高。

（1）当体内温度升高到 38℃时：

1）人会出现不适感觉。

2）体温调节、水盐代谢、循环、呼吸等生理功能会出现紊乱。

3）对缺氧和超重的忍耐力下降。

4）严重时还会出现头晕、头痛、耳鸣、视觉障碍、恶心、胸闷、疲乏、情绪不正常、自制能力降低乃至抽搐、中暑等症状。

（2）当深部体温达到 39.1～39.4℃时，人体对高温的适应能力已经达到极限。

（3）如果体温再继续升高，可以引起肌肉痉挛、丧失意识，甚至死亡。

2. 在炎热环境里进行体育活动的医务监督要点

（1）炎热季节避免在一天中最热的时间中进行室外锻炼。

（2）热天运动时，宜穿浅色衣服，戴遮阳帽，涂防晒霜。

（3）保证充足的睡眠。

（4）锻炼时注意饮水，锻炼后注意补充蛋白质、维生素 B_1、维生素 B_2 和维生素 C。

（5）饮水采取少量多次的方式进行。

（6）对初期参加锻炼者，要注意有足够的适应过程。

（7）对炎热的低耐受性诱因包括脱水、肥胖、体能水平低、疾病、皮肤因素等，有诱因存在时应当减少或避免炎热天气时的剧烈运动。

（8）曾发生过中暑的人更应当谨慎。

二、老年人在寒冷环境里进行体育活动的医务监督

寒冷通常指 10℃以下的环境温度，低温环境除冬季低温外，还见于高山和深水等。极低的环境温度会对人体产生急性效应，造成皮肤冻痛、冻僵和冻伤。有些低温环境虽然不致引起冻伤，但是如果暴露时间较长，也会对人体造成伤害。

低温环境对人体的主要影响是使人体深部体温下降，从而引起一系列保护性或代偿性的生理反应。低温对工作效率会产生重要影响。当环境温度低于－18～－20℃时，长时间的低温暴露会引起触觉辨别力下降；当手部皮肤温度低于 15.5℃时，手的操作灵活性会明显降

低。不过，低温对听觉反应和时间知觉等的影响比较小。

1. 在寒冷环境里的生理反应

（1）神经、肌肉兴奋性低，肌肉黏滞性高。

（2）机体对寒冷需通过寒战、发抖时的肌肉收缩来产热保持体温，导致热量消耗增大。

（3）体表血管收缩，减少热量丢失。

（4）代谢率升高、心率和呼吸率加速以维持机体代谢的正常进行。

（5）体内温度降至 34℃以下，人便会出现健忘、说话结巴和空间定向障碍。

（6）体内温度降至 30℃时，则全身剧痛、意识模糊。

（7）体内温度降至 27℃以下时，随意运动丧失，瞳孔反射、深部腱反射和皮肤反射均消失，人濒临死亡。

2. 在寒冷环境里进行体育活动的医务监督要点

在寒冷环境下锻炼最重要的一点是减少热量丢失。

（1）穿着保暖服装，但是也要注意锻炼时会出汗，导致热量丢失加剧。

（2）运动前充分进行合理的准备活动。

（3）减少暴露或散热面积，在不运动时要卷曲身体来保暖。

（4）注意呼吸方式，避免吸入过多冷空气引起腹痛。

（5）注意运动后能量补充，主张多用高碳水化合物饮食。

三、老年人在高原环境里进行体育活动的医务监督

高原反应是人体急性暴露于低压低氧环境后产生的各种病理性反应，是高原地区独有的常见病。高原反应的发生率与上山速度、海拔高度、居住时间及体质等有关。

一般来讲，平原人快速进入海拔 3 000 米以上的高原时，50％～75％的人会出现高原反应，但是经过 3～10 天的习服后症状逐渐消失。高原反应的发生，老年人低于青年人，女性低于男性，肥胖男性易感性大。

不主张非世居高原者在高原上进行锻炼，因为机体会对高原缺氧产生反应，如果加上运动负荷容易加重高原反应。

1. 在高原环境里的生理反应

出现下面症状，往往是高原反应的表现，需要引起注意。

（1）有头痛、头昏、气短、胸闷胸痛、睡眠障碍、食欲下降、手足发麻等症状。

（2）休息时症状较轻，活动后症状明显加重。

（3）出现脉搏明显增加、血压升高，缺氧导致的口唇/手指发绀，眼睑或面部浮肿等。

2. 高原反应的类型

（1）急性高原反应

进入海拔 3 000 米以上的高原时，第 1～2 日症状最明显，随后逐渐减轻，大多 6～7 日基本消失，少数人可持续存在。主要表现为：

1）头痛、记忆与思维能力减退、失眠、多梦等。

2）呼吸深、频率增加、心动过速。

3）部分人有发绀、血压升高。

（2）高原肺水肿

平原人在迅速进入高原后 1～3 日发病，也有晚于 7～14 日发病者。表现与一般肺水肿相同。

1）有急性高原反应者如果出现不断加重的干咳、头痛、呼吸困难或发绀，可能是高原肺水肿的早期表现。

2）少数暴发型患者表现为呼吸极度困难、烦躁不安或神志恍惚，咳大量粉红色泡沫样痰。

（3）高原脑病

高原脑病大多先有急性高原反应的症状，继而出现剧烈头痛、精神异常、神志恍惚、严重恶心、呕吐，重者昏迷。

3. 在高原环境里进行体育活动的医务监督要点

（1）进入高原前应当对心理和体质进行适应性锻炼，如果有条件者，最好在低压舱内进行间断性低氧刺激与习服锻炼，以使机体能够对于由平原转到高原缺氧环境有某种程度的生理调整。

（2）阶梯式上山是预防急性高原病的最稳妥、最安全的方法。初入高山者如果需要进入 4 000 米以上高原时，一般应当在 2 500～3 000 米处停留 2～3 天，然后每天上升的速度不宜超过 600～900 米。

（3）到达高原后，前两天应当避免饮酒和服用镇静催眠药，不要进行重体力活动，但是轻度活动可以促使习服。

（4）避免寒冷，注意保温，主张多用高碳水化合物饮食。

四、老年人在水域环境里进行体育活动的医务监督

水域环境包括人工的游泳池（馆）和户外的天然水域等，两者的不同在于在人工环境下进行游泳锻炼需要考虑环境封闭导致的疾病传染问题，天然水域这个问题相对小一些，主要关注的是运动安全问题。

1. 在水域环境里进行体育活动的禁忌人群

（1）严重的高血压患者，自觉症状比较重，有发生脑血管意外的可能。

（2）近期有心绞痛发作，运动时感到胸闷、气短的冠心病患者。

（3）心瓣膜病及有心力衰竭可能的心脏病患者。

（4）精神病及癫痫病患者。

（5）在人工水域环境里，患有肝炎、传染性皮肤病（如体癣、牛皮癣）、红眼病、严重沙眼、严重脚癣、阴道滴虫和细菌性痢疾等疾病的患者。

（6）游泳有可能使病情加重的人（如患有肾炎、哮喘、中耳炎等疾病），患者抵抗力弱，而游泳活动量较大，又是在冷水环境中进行，容易使病情加重。

（7）入水游泳可能对健康不利的人，例如，女性的月经期、大病初愈者、体质虚弱者。

2. 在水域环境里进行体育活动的医务监督要点

（1）游泳池边的地面由于有水往往比较滑，容易滑倒。在游泳池边行走时需要注意防止滑倒。

（2）避免疲劳、身体不适时去游泳。

（3）下水前注意进行准备活动，减少抽筋的发生。

（4）游泳时间不要太长，疲劳容易导致意外发生。

（5）耳朵进水要及时处理及掏干。

（6）出水后要进行淋浴，减少机体发生感染的机会。

（7）在天然水域游泳，先了解水下环境，有污染、水急、水深、有水草等不要下水。

（8）雷雨天不要在室外游泳。

（9）水中脚抽筋，不要惊慌，先深吸一口气，然后尽量将抽筋脚伸直，将抽筋的肌肉拉长，多数症状可以缓解。

（10）上岸擦干身上的水，披上浴巾可以保暖。

（11）冬泳最好从秋天开始，注意循序渐进。

（12）饭前、饭后半小时内不能游泳。

（13）游泳时最好使用泳镜，减少眼病传染。

五、老年人在野外环境里进行体育活动的医务监督

野外活动的含义很广泛，活动方式也很多样化，由于它可亲近大自然而深受很多老年人的喜好。但是由于野外活动受环境、气候、水域等多种因素的影响，对活动者会带来很多不确定因素和影响，危险性较大。因此，进行这类活动一个最为重要的前提是保障安全。

1. 在野外环境里进行体育活动的安全事项

（1）要结伴而行，不可单独行动，出发前要制订尽可能详细的活动计划。

（2）配备和选择合理的运动装备，例如，登山徒步鞋、登山杖，快干衣、裤，遮阳、保暖服装，护膝。

（3）使通信器材保持有效，例如，充满电的手机、手电筒。

（4）准备必备的生活用品，例如，地图、小刀、指南针、水壶、打火机等，有条件的配备 GPS 导航仪。

（5）携带必备的药物，例如，碘酒、酒精、消炎药、治疗腹泻的药物、创可贴、硝酸甘油（速效救心丸）等。

（6）防潮、防水措施，气候变化无常、潮湿情况下对随身物品提供防水保护。

（7）必要的食品，一些易保存含糖高的食物、肉干等。

（8）对行走路线留下标记，以便需要时可以返回。

（9）不要进入草丛茂密的地方，不要轻易试图渡过不知深浅的河流。

2. 在野外环境里进行体育活动的意外处理

（1）雷电

夏季户外活动多，遇雷电可能性大，如有发生应当尽量避开大树的范围以免被雷电击伤。

（2）暴雨

应当根据线路和人员情况暂停或取消活动，大雨会让视线受阻、山路湿滑很容易出现摔倒滑坠等意外事故，最好能谨慎慢行。

（3）被毒蛇咬伤

在户外如被毒蛇咬伤，患者会出现出血、局部红肿和疼痛等症状，严重时几小时内就会死亡。这时要迅速用布条、手帕、领带等将伤口上部扎紧，以防止蛇毒扩散，然后用消过毒的刀在伤口处划开一个长 1 厘米、深 0.5 厘米左右的刀口，用嘴将毒液吸出。如口腔黏膜没有损伤，其消化液可起到中和作用，所以不必担心中毒。

（4）被昆虫叮咬或蜇伤

用冰或凉水冷敷后，在伤口处涂抹氨水。如果被蜜蜂蜇了，用镊子等将刺拔出后再涂抹氨水或牛奶。

（5）骨折或脱臼

骨折或脱臼时，如果皮肤没有损伤可先用冷水进行 15 分钟冷敷，然后用夹板固定后再进行搬运。如果怀疑有脊柱损伤时，要将患者放在硬板担架上固定后送往医院。

（6）外伤出血

户外备餐时如被刀等利器割伤，可用干净水冲洗，小伤口可用创可贴止血和保护伤口，较大面积擦伤等可用干净手巾、手绢等包裹。多数出血可采用压迫止血法止血。

（7）肌肉痉挛（抽筋）

抽筋是野外活动时的常见问题，主要是疲劳所致，也与出汗多导致的电解质紊乱有关。急救的方式为拉引痉挛的肌肉，结合局部按摩、补充水分及盐分，稍事休息多数都会缓解。

（8）食物中毒

吃了腐败变质的食物，除会腹痛、腹泻外，还伴有发烧和衰弱等症状，应当多喝些饮料或盐水，也可采取催吐的方法将食物吐出来。

3. 在野外环境里进行体育活动的生存技能

（1）取暖保温

做好防寒保暖，防止失温的危险，如果在阔叶枝叶上覆盖一层针叶枝条防雨效果会更好。另外也可根据需要和环境尽量在朝阳处挖一睡袋大小的地坑，能够铺上一些石板最好（有利于蓄热），再将收集到的枝叶、杂草放入地坑燃烧，然后再将草木灰清除，此地坑可供晚间睡眠用，效果很好。

（2）求救信号

白天可多收集点潮湿的残枝败叶、杂草，点燃后可借燃烧产生的大量烟尘向外界示警。夜晚可利用强光手电向天空和附近山顶进行一定规律的晃动照射，同时点燃篝火用于取暖和驱赶蚊虫和兽类。

（3）建立庇护所，原地待援

在人烟稀少、罕至的陌生地段一旦迷失方位，在无法判明道路的情况下，请千万不要盲目的自寻出路。这时应当原地等待救援，保持清醒的头脑，利用地形地貌和一切可利用物搭建简单的庇护场所，以便应付恶劣天气，另外注意保护体能。

（4）应对迷路的方法

在人迹罕至的野外环境中。尤其是在灌木丛生的树林里或是遍布大石头的地方，容易因看不清楚足迹而在不知不觉中迷路。有时也可能在雨中、雾中或傍晚时分因视野不开阔而迷路。

迷路时，绝不可慌乱而到处乱走，这样只会更加迷失方向。首先，必须安静下来，休息一会儿。然后，尽量找回自己有信心找到的地点。沿途要做好标记，并在本子上记录这些标记的所在位置。要避免再一次迷路，回到自己有信心的地点后，再一次选择方向进行尝试。在沿途做好标记，并注意观察周围的地形、地貌或自然物的情况，直到找到正确的方向，并在适当时候发出求救信号。

（5）没能按照计划到达营地的应对方法

进行野外活动时，如果比预定的时间晚，并且在到达目的地之前，天已变暗时，应当采取以下措施：

1）如果路程很明显，现在的位置也很确定，同时也已离目的地不远的话，就可以点灯继续前进。

2）但如果发生了其他的不利情况，例如下雨而气温下降，或迷路无法回到原地，或队员中有人身体不适。或在黑暗中行动很危险的话，就要预防万一而决定在当地露宿过夜。此时，如果带有帐篷且找到可以设营的地方，那就可以按照一般的方式来设营过夜。但如果没有携带帐篷或地形处在斜坡上，无法设营时，就尽量多穿衣服，注意保暖。若是携带了食物和炉具的话，就可以调理用餐。

3）为了预防万一，平时就要养成带好充足的水和应急食品的习惯。

六、老年人在空气污染环境里进行体育活动的医务监督

空气污染通常是指由于人类活动或自然过程引起某些物质进入大气中，呈现出足够的浓度，达到足够的时间，并因此危害了人类的舒适、健康和福利或环境的现象。空气污染已经成为影响大城市环境的重要问题之一。在这种环境下如何进行合理锻炼是老年人必须面对的问题。

1. 在空气污染环境里的生理反应

(1) 大气污染物对人体的危害是多方面的，主要表现是呼吸道疾病与生理机能障碍，以及眼鼻等黏膜组织受到刺激而患病。

(2) 空气中微尘颗粒浓度越高，对人体伤害就越大。空气中的重金属微尘破坏力更强，会引起人体呼吸系统和心血管系统大面积炎症，破坏系统细胞，甚至穿透细胞壁进入细胞内部。

2. 在空气污染环境里进行体育活动对身体的影响

(1) 大气污染严重时，空气中有害微粒多，其中小于 2.5 微米的颗粒（PM2.5），容易沉积到肺泡里面去，不容易排出来，在这种条件下进行运动，会导致呼吸系统气体交换能力降低，降低锻炼效果。

(2) 在大气污染严重时进行长跑等消耗体力剧烈的体育运动，进出肺部的空气成倍增加，会加大空气中污染物的吸入，会加重对呼吸系统的影响。

(3) 经常在空气污染环境里锻炼，大量进入上呼吸道的微尘颗粒会引起鼻子、喉咙干燥、发炎等不适反应，而体积更小的污染物可以深入人体呼吸系统、进入支气管，引起支气管堵塞、哮喘、支气管炎、肺气肿等。

3. 在空气污染环境里进行体育活动的医务监督要点

(1) 一天当中适宜锻炼的时间

很多人习惯早晨进行体育锻炼，认为早晨空气新鲜，污染少，其次是黄昏，这个认识是错误的。一般情况下空气污染每天有两个高峰期，早晨和傍晚空气污染较严重，其中早上7点和晚上7点左右为污染高峰时间，这时空气最不新鲜。其中上午10点左右和下午3—4点空气最为新鲜。特别是冬季，早晨和傍晚往往会有气温逆增现象，即高空气温高，地表气温低，大气对流近乎停止，地面污染物不能向大气上层扩散，停留在下层呼吸带。在城市高楼林立的居民区及汽车飞驰而过的道路两旁，这种现象尤为严重。这时，有害气体要高出正常情况2～3倍。一个健康的成年人一天吸入空气约十几立方米，锻炼时吸入的空气往往是正常状态下的2～3倍。所以锻炼时如果空气污染严重会对我们的健康带来很大影响。

(2) 尽量避免在空气重度污染情况下的剧烈运动：这时不能获得想要的锻炼效果，反而会对健康带来不利影响。

(3) 在空气质量不好条件下锻炼时尽量选择地势较高的地点进行锻炼，起码不要去低洼地方进行锻炼。

小结

老年人锻炼前进行健康体格检查的意义在于早期发现身体问题，获得风险评估结果，为锻炼方案制定提供依据。在根据锻炼方案进行锻炼过程中，要经常通过心率、自我感觉等简单指标监控老年人的身体状况，一旦出现不良征象需要及时进行处理。老年人锻炼后的身体反应监督主要在心血管和运动系统（关节、肌肉）的反应，这两个系统反映了锻炼对身体的影响和机体的适应程度。结合身体反应，选择合理的疲劳消除手段将有助于巩固锻炼效果，预防伤病发生。锻炼环境对机体和锻炼效果会产生影响，了解不同环境下身体的反应，将有助于进行合理锻炼。

思考题

1. 健康体检包括哪些内容？
2. 运动风险评估的种类有哪些？
3. 锻炼方案包括哪几方面的内容？

4. 锻炼中出现腹痛、心绞痛、头晕、呼吸困难、中暑等问题时如何处理？

5. 身体疲劳时哪些指标会发生改变，如何判断？

6. 特殊气候环境下相应问题的处理原则和方法是什么？

第6章

对普通老年人的体育活动指导

学习目标

- 掌握老年人座椅运动、站立运动的指导要点和注意事项
- 掌握老年人低强度有氧运动和抗阻运动的特点和适用范围
- 了解适合老年人参加的水中运动的特点和形式，掌握老年人水中运动的注意事项
- 了解适合老年人参加的球类运动的特点和注意事项
- 了解适合老年人参加的体操和舞蹈类运动项目的特点和注意事项
- 了解适合老年人参加的民间与传统体育运动的特点和注意事项

随着年龄增长，老年人的身体机能逐渐下降，不再像年轻时那样活跃，曾经热衷的足球、篮球运动也有心无力、不再适合老年人参与。但是，运动是健康的基础，必不可少。根据老年人的生理特点，寻找适合老年人的运动方式就成了重中之重。

老年人可以选择不同种类的陆上运动来改善相应的功能能力。本章将介绍各种适合老年人参加的体育活动，重在传授一些针对老年人的活动技巧，包括热身运动和结束运动，低强度有氧运动，力量和爆发力的训练方法。本章将介绍各种体育活动与老年人健康的关系，以及老年人参加体育活动的注意事项，目的是为老年人科学健身提供指导，最终使老年人达到自我指导。不管老年人的健康状况如何，都有适合老年人健身的简单易学、安全有效、花费少的运动项目。本章还将介绍多种运动项目，包括座椅运动、站立运动、低强度有氧运动、抗阻训练、水中运动、球类运动、体操和舞蹈类运动以及民间与传统体育运动等。老年人可以根据自己的状况选择合适的运动项目，随时随地参与运动，提高自己的健康水平。

第 1 节　座椅运动

座椅运动是指在座椅上进行或以座椅为辅助设备而设计的适合于老年人进行健身的体育活动。座椅运动不需要专门的场地和复杂的器械，适合身体虚弱、行动不便的老年人，在房间内就能进行。强度较小的座椅运动特别适合于老年人保持自己的基本功能水平，帮助老年人改善力量、协调性和平衡功能。趣味性强的座椅运动还能促进老年人的社交和娱乐，使他们能够在参加体育活动的过程中获得自信心和成就感。

一、座椅运动介绍

1. 座椅运动的意义

座椅运动强度比较小，目标人群为需要他人照顾起居饮食、身体虚弱、依靠轮椅的老年人，平衡能力有缺陷的人以及患有心血管和呼吸系统疾病的人（排除那些能够参与有氧运动的人）。身体健康但是平时缺少锻炼或者体重超重的人也可以从座椅运动中获得较多的好处。老年人坐着就能完成许多座椅上的运动，能够使他们获得进行体育锻炼的能力和信心。

2. 座椅运动的注意事项

行动不便、需要他人照顾或者身体虚弱的老年人患骨质疏松症的概率比较高。而座椅运动避免了所有的不平稳、冲击式还有快速的旋转或者转动身体某个部分的运动，避免了对腹部区域的过分压迫，特别是对于那些患有脊髓压迫症（脊柱向前弯曲）的练习者，可以避免运动造成的伤害。

发展平衡能力的运动需要从头部运动开始，然后进行全身运动，注意使每个关节都达到合适的动作范围，轻轻地执行每一个动作，慢慢地、平稳地达到每个动作的最大幅度。在保持每一个伸展动作时，需要提醒练习者在进行运动时保持呼吸正常。连续动作的每一个环节（如抬腿、摆臂、小踢）都是为了改善耐力。阻力的大小取决于完成的组数。但是，大部分老年人都能完成 5 分钟以上的耐力训练，要鼓励练习者按照自己的节奏完成运动，并在身体条件允许的情况下增加每部分的内容。

在接下来的运动中，要保持良好的坐姿。躯干保持正直，肩部和臀部在一条直线上，而不是放松地让背部靠在椅子上。面朝前，肩部平正放松，手臂放松地放在两侧，头颈部居中，足平放在地面上。除非有明确的说明，所有的运动都要从居中姿势开始。

二、座椅运动的指导要点

1. 颈部运动

（1）耳到肩部

练习者慢慢将右耳靠向右肩，然后回到原位。将左耳慢慢靠向左肩，然后回到原位。将下颌慢慢靠向胸部，然后回到原位。保持每个动作的时间为数 8～12 个数。需要提醒练习者在整个运动过程中保持肩部在放松的位置和平静地呼吸，如图 6—1 所示。

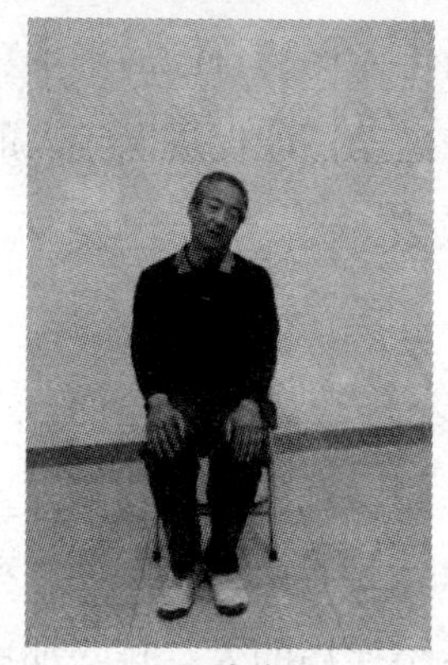
a) 向左

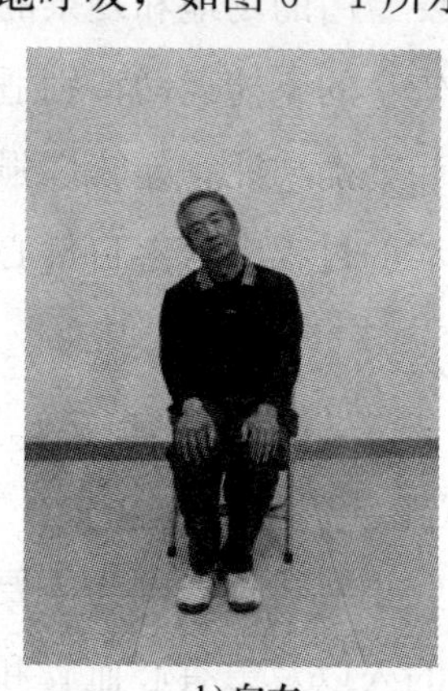
b) 向右

图 6—1　耳到肩部

（2）颈部旋转

练习者看向右肩，回到中间位置。看向左肩，回到原位。颌部向后拉（头部保持水平），然后回到原位。尽量慢慢地完成每个动作（数到 8）。

（3）颈部拉伸

练习者用右手掌托住头部右侧，用右边的颈部肌肉用力对抗手部的力量（数 4～8 个数），然后放松，颈部回到中间位置。慢慢将左耳靠向左肩（数到 8），回到原位。用左侧颈部肌肉对抗左手的力量，重复上述动作，如图 6—2 所示。

（4）鼻子旋转

练习者慢慢地用鼻子顺时针转圈 3～4 次，然后逆时针转圈 3～4 次（数到 8）。

（5）注意事项

不要让练习者抬起下颌超过中线或者使头部后倾，因为这样会导致颈部压缩和眩晕。应当避免所有颈部突然的或者快速的运动。

2. 肩部和上背部运动

（1）耸肩运动

练习者向耳部提起双肩，然后肩部回到中部，最后使肩部向下，回归原位。每个动作用时为数 4 个数。

（2）抬肩运动

练习者抬起右肩，抬起左肩，放下右肩，放下左肩（每次数 1 个数）。同时抬起双肩，然后放下。

（3）绕肩运动

练习者移动肩部做环绕运动，向前或者向后，每圈数 4～8 个数。

（4）肩胛运动

练习者肩部向前拉伸肩胛（数到 4），回到原来的位置（数到 4）。拉伸肩部向后，在背部挤压肩胛（数到 8），然后让肩部回到原来的位置（数到 4）。

（5）屈伸运动

练习者把手放到肩上，肘部向外，肘部在前面交叉在一起（数到 4），回到原来的位置（数到 4）。然后，肘部向后，把肩胛向一起拉拢（数到 8），回到原来的位置（数到 4）。

（6）够肩运动

练习者用一只或者两只手臂交叉在一起，用手去接近肩部。可以在一侧用手够肩部；越过头用手够肩部；从前面做，用手够肩部；或者向下做，用手够肩部。

（7）交叉手臂

练习者把右手从胸前向左，然后用左手抓住右前臂缓慢地牵拉（而不是急拉和用力拉）右肩，时间为数 8～12 个数。在牵拉时保持肩胛在后面紧缩。放松右臂慢慢地从身体前经过，回到原来的位置（数到 4）。重复这样的动作牵拉左侧，穿过胸前向右侧，如图 6—3 所示。

图 6—2　颈部拉伸

图 6—3　交叉手臂

（8）注意事项

练习者必须避免双臂在头上时把手臂用力放下。当肩部被抬起的时候，应当慢慢地控制着回归原位。

3. 肘部、腕部和手部运动

（1）弯曲二头肌

练习者把手放在大腿上面，掌心向上，弯曲肘部，用手去触摸肩部。交替左手和右手，或者同时用两只手。为了增加二头肌的力量，练习者可以把左手放在右前臂上向下推，阻止右臂二头肌弯曲，在左臂上重复。为了增加阻力，可以使用阻力带或轻负重。要避免肩部冲击影响肘部在身前的保持，不要使用上身（包括肩关节）移动的力量，如图 6—4 所示。

图 6—4　弯曲二头肌

（2）弯曲和触摸

练习者把双手放在大腿上面，掌心向上。然后弯曲右肘，用右手尽量去触摸右肩，让右手臂跨过头部，用右手去触摸左肩，把右手臂再一次跨过头部，用右手触摸右肩。然后把手放在大腿上，掌心向上。用左手重复上述动作。最后，两只手同时做同样的动作。

（3）“祷告手”运动

练习者双手合并做祷告姿势（数到 4），慢慢地抬起肘部，使腕部和小臂弯曲成大约 90°（数到 4），然后把肘部放下（数到 4）。

（4）腕部环绕

练习者旋转腕部，在做动作时可以先张开双手，然后手握紧成拳头。

（5）手指扇运动

练习者握紧手指呈拳头状，打开并使手指分开，然后像关闭扇子一样将展开的手指收拢。打开并使手指分散，合并手指，握紧手呈拳头（每个动作数 2～4 个数）。

（6）手指画图运动

练习者同时用两手的一个手指在空中画圆（如同时用大拇指，然后用食指、中指、无名指和小指）。运动时可以改变方向和用手指活动的范围。为了使运动显得多样性，要求练习者用每一个手指在空中运动。

（7）捏手指

练习者捏起食指和大拇指形成一个圈，在每一个手指上重复这个动作（每次数 1 个数）。然后握紧手指形成拳头（数到 2），手掌展开，手指分离（数到 2）。可以用橡胶球或海绵放在食指和大拇指之间增加阻力。

（8）注意事项

交替的手指活动和腕部活动可以防止过度训练导致的潜在炎症反应。指导患有关节炎的练习者时，需要注意牵拉的感觉，只能在不感觉疼痛的范围内进行运动。

4. 躯干运动

练习者在进行躯干运动时必须坐在座椅上，躯干保持正直，不要使肩部向下、向左或者向右。

（1）躯干运动分解动作

练习者将躯干移至右侧，回到原来的位置；将躯干移至左侧，回到原来的位置（每次数到 2）；推动躯干向前，回归原位；拉动躯干向后，回到原来的位置（每个动作数到 2）；然后，向右旋转（数到 8）和向左旋转（数到 8）。

（2）收缩

练习者将背部尽量伸直（不能在座椅上向下沉和下滑），双手紧握向前伸（数 8 个数），经过头上缓慢地向后，然后双手分开向身体两侧放下，回到原来的位置（数 8 个数），如图 6—5 所示。

图 6—5　收缩

（3）旋转

练习者慢慢地将腰部向右旋转，看向右肩（旋转时数到 4，保持时数到 8）；然后回到原来的位置（数到 4）。向左旋转重复相同的动作。

（4）“够和拉”运动

练习者将右手臂尽量远地伸向身体的左边，收缩手臂上的肌肉，就像抓住东西从远方拉过来一样，然后把手臂归位（需要时间为数到 4）。练习者用左手臂，尽可能地到左边把东西拉回，回到原来的位置。重复上面的运动，用左手臂伸向右面的身体把东西拉回，回到原位，然后用右手臂尽可能达到右边的位置，拉回到原来的位置（数到 4）。

（5）深呼吸

练习者做一次深呼吸，尽可能地扩张肺部，然后把肺中的气体缓慢地全部呼出；重复。每次尽可能尽自己最大的努力吸气，然后把所有的气体排空。

（6）注意事项

躯干部的运动必须轻柔地、缓慢地做，应当避免从一侧到另一侧的强力旋转，患有骨质疏松症的老年人更应当避免做此类动作。要保证练习者的脚平稳地放在地上，距离至少和肩宽一样。这是为了防止他们够得太远而失去重心。

5. 臀部运动

练习者做这些动作时需要坐在椅子上，背部靠在椅背上使脊柱放松，使臀部有更大的运动空间。

（1）交叉腿

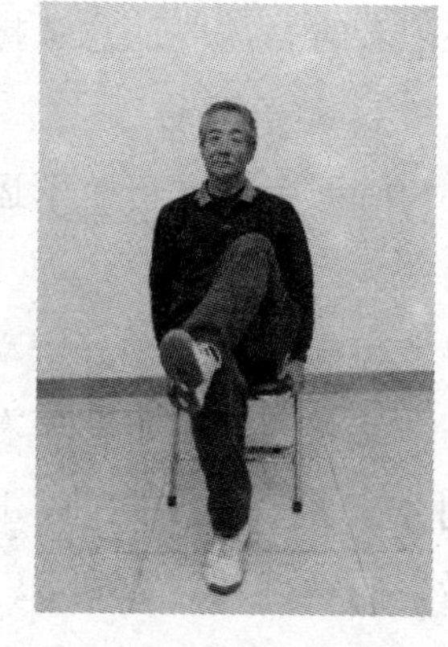
图 6—6　交叉腿

练习者垂直抬起右腿（膝盖弯曲）（数 1、2），交叉放在左膝盖上面（数 3、4），然后把右腿回到中间位置（数 5、6），最后回到原来的位置（数 7、8）。把左腿放在右膝盖上面，重复上面的动作。近期做过膝盖置换手术的练习者应当避免此类运动，如图 6—6 所示。

（2）开腿

练习者抬起弯曲的右腿，伸直（数 1、2），往右边打开（数 3、4），把右腿还原到中间位置（数 5、6），回到原来的位置（数 7、8）。左腿重复右腿的动作向左边打开。

（3）臀部旋转

练习者尽量向前伸右腿，足部屈曲，从臀部把大腿向外旋转，回到中间位置，向内旋转，然后回到中间位置（这样的旋转幅度很小，控制旋转在臀部，而不是膝盖和踝关节）。重复 4 次，然后把腿回归到原来的位置。左腿重复上面的一系列动作，如图 6—7 所示。

（4）抬膝

练习者交替向前抬起膝盖，用右手摸右膝，左手摸左膝，或者做交叉抬膝，用左肘触摸右膝，右肘触摸左膝。每条腿抬起之后回到原来的位置。

（5）双膝抬起

练习者向前抬起右腿，然后回到原来的位置，再次抬起右腿，回到原来的位置。抬起左腿两次，重复进行。

（6）臀部拉伸

练习者轻轻地将右踝放在左膝上，缓慢地按压右膝内部，拉伸右臀，牵拉时间为数 8 个数，然后回到原来的位置。把左边的踝关节放在右膝上，重复同样的动作，如图 6—8 所示。

图 6—7　臀部旋转

图 6—8　臀部拉伸

（7）注意事项

当练习者做抬腿和环绕的动作时，一定要让背部挺直，并在可控制的范围内。这个动作并不适合于那些在膝盖处于拉伸位置感觉紧张或者疼痛及近期内做过膝盖置换手术的人。

6. 膝部、踝部和足部运动

（1）伸膝

练习者向前伸出右腿，然后膝盖弯曲回到原来的位置，每个动作所用的时间为数 2 个数，重复 4～8 次。左腿做同样的动作。为了增强股四头肌的力量，可以把左踝交叉放在右腿上，当右腿向前伸直时，就同时增强了左腿的力量。在左腿上重复同样的动作。

（2）伸展和指点

练习者向前伸出右腿（数 1、2），脚趾点地（数 3、4），勾脚尖（数 5、6），脚趾点地（数 7、8），然后回到原来的位置。在左腿上重复右腿的动作。

（3）伸展和旋转

练习者向前伸直右腿（数 1、2），让右踝在每个方向都做最大范围的旋转（每转 1 次时间为数到 8），然后回到原来的位置。在左腿重复同样的动作。为了增强股四头肌的力量，在回到原来的位置之前，增加旋转的时间和腿部向前伸的时间（如做指点的动作，弯曲，还有踝关节旋转；把脚向内和向外转）。

（4）踝关节摇摆

练习者抬起脚趾，然后下压脚跟，以脚跟为轴摇摆双脚（数到 2），然后下压脚趾至地面形成平足（数到 2）。

（5）脚趾卷曲

练习者保持脚底在地面上，做脚趾卷曲（如用脚趾抓地），然后回到原来的位置，脚跟不要离开地面，把脚趾拉起来，然后回到原来的位置。每个动作持续时间为数 2 个数。

（6）脚趾轻拍

练习者保持脚跟在地上，弯曲脚踝，让脚趾尽可能远地离开地面，然后放下拍打地面，每次拍打时间为数 1 个数。可以用右脚做 8～10 次后，再换左脚。

（7）注意事项

不管什么时候，腿部都是伸向前方的，要保证练习者在运动时腰部挺直，并且下腰部没有被过度拉伸。

三、借助座椅的站立运动

借助座椅的站立运动有三种基本姿势：①站在座椅的后面，两手扶住椅背。②站在椅子的右面，左手扶住椅背。③站在椅子的左边，右手扶住椅背。应当提醒练习者不要靠在椅子上，要靠自己来保持平衡。

1. 提脚跟

练习者以脚趾为支点提起身体（数 1、2），保持（数 3、4、5、6），然后放下踝关节，回到初始的位置（数 7、8）。

2. 膝盖弯曲

练习者保持双脚平放在地上，弯曲双膝（数 1、2），保持（数 3、4、5、6），然后双腿伸直（数 7、8）。在运动中需要保持背部挺直，屈膝时膝盖垂直线应当超过脚趾。

可以把提脚跟和膝盖弯曲进行组合练习。例如：提脚跟（数 1、2），保持（数 3、4、5、6），踝关节放下（数 7、8），弯曲膝盖（数 1、2），保持（数 3、4、5、6），最后伸直（数 7、8）。

3. 跟腱拉伸

练习者左腿在前做前冲的姿势（弓步），右腿在后将脚跟向下压，持续数 8～12 个数，回到原来的位置。然后，让右腿在前做前冲的姿势，重复做上面的动作。保持臀部在前面，前面的膝盖弯曲，后面的腿部伸直，如图 6—9 所示。

4. 腘绳肌收缩

练习者弯曲右膝，右脚跟尽量贴近臀部（数 1、2），保持（数 3、4、5、6），回到原来的位置（数 7、8）。左脚跟贴近左边臀部，重复同样的动作。这个练习也可以每次做两次脚跟抬起。练习者弯曲抬起右脚跟两次，回到原来的位置，然后抬起左脚跟两次，回到原来的位置。在做动作时不要过快，应当感受肌肉收缩。可以通过脚踝负重来增加难度。

5. 压回去

练习者抬起右脚跟，尽量将膝盖弯曲到 90°（数到 4），然后回到原来的位置。在左腿上重复同样的动作，如图 6—10 所示。

图 6—9　跟腱拉伸

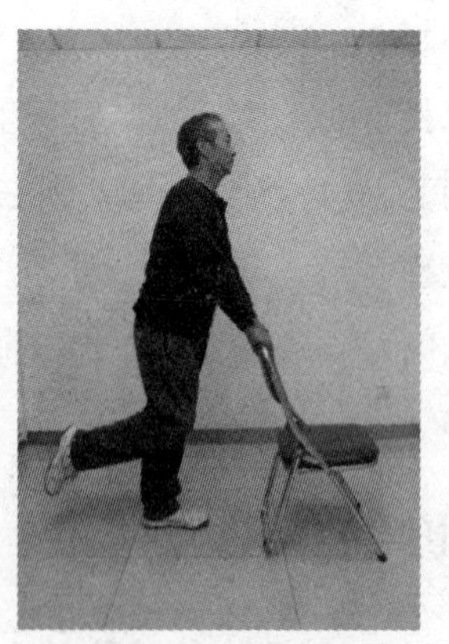

图 6—10　压回去

6. 触出去

练习者用右脚尖向前触（数 1、2），触右边（数 3、4），触后面（数 5、6），回到开始的位置（数 7、8）。然后弯曲膝盖，保持脚跟不离开地面（数 1、2），腿部伸直（数 3、4），弯曲腿部（数 5、6），然后腿部伸直（数 7、8）。在左侧重复右侧的动作。

四、使用辅助物品的座椅运动

在座椅运动中，使用辅助物品可以增加兴趣、变化和乐趣。许多廉价的东西都可以用来增加乐趣。

1. 橡胶球和海绵球

（1）橡胶球

橡胶球是非常好的座椅运动的辅助物品。它们比较轻，而且易于操作，感觉比较有兴趣，容易在一只手中控制。利用橡胶球可以锻炼手部的功能。有许多动作可以选择，例如：右手挤压 8 次，左手挤压 8 次；右手挤压 4 次，左手挤压 4 次；右手挤压 2 次，左手挤压 2 次；右手挤压 1 次，左手挤压 1 次。

橡胶球比较容易抛向空中，然后接住，因为它们不像网球和泡沫球一样容易弹跳。为了改善协调性，可以让练习者抛出橡胶球后拍掌一次或者两次，然后再接住球。也可以与同伴合作进行，让练习者对面而坐，来回投掷一两个球。

用橡胶球在腿或手臂间来回滚动，可以刺激触觉和改善循环。还可以用橡胶球来做足部运动，赤脚滚动橡胶球可以很好地锻炼脚部，还可以尝试用脚趾来捡起橡胶球。

（2）海绵球

海绵球有不同的大小和形状，可以挤压、投掷，被脚趾抓住。小的海绵球可以在手里被挤压和拧，也可以在脚下和脚趾中被旋转和挤压。海绵球可以用在投掷和接住的游戏中，它们很容易用手抓住。大的海绵球（例如：清洗汽车用的海绵球）可以放在手臂下面，通过挤压使背部和上臂的肌肉运动；放在腿部中间使大腿部的肌肉运动；或者放在下腰部促使腹部的肌肉运动。把一个大的海绵球放在脚下面，使海绵接触地面，脚更加舒服，踝关节弯曲，使脚放松。

2. 木棍和围巾

（1）木棍

木棍可以用在伸展和增强力量的运动中，练习者手握木棒与肩部水平（木棍距离身体前面 20～25 厘米，掌心向前），把木棍推到头部以上（数 1、2），保持（数 3、4），把木棍拉下放到胸部水平（数 5、6），保持（数 7、8）；重复 2 次，每次时间为数到 8。

练习者可以用木棍锻炼腕部，把木棍在手中往前转或者往后转。

木棍也可以用在站立运动中。练习者可以把木棍的一端放到地上，配合音乐围着木棍走或者做踢步动作。要鼓励练习者发挥想象力，设计出简单、安全的动作套路。

（2）围巾

围巾可以用来改善手部的灵活性。让练习者用右手抓住长围巾的一角，然后用手指把围巾旋转成一个球状。用左手重复上面的动作。围巾可以投到空中然后抓住，多条围巾一起可以用来进行游戏。

也可以用报纸代替围巾进行运动。练习者可以用右手卷报纸成球状（就像围巾一样），然后把报纸递到左手，只用左手把报纸恢复到平整状态。可以换手，用左手卷报纸，然后用右手把它弄平整。

3. 阻力带、踝部加重物和手持重物

（1）阻力带

阻力带是由可拉伸的材料制成，材料不同，阻力也不一样。较小和中等的阻力带可以配合座椅运动使用。许多阻力带是由平坦的材料组成的，有些是由管状物体组成的，还有的是有把手方便紧握的。阻力带可以满足多种需求，练习者可以根据需要选择或制作不同阻力的阻力带。

（2）踝部加重物

踝部加重物可以提供不同的阻力，用于大部分腿部的运动。开始使用时，可以选择较轻的重量（1.5～4.0 千克），当练习者变强壮时，可以增加阻力。增加重量的前提是练习者能够轻松地完成动作。练习者应当在完成动作时不感觉疼痛的情况下增加重量。不要在做一些难以发力的动作或者腿部在摆动时增加重量。

（3）手持重物

手持重物也可以提供可变化的阻力。许多座椅运动都可以使用手持重物，但是必须在练习者能够很容易地在无负重的情况下完成动作时才能增加负重。练习者要保持合适的身体姿势，在不感觉疼痛的动作范围内增加手持重物，不要在手臂摇摆的运动中增加重量。

五、阻力带运动

阻力带是用来增强力量的一种很好的辅助器械，大约长 1 米。阻力带可以被用于增强上身和下身力量的体育锻炼。当用于增强上身力量时，练习者要保持肘部在身体侧面或者前面，而不是放在身体后面。为了避免引起肩关节（揉捏连接处的韧带）疼痛，在进行肩部（包括肩关节在内）的力量训练时，应当保持肘部在身体的前面。指导师要经常提醒使用阻力带的练习者保持腕部与手臂的方向一致，而不是弯曲向前或者向后。

1. 二头肌屈伸

练习者把右脚固定在阻力带的一端，用右手抓住阻力带的另一端，保持腕部伸直（避免腕部过度拉伸），然后弯曲肘部使右手向右肩靠近（二头肌屈伸）。重复的次数取决于练习者的力量（一般为 4～10 次）。在左臂上做同样的动作，如图 6—11 所示。

2. 胸部按压

练习者把阻力带水平放在背后，右手抓住阻力带的一端，左手抓住阻力带的另一端。用肘部压住阻力带，做蝴蝶夹胸动作，然后慢慢把手臂回到原来的位置。

3. 三头肌按压

练习者用右手抓住阻力带的一端，放在胸前，左手抓住阻力带的另一端，距离右手 15～20 厘米，上臂与地面平行，保持肘部低于肩部水平。练习者用力使左手向前，远离身体，伸展肘部。然后慢慢回到开始的位置，重复 4～10 次。然后右手重复相同的动作，如图 6—12 所示。

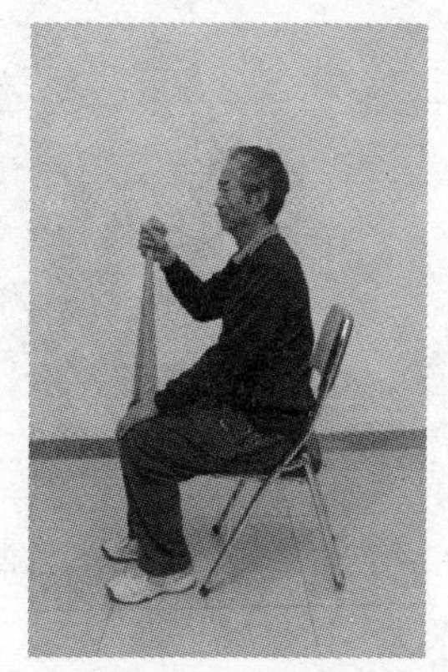

图 6—11　使用阻力带进行二头肌屈伸

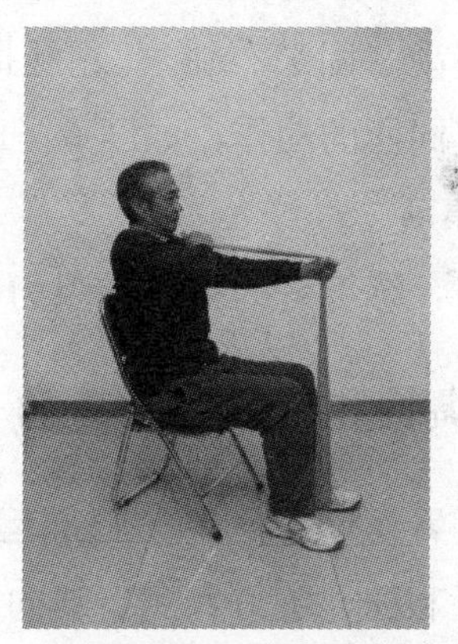

图 6—12　使用阻力带进行三头肌按压

4. 上背划

练习者把阻力带的一端踩在脚下，用手抓住另一端，肘部垂直向下，掌心向后，弯曲肘部，把阻力带拉向背部（肘部位置要固定），然后慢慢把手臂伸直。也可以把阻力带的中间放在两脚下，两个手臂同时弯曲，重复做 4～8 次，如图 6—13 所示。

5. 蹬踏板

练习者把左脚放在阻力带的中间，右手抓住阻力带的一端，左手抓住阻力带的另一端，然后把左膝抬起向胸部，同时将肘部向身体两侧拉，保持肘部在身体两边。练习者左脚向下踩，伸开左膝（就像蹬踏板一样），然后慢慢地弯曲膝盖，回到开始的位置。重复的次数取决于股四头肌和上臂的力量（一般 4～12 次）。在右腿上重复同样的动作，如图 6—14 所示。

6. 膝伸展

练习者把阻力带的两端绑在一起形成环形。把阻力带绑在右踝，然后把左脚放在环中，

图 6—13 使用阻力带进行上背划

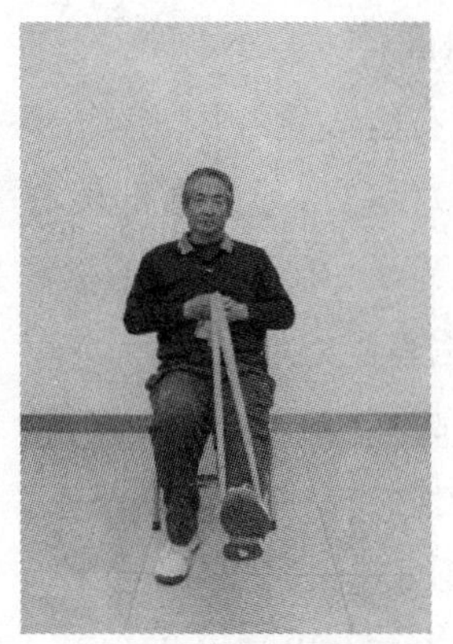

图 6—14 使用阻力带进行蹬踏板

左脚放在右脚的前面（为了更好的效果，把右脚向后一点放在座椅下面）。练习者做 4～12 次左膝伸展的运动，同时保持右腿不动（固定右腿）。左腿固定，右腿做膝伸展的动作，重复同样的动作，如图 6—15 所示。

7. 注意事项

在运动时，练习者的脚还在阻力带中时不要站起来。

图 6—15 使用阻力带进行膝伸展

六、协调性和有节奏的活动

可以用手臂运动和简单的腿部运动配合完成。例如：用同一侧的手和腿，练习者用右腿向前伸，同时向前伸出右手，然后摇摆右手，最后回到开始的位置；左脚和左手重复同样的动作（见图 6—16），还可以用右脚触碰右边，同时向右边伸出和摇摆双臂，然后回到开始的位置；用左脚和左手重复同样的动作。练习者还可以移动右脚向前，同时左臂伸出摇摆，回到开始的位置；然后移动左脚向前，同时右臂伸出摇摆，回到开始的位置。练习者移动右脚到右边，同时双手向左边挥舞，回到原来的位置，然后移动左脚到左边，同时双手向右边挥舞，回到开始的位置。

用同样和相反的动作，练习者可以有多种不同的手臂和腿部动作组合，可以与其他人共同完成。练习者还可以创造运动组合，在喜欢的音乐伴奏下进行锻炼。

注意：不要在摇摆的手臂和腿上增加重量。

许多有节奏的运动都可以调整为座椅运动。在运动中可以选择 8 节拍、4 节拍和 2 节拍的节奏。例如：8 次脚趾触摸向前，8 次脚跟触摸向前，8 次触不同的方向，8 次向上踢，8 次膝盖提起。然后重复上面的动作，每次为 4 节拍、2 节拍和 1 节拍。

a)

b)

图 6—16　协调性活动

第 2 节　站立运动

很多座椅运动练习者都能够进一步参加站立运动。如果老年人能够比较容易地完成上一节所介绍的椅子后面和椅子旁边的运动，就能够成功完成站立运动、墙壁运动和站立节奏运动。

在运动时，老年人要遵守上一节提到的座椅运动中关于骨质疏松症的注意事项。避免在节奏性的运动中快速地变向、变速和进行不平稳的运动。避免需要单腿站立超过数到 8 以上或需要扭转的运动。

一、墙壁运动

墙壁运动是座椅运动和座椅支持运动的有用补充，初始位置为对着墙站立，双手扶在墙上。

1. 推墙运动

练习者面对墙站立，离墙 30～40 厘米，双脚并拢，双手在与肩同高的位置扶在墙上，双手的距离与肩同宽。先弯曲手臂使身体靠近墙壁，然后推墙伸直手臂，保持手臂接触墙，背部挺直，脚水平站在地上（见图 6—17）。做上面动作时应当缓慢进行。为了增强上半身的力量，练习者可以将阻力带放在背后，每只手分别抓住一端。当练习者推墙时，也克服了阻力带伸展产生的阻力。

2. 爬墙运动

练习者站在起始位置，尽量靠墙近一点，手在与肩平齐的位置。练习者用手在墙上爬行尽可能到最高点（数到8），保持时间为数到8。然后，练习者的手向下爬行（数到8），脚向后移动（手和墙壁保持接触），使背部与地面平行，眼睛向下看，头部在伸展的手臂之间（数到8）。在这个过程中，膝盖可以稍微弯曲，背部要尽可能平直，如图6—18所示。

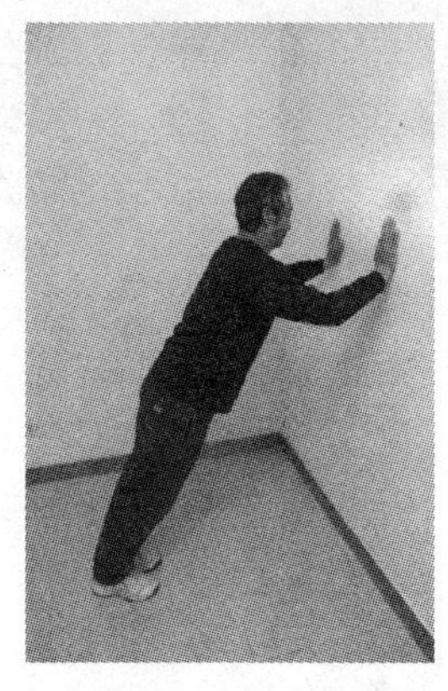

图6—17　推墙运动

a)

b)

图6—18　爬墙运动

3. 肩部拉伸

练习者身体一侧靠着墙，手在墙上，手臂轻微弯曲，从墙的一边慢慢地倒向另一边的肩部，保持时间为数到8，然后回到开始时的位置。重复上面的动作，起始位置换成身体另一侧，如图6—19所示。

4. 靠墙坐

练习者背部靠在墙上，脚离墙30～40厘米，弯曲膝盖直到姿势看起来像坐着一样（不要让膝盖的弯曲超过90°），然后腿伸直，保持背部靠在墙上，回到原来的位置。练习者每次尽量保持坐着的姿势15秒，如图6—20所示。

5. 侧举腿

练习者一侧靠着墙，手在墙上，手臂轻微弯曲，做小腿抬起远离墙的运动，支撑腿稍微弯曲，脚部弯曲保持脚趾指向前方。练习者在换另一侧运动时，至少要做8次连续举腿。

6. 侧拉伸

练习者的起始位置为身体左侧靠近墙壁，抬起右手超过头顶，继续抬起向墙壁（数1、2、3、4），向左侧弯曲身体，保持弯曲（数5、6、7、8和1、2、3、4），同时平静呼吸，然后把右手从身体前面放下，回到初始的位置（数5、6、7、8），重复拉伸4次。然后换另一侧重复相同的动作。

图 6—19　肩部拉伸

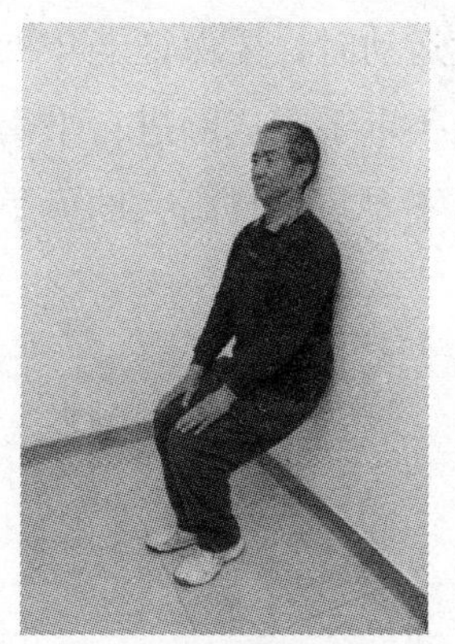

图 6—20　靠墙坐

7. 小腿拉伸

练习者面对墙站立，右脚靠近接触墙，右腿弯曲。同时尽量向后伸展左脚，保持左腿笔直（类似右前弓步姿势）。尽量向下压左踝，并保持数到 8。然后重复同样的运动来拉伸右腿。

8. 股四头肌拉伸

练习者面对墙站立，左手在墙上，用右手抓住右踝部，尽量弯曲膝盖，使脚跟尽量向臀部靠拢，继续拉伸，保持右膝垂直指向地面，左腿稍微弯曲，在拉伸时尽量不要弓背、弯曲臀部或腰部，或者晃动膝盖。然后，重复上述动作，拉伸左腿，如图 6—21 所示。

图 6—21　股四头肌拉伸

9. 平衡练习

练习者可以在墙边做平衡运动，抬起一只脚，或者向前、向后稍微抬起一条腿，用另外一只脚保持平衡。墙可以保证做平衡运动时的安全。

10. 注意事项

平衡能力差的老年人不能做爬墙运动中弯腰部分的动作。不要让脚部不稳、股四头肌力量弱的老年人做靠墙坐的动作。不要在光滑的地面上做靠墙坐的动作。在做股四头肌拉伸时，脚跟尽量不要触到臀部，因为过度拉伸膝盖，会导致膝盖处于一个容易受伤的位置。阻力带可以用来拉住脚踝以帮助那些不能用手抓住脚踝的人。

二、站立节奏性运动

站立节奏性运动包括简单的脚趾触动，脚跟向前、向一边和向后压，还有膝盖提起，小踢等。当然，可以考虑运动时结合座椅运动，毕竟很多老年人运动时可能存在平衡问题。在做站立节奏性运动时，要保证老年人获得帮助，用座椅、手扶墙站立在墙边，或者手牵手围成一个圈。在手牵手围成圈进行平衡运动时，要考虑练习者的体型和力量的不同，保证身材娇小的练习者不要与身材高大的人手牵手，避免运动时体型大的人可能拉倒体型小的人。

第3节　低强度有氧运动

低强度有氧运动的目标人群是能够独立行动，平衡能力较好，比较容易移动双脚，在向前、向后、侧边移动时不需要帮助的老年人。低强度有氧运动通过配合音乐的连续运动，活动范围较大，包括协调动作，适合改善有氧耐力，其他的目标包括改善力量，增强灵活性、平衡性和协调性。

在进行低强度有氧运动前，要进行10～20分钟的连续热身运动，以加快血液循环。在热身运动后进行20～25分钟有氧运动，需要注意控制运动强度。低强度有氧运动的最后一个阶段是整理运动，包括平衡性和协调性运动，还有拉伸和放松运动。

一、安全运动

低强度有氧运动必须比较简单，保证参加运动的老年人在大部分时间里能够完成。复杂的运动组合会使很多老年人放弃运动，也会给运动增加压力。开始时只是运动身体的某一部分，然后再加入身体其他部分的运动。例如，开始时只做腿部的运动，过一段时间后再增加手臂的动作。

为了保证运动的趣味性，可以配合多种多样的手臂运动，还可以在运动中交替用相反的手臂和腿。设计运动时增加变化和乐趣，要考虑到所有运动带来的好处，同时也要注意运动可能存在的潜在风险。例如，左右滑动和快速交叉步就存在跌倒的风险。

二、热身和整理活动

热身的目的是提高身体温度，使身体充分准备好，以利于做更剧烈的运动，调动练习者的情绪，观察身体对运动的反应。整理活动的目的是降低体温和心率，使其回到运动前的水平，还可以提高灵活性并促进放松。

低强度有氧运动开始时应当有10～15分钟温和、连续的幅度较小的运动，可以配合比较缓慢、稳定和同一节奏的音乐（每分钟100～110节拍）。先对上臂和腿部进行小范围的简单活动，然后加大活动范围。热身运动开始时是一系列的脚部运动，然后增加手臂运动。逐渐增加手臂协调运动的难度。热身运动是最好的强调动作姿势、适当发挥身体机能和呼吸技巧的时间。

热身运动开始时，以简单的足部运动（如原地踏步、脚趾和脚跟向前压），然后结合小踢和抬起腿部，以便更充分地活动脚跟。在保证练习者能够很好地用单脚保持平衡时，一定要做静止不动的运动。在移动时，先向前或者向后运动，然后增加向两边的侧踢，最后向侧面走。在热身运动完成后，让练习者测量心率（测量心率的方法和意义见第 5 章），然后开始进行低强度有氧运动。

在有氧运动结束时，让练习者测量 10 秒的心率，慢走 1 分钟，再次测量 10 秒的心率。然后开始 5～10 分钟的低强度连续的运动，以使身体适应从运动到休息的转变。整理运动用碎步进行从一边到另一边，从前面到后面，简单的原地踏步，压脚跟，用脚趾触前面和一边，尽快使呼吸节奏和心率回到正常水平。保持较小的手臂动作，放松，保持手臂在肩以下。结合缓慢的动态拉伸、协调和平衡运动，保证运动的低强度和连续性。

整理活动的最后一项应当包括静态拉伸（这时的肌肉和组织连接是很柔韧的）和放松运动。在地上做拉伸运动，可以保证拉伸的时候身体的一部分独立在拉伸，而其他部分则处在放松的状态。在每次运动结束时都要留出时间来放松，如深呼吸，听轻松音乐等。

三、原地运动

原地运动的起始姿势是站在地上，向前看，双脚均匀承担起身体的重量，手放松地放在身体两侧。在做任何运动的时候，都应当让腿部轻微弯曲，以保证更好的平衡，缓冲换脚运动时所产生的负重变化。

1. 原地踏步

简单的踏步在转换运动（如转换方向或者回到初始位置）时经常使用。在一个转换时，应当做原地踏步（数 8～24 个数）。

2. 压脚跟

练习者把重心压到左脚上，伸出右脚，用右脚跟尽量向前触（数 1），然后右脚回到初始的位置，迈步把重心移到右脚上（数 2），伸出左脚，用左脚跟尽量向前触（数 3），然后左脚回到初始的位置，迈步把重心移到左脚上（数 4）。重复上面的运动，压右脚跟，迈步，压左脚跟，迈步，如图 6—22 所示。

在一侧做也可以压脚跟，练习者弯曲右脚，向右前 45°的方向伸出（数 1），右脚回到初始的位置，迈步重心到右脚（数 2），然后向左前 45°的方向伸出左脚（数 3），左脚回到初始的位置，迈步重心到左脚（数 4）。不能做向后压脚跟的动作。

3. 脚趾触摸

练习者做此动作的过程和压脚跟基本一样，不同的是把脚趾伸出，向前做脚趾的触摸，向一侧做侧边的脚趾触摸。脚趾触摸可以做向后的动作，如图 6—23 所示。

图 6—22　压脚跟

图 6—23　脚趾触摸

4. 小踢

练习者做此项动作的过程和压脚跟基本一样，替代压脚跟的动作是脚向前踢，但踢出的高度不能超过膝盖。踢腿可以向前，或者向一边斜踢，但是不能向后踢，如图 6—24 所示。

5. 膝盖提起

练习者把重心移到左脚上，抬起右腿（数 1），向前迈步，重心到右脚上（数 2），提起左腿（数 3），向前迈步，重心到左脚上（数 4）。按设定好的次数重复上面的动作。膝盖提起时可以向前，也可以向一侧展开 45°。可以每个动作做两次，提起右膝（数 1），放下右脚到地面（数 2），再次提起右膝（数 3），然后迈步重心到右脚上（数 4）。不要直接让练习者做膝盖提起向侧面的动作，这个动作要求臀部旋转较大的角度。做这个动作时，对很多老年人来说，一条腿站立是不安全的，如图 6—25 所示。

图 6—24　小踢

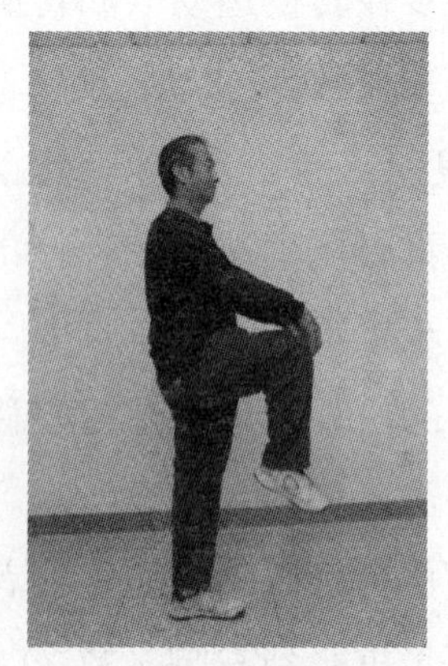

图 6—25　膝盖提起

6. 组合动作（膝盖提起、踢腿）

练习者重心在左脚上，提起右膝（数 1），放下右脚靠近左脚（数 2），用右脚做小踢动作，然后放下右腿（数 3），迈步将重心移到右脚上（数 4）。在左腿上重复上面的动作。

7. 脚跟后提

练习者重心在左脚上，弯曲右膝，提起右脚跟，使之靠近臀部（膝盖弯曲角度大致为 90°）（数 1），迈步将重心移到右脚上（数 2），提起左脚跟靠近臀部（数 3），然后迈步将重心移到左脚上（数 4）。在做这个动作时，弯曲膝盖要主动地、缓慢地发力（见图 6—26）。

图 6—26　脚跟后提

8. 脚趾触前、侧、后和迈步

练习者重心在左脚上，用右脚趾触前（数 1），触右侧（数 2），触后面（数 3），然后右脚向前靠近左脚（数 4）。用左脚重复上面的步骤，触前（数 5），触左侧（数 6），触后面（数 7），最后迈步重心到左脚上（数 8）。为了使变化更容易一些，练习者可以触前、侧、后，再次触前，然后再迈步。

9. 方形步

练习者重心在左脚上，右腿迈步向前，重心到右脚上（数 1），左腿迈步向前，重心到左脚上（数 2），右腿迈步向后，重心到右脚上（数 3），左腿继续向后，重心到左脚上（数 4）。重复上面的动作。

10. 侧迈步

练习者重心在左脚上，向右前迈步右脚（数 1），左脚趾向前靠近右脚（数 2），左脚迈步向左前（数 3），然后用右脚趾靠近左脚（数 4）。

四、行走运动

1. 脚趾触、脚跟压和小踢

练习者做完脚趾触的动作后，不是将脚回到起始位置，而是做脚跟压，或者小踢的动作（数 1、3、5、7），迈步向前或者向后（数 2、4、6、8）。例如，用右脚趾触前（数 1），右脚迈步向前（数 2），左脚趾触前（数 3），左脚迈步向前（数 4）。脚趾触后面时不能行进。

2. 膝盖提起

练习者在膝盖提起后，不是迈步与负重的腿靠近，而是迈步向前或者向后。提膝盖时、同时做两次动作时不要行进。

3. 迈步触

练习者重心在左脚上，迈步向前，重心到右脚上（数 1），用左脚趾触靠近右脚（数 2），迈步向前，重心移到左脚上（数 3），然后右脚趾触靠近左脚（数 4）。这个动作可以迈步向后代替向前，用来提高运动能力。

4. 两次交替滑进

练习者重心在左脚上，迈步向前，重心到右脚上（数 1），迈步左脚靠近右脚（数 2），迈步向前，重心在右脚上（数 3），越过右脚迈步向前，重心到左脚上（数 4），右脚迈步靠近左脚（数 5），然后迈步，重心在左脚上（数 6）。

5. 快速迈步

练习者重心在左脚上，向前走，迈步向右（数 1）、左（数 2）、右（数 3），用左脚尖靠近右脚（数 4）。重复上面的动作，但是向后迈步，重心到左脚上（数 5），右脚（数 6），迈步向左（数 7），然后右脚尖靠近左脚（数 8）。

6. 快速侧迈步

练习者重心在左脚上，迈步向右，重心到右脚上（数 1），左脚靠近右脚，重心到左脚上（数 2），再次迈步向右，重心到右脚上（数 3），然后用左脚尖靠近右脚（数 4）。重复上面的动作顺序，用左脚迈步，重心到左脚上（数 5），右脚靠近左脚（数 6），迈步向左（数 7），然后用右脚尖靠近左脚（数 8）。

7. 健步走

健步走是在自然行走的基础上，躯干伸直，抬下颌，双耳线与肩线平行，目视前方，肩部放松垂下，挺胸；手臂放松，以肩关节为轴摆动，肘关节弯曲至 85°～90°，手握成杯状，手腕自然前后摆动，不要高过肩部；小腹收紧，背部不要弯曲，膝盖保持弹性，臀部扭动，脚跟先着地，再过渡到前脚掌，蹬离地面，脚迈向正前方。行进时，上、下肢应当协调运动，并配合深而均匀的呼吸。另外，走的韵律感和节奏感也很重要。

（1）健身效果

老年人经常进行健步走不仅可以提高心肺功能和耐力，改善血液质量和调节血管机能，还能明显减少身体脂肪，增加和维持肌肉重量、耐力和力量。长期健步走具有良好的减肥效果，可以促进骨关节健康。

（2）注意事项

1）运动强度应当为最大强度的 50%～70%，以心率不超过 100～110 次/分钟为宜。

2）一般健步走的标准为每天走 30～60 分钟，距离 3～5 千米，总共 5 000～8 000 步。每周走不少于 3 次，可隔日进行。

3）避免在高温、低温、雨雪和雾霾天气进行健步走，应当选择空气良好、视野开阔、安全的场所（如操场、公园等），尽量避免在车流量大的道路和人行道上进行健步走。

4）最好结伴进行健步走，不要单独进行，避免发生意外而得不到及时救治。

5）鞋要舒适合脚，柔软有弹性。

五、手臂运动

老年人开始进行低强度有氧运动时主要以脚部运动为主。经过一段时间后，可以增加手臂运动。起始位置是手臂自然放在身体的两侧。

1. 手臂环绕

练习者在身前或者身体两侧单臂或双臂环绕，在整个动作中保持肘部稍微弯曲。

2. “雨刮器”动作

练习者双臂在身体前面，肘部弯曲，双手手掌向前，双手向右扫，然后向左扫，模仿汽车雨刮器的动作。

3. 二头肌屈伸

练习者在身前放下手臂，掌心朝上，弯曲右肘（掌心向上），当把右肘伸直的同时，弯曲左肘（掌心向上）。重复上面的动作。做屈伸动作时可以同时在双臂上负重 0.25～0.75 千克。

4. 手臂摆动

练习者向一边摆动单臂或双臂，向前或者向后，手臂摆动可以与腿部动作一致（同一侧的手臂和腿部）或者相反。摆动时可以一只手臂向前摆动而另一只手臂向后摆动，和腿部做相反或者相同的动作。每个方向的摆动时间都数到 2，如图 6—27 所示。

a)

b)

图 6—27　手臂摆动

5. 手在头顶摇动

练习者双手伸到头顶上，掌心向外，摇动双手向右、向左、向右、向左。这个动作也可以一只手在头顶上做，如图 6—28 所示。

图 6—28　手在头顶摆动

6. 手掌按压

练习者弯曲单臂或双臂，将手伸向背部，然后压紧使腕部弯曲，伸展肘部。手掌伸直（手掌按压），向前（手掌努力向前），向一边（手掌向一边按压），或者伸直向下。这个动作可以单手臂一次按压，向前、向侧边、向下或者斜线，交叉过头顶。

7. 手臂交叉

练习者使双臂在身体前面交叉（与臀部平齐），分开到身体两侧，然后双臂在身体后面（臀部水平）交叉，分开到身体两侧（每个动作的时间为数 1 个数）。前面的手臂交叉还可以在胸部水平做，可以交替右手臂在左手臂上，然后左手臂在右手臂上。做动作时，肘部有一点弯曲。

8. "稻草人"运动

练习者抬起弯曲的手臂，分开到身体两侧，手掌向后，然后伸展肘部向两侧伸直手臂，同时保持手掌向后。继续上面的动作，弯曲和伸展手臂。

9. 侧面伸展、前交叉

练习者在身体两侧尽量伸展手臂（数 1），然后在身体前面胸部的高度两臂交叉（数 2）。

10. 伸直和拉

练习者在胸部水平尽可能伸直双臂，然后把手部拉回到臀部位置，每个动作需要的时间为数 1 个数。

六、地面运动

地面运动应当在垫子或者柔软的地面上做。如果练习者不想或者不能在地上做牵拉运动，可以用座椅运动或者墙壁运动代替地面运动。

1. 蜷缩

练习者的起始位置为背部向下躺在地上（如背部向下，脚平放在地上，膝盖弯曲），手放在颈部后面（不是在头后面）或者交叉放在胸前，缓慢地小幅度做蜷缩运动，肩部离地移动距离不超过 15 厘米。避免颈部的压力，每次重复动作不超过 10 次，用腿部拉伸，臀部蜷起和其他地面运动来调整蜷缩，使颈部处于完全放松的位置。

2. 抱膝

练习者的起始位置为背部向下躺在地上，用手臂去抱膝盖，然后尽量让膝盖慢慢靠近胸部，保持腰部轻轻地拉伸，正常呼吸。动作保持时间为数 12～16 个数。

3. 腘绳肌拉伸

练习者的起始位置为背部着地，伸开右膝，使右腿伸直，脚部弯曲，保持这个姿势以便于拉伸右腿腘绳肌。可以用阻力带来帮助拉伸。把阻力带包在脚上以帮助腿部保持拉伸的位置。在左腿重复上面的拉伸。这个动作也可以坐在地上做，腿伸向前面，用阻力带作为拉伸的辅助，如图 6—29 所示。

图 6—29　腘绳肌拉伸

4. “青蛙坐”

练习者坐在地上，膝盖向外侧倒，脚底并在一起，用肘部放在膝盖上慢慢下压，拉伸大腿内侧的肌肉，如图 6—30 所示。

图 6—30　“青蛙坐”

5. “青蛙坐”侧拉

练习者以“青蛙坐”的起始姿势开始，把左手放在地上，靠近左腿，慢慢向左倾斜，拉伸身体右侧的肌肉。然后重复上面的动作，拉伸身体左侧的肌肉。更进一步的拉伸是把右臂抬起越过头顶向左拉伸，把左臂抬起越过头顶向右拉伸，如图 6—31 所示。

图 6—31 “青蛙坐”侧拉

6. 分腿伸展

练习者在地上坐直，腿伸向两侧，保持背部和腿伸直，慢慢地使臀部向前弯曲，直到感觉到腿和臀部肌肉的拉伸。保持这样的牵拉动作数 8～16 个数。如果练习者在开始的姿势时就感到了拉伸，可以把手放在臀部后面以帮助保持背部和腿部直立，如图 6—32 所示。

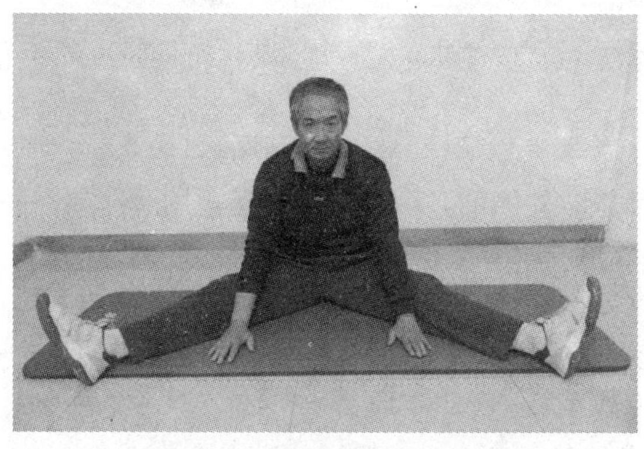

图 6—32 分腿伸展

7. 下腰部拉伸

练习者背部朝下躺在垫子上，腿尽可能伸直，弯曲右膝，把右脚放在左膝上，然后轻轻地把右膝交叉穿过左腿的高点，同时尽量保持双肩在地上，保持这样的牵拉动作数 12～24 个数，提醒练习者正常呼吸。在右边重复上面的拉伸，如图 6—33 所示。

8. 侧举腿

练习者左侧着地躺下，臀部和地面垂直，脚向前（在臀部没有弯曲），踝部弯曲，小范围地抬起右腿（重复 8～16 次）。尽量不用左手支撑头部，把左手臂尽量在垫子上放平而头放在手臂上。然后右侧躺下重复上面的运动。

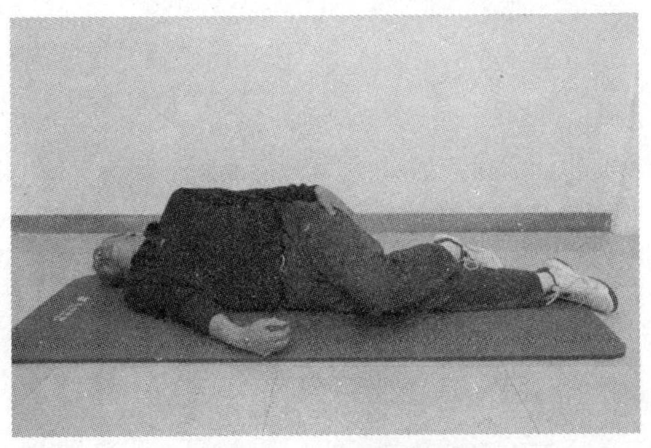

图 6—33　下腰部拉伸

9. 膝俯卧撑

练习者的起始姿势为面朝下趴在垫子上，双手靠近肩部。双手慢慢地用力推垫子使身体上升离开垫子，肘部伸直，保持膝盖和脚在垫子上。背部平直，头、颈部还有背部在一条直线上。练习者降低身体直到胸部触到垫子，然后再次向上推身体，完全伸直肘部。如果练习者的力量不能完成膝俯卧撑，在做动作时可以用肘部支撑，然后使身体下降到垫子水平，如图 6—34 所示。

图 6—34　膝俯卧撑

10. 臀部顶拱

练习者背部向下躺在地上，收缩腹部和臀部肌肉使臀部向上，保持这个动作时间为数 4～8 个数，然后回到初始位置。练习者保持背部一直与地面接触，所以这是一个强度较小的运动，如图 6—35 所示。

11. 强化下腰部

练习者面朝下趴在垫子上，肘部着地，小臂平放。慢慢地使下半身抬起，离开垫子 15～20 厘米，保持（数 4～8 个数），然后回到开始的位置。练习者必须保持颈部和背部平

图 6—35　臀部顶拱

直（眼睛看地面），避免用手臂向上推。背部肌肉在运动时发挥作用，而手臂的作用是支持和保持身体平衡，如图 6—36 所示。

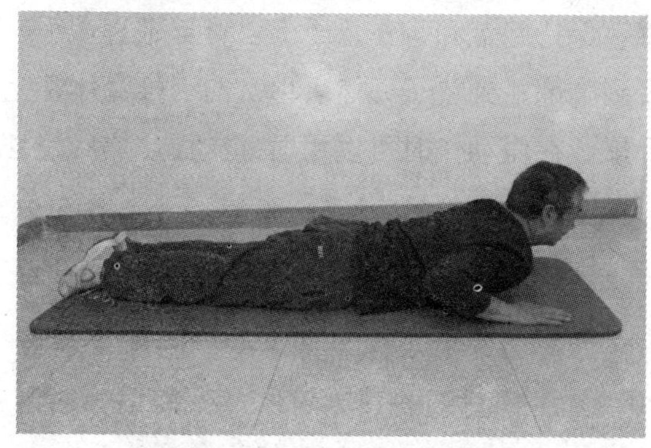

图 6—36　强化下腰部

12. 注意事项

墙壁运动和地面运动都可以单独进行练习，也可以结合在一起进行练习，用来增强力量和灵活性。很多老年人会感到做地面运动不舒服，而更喜欢做墙壁运动。所有的墙壁运动都可以在低强度有氧运动的整理活动中使用。

七、平衡和协调性

在整理运动中可以采用平衡性运动。

1. 抬腿

练习者做小幅度的向前或者侧前方直腿抬起（大约离地 15 厘米）。保持时间不超过数 12 个数，然后换另一条腿运动。

2. 膝盖抬起

练习者向前抬起膝盖，膝盖形成 90°，最大保持时间为数 12 个数。

3. 抬膝交叉

练习者重心在左腿上，抬起右腿（数 1），用右腿穿过左腿，右脚尖触左脚的左边（数 2），抬起右腿回到中间的位置（数 3），然后重心到右脚上（数 4）。重复上面的动作，左腿交叉越过右腿，如图 6—37 所示。

a)

b)

图 6—37　抬膝交叉

4. 提脚跟

练习者站在墙边，排成一排或者围成一圈手牵手，提起脚跟，重心在脚尖上，保持平衡时间（数到 8），脚跟回到地面，然后弯曲膝盖（保持脚跟在地面上），重复上面的动作 3～6 次。

5. 脚尖敲

练习者手牵手围成一圈，向前伸出右腿，用右脚尖轻敲地面，然后弯曲右踝关节，再次用右脚尖敲地面，轻敲（数 1～7）。迈步，重心到右脚上（数 8），重复上面的动作，用左脚尖敲地（数 1～7），然后迈步，重心到左脚上（数 8）。重复上面的动作也可以倒计数 4，然后 2，每只脚敲一次。

6. 侧迈步

练习者手牵手围成一圈，向右迈步，重心到右脚上（数 1），迈步，左脚靠近右脚（数 2），迈步向右，重心到右脚上（数 3），左脚靠近右脚轻敲（数 4）。向左重复上面的顺序（数 5～8），结束的动作是右脚轻敲。然后迈步向右，重心到右脚上（数 1），左脚靠近右脚轻敲（数 2），迈步向左，重心到左脚上（数 3），右脚靠近左脚轻敲（数 4），向右重复上面的运动（数 5～8）。

7. 注意事项

患有骨质疏松症的老年人应当避免完成时间超过数到8的单腿站立运动，严重的患者应当在运动时避免单腿站立。

八、同伴互动

在组织练习的整个过程中，指导师应当尽一切努力来增进同伴互动。例如，在热身运动、有氧运动和整理运动中，让练习者手拉手围成一个大圈，这样练习者就能相互看到，可以进行交流（对于整理活动更有帮助）。也可以组织练习者面对面排成两排，允许成员之间交换，可以增加伙伴关系。

1. 扶肩

让练习者寻找与自己身高差不多的伙伴。一个人站在另一个人的身后，给前面的人做肩部按摩，然后交换位置。这个可以围成圈来做。

2. 抛球

练习者站成一圈，开始时大声喊出自己的名字，然后把球传给靠近自己的人，其他围成圈的人一起重复喊出你的名字，继续传球，传球者喊出自己的名字，其他人重复，将球传给靠近自己的人。当球传完一圈之后，最后一个人拿着球喊出一圈之后的任一名字然后把球抛给他。这是一个有趣的活动，可以帮助大家记住名字，改善眼、手的协作。橡胶球和小毛毛球都可以用来做这个运动。

第4节　抗阻性运动训练

抗阻性运动训练可以阻止和逆转由于年龄增长而带来的肌肉质量、力量和爆发力的下降，还可以改善骨密度，减少许多慢性病的危险因素。适量的抗阻性运动，作为安全、有效的模式，可以使老年人重新获得保持独立的能力，能够自我照料，提高生活质量。

经常参加体育锻炼可以提高老年人的力量、爆发力和耐久力，但是最有效的力量和爆发力训练是抗阻性运动训练。渐进式抗阻训练（在训练过程中随着练习者变得更加强壮，会增加阻力）已经被证明对所有水平的功能训练都是安全和有效的。尽管一些高龄老年人身体比较虚弱，需要照顾，有的身体上不能独立，有的患有慢性病，但是他们依然能够从高强度渐进式抗阻训练中得到好处。适合的强度对身体的改变是最重要的。

抗阻性运动训练包括力量训练和爆发力训练。力量训练是指使肌肉的绝对力量增加，爆发力训练则是指使力量的速度增加。爆发力训练需要高速度的收缩，也就是说快速收缩肌肉来对抗阻力。研究表明，爆发力的丢失速度（每年 3.5%）比力量的丢失速度快，而且爆发力素质和日常生活的表现更相关，爆发力训练对身体机能的改善要比力量训练更有效。

进行抗阻性运动训练的原则，是对老年人进行基本的指导，但是不能代替训练的管理。指导师需要管理老年人抗阻性运动训练的计划，保证老年人能有合适的运动形式、强度和持续时间。

一、力量训练方案

为了保证方案的安全和有效性，方案的内容应当包括合适的训练强度、训练次数、持续时间和训练技巧等。

1. 训练强度

力量训练的强度一般在 80% 的一次最大重复次数（1 RM）。让老年人开始时以自己能提起 8 次的重量开始。当他们能重复 12 次时，增加重量 5%～10%，然后开始做 8 次重复。

2. 训练次数

力量训练每周 2～3 次，每两次之间不连续，每次训练完之后最少休息 1 天，以保证肌肉组织的重建。

3. 持续时间

每次运动的持续时间取决于运动的数量、重复的次数和设置的目标。

4. 重复次数

一个运动的重复次数一般为 8～12 次，重复次数取决于开始的适应水平、目的和禁忌证。

5. 训练目标

在改变力量时设置 2～3 个目标；目标的设置也取决于开始的适应水平、目的和禁忌证。研究表明，在适当的强度下设置 1 个目标和 2～3 个目标是一样的。一般情况下，1～2 个目标是比较合适的。

6. 训练技巧

为了安全和有效地进行训练，练习时必须有适当的技巧。

（1）适当调整

应当保证练习者有合适的座椅和动作幅度，根据体格和体型调整手臂和腿部护垫，以保证良好的身体机能。当练习者围绕一个关节活动时，活动中心点要在关节的中心。例如，当练习者做膝盖伸展运动时，活动的中心点就是膝关节的中心。

（2）动作幅度

如果可能的话，最大的活动范围是所有练习者的目标，但是，运动时的活动必须在没有疼痛的范围内进行。

（3）呼吸模式

训练中必须采用连续的自然的呼吸，应当提醒练习者尽量不要用憋气来增加力量，或者延长呼吸时间。一般情况下，在运动时都是呼出气体。

（4）运动速度

在移动或抬起重物时，所用的时间为2～3秒。许多种类的抗阻训练器材并不需要控制速度，但要注意的是，在力量训练中，需要考虑速度的影响。

二、爆发力训练方案

爆发力训练方案与力量训练方案比较相似，不同的地方有以下两点。

1. 运动速度

爆发力训练需要高速度地运动进行锻炼。例如，力量训练的时间需要3秒，在爆发力训练中，收缩运动时必须尽可能地快，舒张运动时可以比较慢，为2～3秒。在金属重物的器材上不要做爆发力训练。

2. 运动强度

在爆发力训练中，所选择的负重重量为50%～70%的最大力量，可以选择60%最大力量进行爆发力训练。

三、利用身体的重量来训练力量和爆发力

利用身体的重量进行运动，也是锻炼肌肉力量和爆发力的一种方法，而且还能增加锻炼的难度。例如，平时不爱运动的人可以通过8～10次的腿部伸展来增强腿部力量，保持腿部伸展的时间为数8～12个数；也可以通过起立、坐下来增强腿部力量；还可以通过上、下楼梯，克服身体的重量来增强腿部力量。此外，做俯卧推墙或者地面运动可以增强上半身的力量。

利用身体的重量来进行爆发力锻炼，需要强调速度。应当让练习者自觉地尽可能快地运动，这可能需要花费很长一段时间才能达到。开始时需要先改善力量，然后再提高运动的速度。要保证练习者有平衡的辅助，以便在运动时专注于速度而不是速度和平衡兼顾。

1. 踏箱子

把坚固的箱子靠着墙或者栏杆（保证平衡），确保箱子的顶面和侧面都是粗糙的。如果楼梯的扶手可用的话，最下面的一个台阶也可以当作箱子。箱子（台阶）的高度不要过分高于日常活动的常见的高度（如楼梯、路边的台阶）。保持正确的姿势，练习者每次都完全站

在箱子上，然后下来，如果需要的话可以有平衡的帮助。让练习者单独练习平衡，以便能专注于速度。

（1）迈步上和下

1）迈步踏上箱子然后下来，开始的时候右脚上。上（右脚）、上（左脚）、下（右脚）、下（左脚），重复两次。

2）重复，开始的时候左脚上。

3）强调爆发力，在整个过程中所有动作的重复中，上的时候尽可能地快，而下的时候则控制在较低的速度。

（2）迈步上提腿

1）迈步右脚到箱子上，摆动，然后提起左腿呈 90°。

2）放下左腿到地面，重复迈步右脚上箱子 4 次。

3）重复迈步左脚上箱子 4 次。

4）强调爆发力，每次重复提起膝盖到 90°时要尽可能地快。

2. 锻炼足部爆发力

这些运动是为了发展足部行走或滑动时的快速运动能力，可以在墙壁、栏杆、座椅或者辅助走路的地方完成这些运动。

（1）跺脚

1）尽可能快地向各个方向跺脚，就像踩扁蚂蚁一样。

2）强调足部和腿部的速度，每次跺脚都回到原来的位置，保证向前面、侧面、后面跺脚，完成一只脚的动作后再进行另一只脚的活动。

3）跺脚的时候，尽可能快地交替左脚和右脚，就像跺脚甩掉靴子上的雪一样，只是各个方向上的动作更快了。

（2）锻炼步伐力量

1）面向墙壁，手随时准备扶住墙。

2）双脚并在一起，做身体前倾的动作（踝部没有弯曲），在即将跌倒的时候快速向前迈步。重复多次，先向前迈步右脚，然后左脚。注意尽可能延迟脚部运动，迅速回到原来的位置。

3）如果合适的话，可以向侧面做这样的运动（需要更好的力量和平衡）。向侧面倾倒（踝部没有弯曲），然后迈步向侧面以避免跌倒。在相反的方向重复上面的动作，如图 6—38 所示。

图 6—38　锻炼步伐力量

3. 锻炼臂力

这些运动可以帮助发展手臂的速度，当发生跌倒的时候，手臂可以对跌倒做出快速反应或者承受身体的重量。练习者可以和其他人一起做，或者对着墙进行。可以用一个大的运动球，一个较轻的实心球，海绵球或者瘪气的篮球。如果平衡有问题，可以让练习者获得一定的支持（背靠墙），当弯腰捡球的时候要注意。

（1）胸前传球

1）在胸前把球尽可能快速地传给伙伴。

2）注意肘部伸展和背部弯曲的速度，重复8次。

（2）击地传球

1）用最大力量将球击地抛出，使球尽可能回弹得更高，让球传到伙伴手中。

2）注意传球击地运动的速度，重复8次。

第5节　水中运动

水中运动有广泛的吸引力，很多人都愿意从事水中运动。许多医生建议老年人参加水中运动，因为水中运动可以加速臀部、腿部、背部损伤的康复，还可以让有平衡和关节问题的人安全地进行运动。水中运动有陆上运动不可比拟的优势，例如，在整个运动过程中提供全面的阻力，练习者在做动态运动时不会对关节产生影响。许多老年人都喜欢这种温和的运动，同时又可以提高活力。

长期坚持水中运动不仅可以调节人体姿态和脊柱的生理弯曲，而且还可以使整个人体向流线型发展，特别对臀部、肩部、背部、胸部、腰部、腹部、腿部、足部曲线的塑造起到良好促进作用。水中运动内容广泛，形式多样，具有较强的趣味性。在运动过程中，运动者的相互交流能使他们增强自信心、开阔眼界、放松心情。

一、水中运动的特点

水中运动充分利用水的阻力、浮力、压力和水具有的极强的导热特点。

1. 水的阻力

水的阻力为陆地的12～15倍，有助于肌肉力量的增强，可以达到预期的运动强度，其效果如同陆上的负重训练，特别能避免肌肉突然用力收缩的冲击，减少运动伤害的发生。

2. 水的浮力

水的浮力可以减轻约90%体重，对于体重超重、下腰痛和膝盖、脚踝关节有伤的人，可以避免运动伤害，也有康复的效果。在水中运动，人体处于俯卧或仰卧状态时，下肢血液容易回流心脏，促进全身血液循环加快，提高心血管系统功能。

3. 水的压力

水的压力具有促进血液循环、新陈代谢和按摩康复的功效，同时增加肌肉力量和关节柔韧性。在水中运动时，人体四周水的压力使人在水中呼吸时必须用力，这一特点能改善肺的通气功能，增强呼吸道的抵抗力。

4. 水的导热性

水的强导热性使得在水中运动时，四肢肌肉处于不停顿的收缩和舒张运动中，能量消耗大，在消除体内多余脂肪的同时，全身肌肉也能得到很好锻炼，使肌肉结实富有弹性。

二、水中运动的形式

水中运动的形式多种多样，除了游泳外，还包括水中行走、水中跑步、水中形体训练、水中韵律操、水中康复训练等。

1. 游泳

游泳是人在水面或水中以各种不同姿势划水前进或游动的健身项目。在水面上称为游，在水下称为泳。游泳可以帮助身体散热，使人觉得凉快、舒服，是一项非常具有娱乐性的活动，是夏季消暑的最好运动之一。常用的健身游泳有蛙泳、反蛙泳（仰泳）、自由泳、蝶泳、侧泳、潜泳、踩水（立泳）和戏水等。

（1）健身效果

经常进行游泳锻炼不仅可以增强人的心血管系统和呼吸系统的功能，还可以提高人的呼吸肌功能，增大胸围，提高肺活量，提高免疫力和抵抗疾病的能力。长期坚持游泳还具有良好的减肥效果。

（2）注意事项

1）游泳时一定要量力而行，开始时不要在水中停留时间过长，老年人游泳时，一定要有人陪伴或保护。

2）游泳时的强度应当控制在最大强度的 50%左右，心率控制在 120～140 次/分钟为宜；心肺功能相对比较差的老年人，心率应当控制在 110～130 次/分钟，距离控制在 600～700 米，时间在 20～60 分钟。随着健身效果的提升，可以慢慢增加游泳的距离和时间。每周游泳 2～3 次为宜。

2. 水中韵律操

水中韵律操是伴随着音乐在水中进行的一项有氧运动，由准备活动、水中基本运动、水中放松三部分组成。

（1）准备活动

分为陆上准备及水中准备两部分，通过陆上、水中肢体拉伸，使身体发热，动员全身器官投入水中运动。

（2）水中基本运动

由上肢各方位的伸展、绕环、腰部旋转、髋部前后左右摆动、配合着行进步伐的移动进行的运动。

（3）水中放松

在水中缓慢游泳或漂浮，使心率恢复到运动前的水平。

3. 水中形体训练

充分利用水的阻力作用，借助一些器械（如浮漂、阻力板、空水瓶等）在水中进行克服阻力的训练。

4. 水中跑步

充分利用水的浮力及阻力作用，老年人可以在水中进行各种类型、各种方向的跑动训练。例如，原地小跑、高抬腿跑、倒退跑。

5. 水中康复训练

水中康复训练是运动不便或患有某些疾病的老年人很好的康复手段。在水的特殊环境里，治疗师可以根据老年人的身体状况或病情，制订训练计划，进行合理的康复训练。可以利用各种器材（如漂浮、功率自行车等）进行水中康复训练。

三、水中运动注意事项

1. 应当选择卫生条件合格、通风良好、整洁安静的运动场所。

2. 锻炼前要检查身体，排除传染病，心、肺和肝肾功能不全，重度动脉硬化，皮肤破损感染，肿瘤，出血等禁忌证。

3. 若以强身健体为目的，可以选择内容丰富多样的运动方式；若以辅助康复为主，应当在专业人员的指导下进行训练。

4. 老年人不要单独在水中锻炼，包括会游泳的老年人。

5. 要考虑水温（26℃左右为宜）、运动时间和运动强度。

6. 身上有汗，不要立即下水，应当擦干后再下水；下水前和刚入水中要进行热身运动。

7. 水中运动要循序渐进，心率控制在 110～130 次/分钟，并以运动和休息交替进行为宜。

8. 运动中如身体不舒适，应当立即到陆地休息。

9. 在饥饿时或饱餐后 1 小时内不得进行水中运动。

第 6 节　球类运动

一、门球运动

门球运动是在平地或草坪上，用木槌击打球穿过铁门的一种室外球类游戏，非常适合老年人进行体育锻炼。门球在技术上分为击球和闪球，击球是用木槌的击球面击打自球，使自球移动，以达到送位、撞击、过门、撞柱等目的。闪球是脚踩住自球，将被撞击的他球贴靠在自球旁，利用木槌击打自球产生的冲力，使他球移动，以达到闪过门、闪送位、闪撞柱、闪出界等目的。

1. 健身效果

门球规则简单、轻松、有趣，打门球可以使全身的运动器官，特别是手、臂、腰、腿、脚，以及视力、听力、内脏和神经系统都得到锻炼。老年人约上几个伙伴，带着简单的球具，便可以玩儿上半天，既能锻炼身体，又能联络感情，促进身心健康。

门球中的技、战术运用和整体配合有利于增强脑细胞的活力，提高记忆和思维能力，是体脑并用的活动项目，非常有益于老年人健康长寿。

2. 注意事项

（1）参加门球活动前应当把臂、腿、腰以及相应的关节充分活动开。

（2）打门球时最好穿带齿而不滑的鞋，以免绊倒或滑倒。老年人在冬季参加户外门球活动更应当小心。

（3）门球活动的体力消耗并不大，但是一旦着迷，容易兴奋，此时老年人应当注意控制自己，不应当超过自己合适的步伐和活动幅度，以免扭伤筋骨。

（4）老年人参加门球运动时，应当以安全适度、确保实效和能得到快乐、满足感为原则。

（5）老年人参加门球活动时应当有自我监督和预防意外事故发生的方法。

二、柔力球运动

柔力球又称为太极柔力球。健身者手持特制的拍子，用弧形引化的方法将球抛来抛去，可以单独练习、两人对抛、多人传接或隔网竞技。柔力球运动适合所有年龄段的人，是休闲娱乐的健身项目。老年人可以根据自身体质，调节运动量和运动方式，提高练习柔力球的兴趣。

1. 健身效果

柔力球运动是一种运动量可以控制和灵活调节的全身性运动，体力差的可以劳逸结合，体力好的可以左奔右突。经常进行柔力球运动，不仅可以使老年人的颈、肩、腰、腿等部位得到均衡的发展，还能培养老年人机敏的意志品质。

柔力球运动将太极运动完整连贯、圆润柔和、自然流畅、连绵不断的特点充分体现出来。在运动中，每一次的收力、发力、接球、送球都是一次对身心的修炼，使每一位参与者都能享受到自由自在、随心所欲、无拘无束的境界和氛围以及酣畅自如的肢体运动所带来的快乐。

2. 注意事项

(1) 饭后 1 小时内不宜锻炼，以免影响呼吸和消化；运动时服装要宽松，以免妨碍动作。

(2) 运动时间和频率要因人、因时、因天、因地制宜，量力而行。

(3) 运动时要全身放松，然后轻缓用力，做动作要松中有紧，柔中有刚，切不可用蛮力。

(4) 应当尽量选择空旷场地，在室内练习时要注意周围的物品。

三、气排球运动

气排球运动是一项类似于排球的体育项目。气排球由软塑料制成，为黄颜色，重约 120 克，比普通排球轻 100～150 克；圆周 74～76 厘米，比普通排球多 15～18 厘米；场地为 13.4 米×6.1 米（采用羽毛球场地即可），比普通排球场地长宽各少 5 米和 3 米；男子比赛网高 2.1 米，女子比赛网高 1.9 米，混合网高 2.0 米。每方各上场 5 人。气排球的打法和记分方法与竞技排球基本相同。有条件、有兴趣的老年人，可以参加气排球运动。

1. 健身效果

气排球的球质富有弹性，手感舒适，不易伤人。气排球运动要求健身者技术全面、动作细致，具有较强的观赏性；气排球运动有跑、跳、蹲、转身等，使脑、眼、手、腰、脚等部位都得到运动，但活动量不大，有利于健身强体。气排球是集体球类项目，必须协调配合，有利于表现团结奋进和展现道德风范。

2. 注意事项

(1) 骨质不好的老年人应当尽量避免频繁起跳击球。

(2) 老年人参加气排球运动需以健身为主要目的，避免进行剧烈的比赛。

(3) 在练习和比赛过程中，应当避免争抢球而发生身体碰撞。

（4）要认真做好准备活动，内容和量要根据活动时间和个人的具体情况而定。

（5）在活动前应当做好颈部、膝关节、手指的热身活动。

四、乒乓球运动

乒乓球运动在我国具有广泛的群众基础，深受广大老年人的喜爱。乒乓球运动对场地和器材的要求不高，而且简单易学，对健身者身体条件的要求相对较为宽松，对于老年人的反应和协调能力有很大的锻炼作用。运动者各站球台一侧，用球拍击球，击法有挡、抽、削、搓、拉等。球必须在台上反弹后才能还击过网。以落在对方台面上为有效。

1. 健身效果

经常参加乒乓球运动，不仅能提高人体神经系统的灵活性，改善人体的心血管系统的机能，使人的反应加快，思维敏捷，动作协调，四肢灵活，形体健美，而且还能培养人机智果断、勇敢顽强、勇于进取和敢于拼搏的优良品质，并对调节人的心理因素，提高人的适应能力具有积极的影响作用。

2. 注意事项

（1）必须穿着适合乒乓球场地的室内运动鞋，防止滑倒等意外发生。

（2）有心脑血管疾病的老年人不宜参加乒乓球运动。

（3）要根据个人的体质和体能状况妥善控制运动强度。

（4）运动前应当检查周围环境，球台四周要宽敞，不要有太近的障碍物。

五、羽毛球运动

羽毛球运动是一项隔着球网，使用长柄网状球拍击打平口端扎有一圈羽毛的半球状软木的运动项目。羽毛球运动分为单打和双打，对运动者的体能要求不高，却比较讲究耐力。羽毛球运动的主要技术有高远球技术、网前球技术、平击球技术、网上技术（搓放小球、推球、勾球、扑球、挑球）和前后场技术等。

1. 健身效果

老年人和体弱者可以将羽毛球运动作为保健康复的方法进行锻炼，达到出出汗、弯弯腰、舒展关节的目的，从而增强心血管和神经系统的功能，预防和治疗老年人心血管和神经系统方面的疾病。

无论是进行有规则的比赛还是作为一般性的健身活动，运动者都要在场地上不停地进行脚步移动、跳跃、转体、挥拍，合理地运用各种击球技术和步法将球在场上往返对击，从而增大了上肢、下肢和腰部肌肉的力量，加快了锻炼者全身血液循环，增强了心血管系统和呼吸系统的功能。

2. 注意事项

（1）做好热身运动，避免用力不当发生肌肉拉伤或关节扭伤。

（2）尽量在室内专业场地或者地面条件好的场所进行。

（3）要养成正确的握拍和击球方式，以免对手腕造成损伤。

（4）老年人打羽毛球时应当控制好时间，最好不超过 30 分钟，以出汗和舒展关节为目的即可。

六、网球运动

网球运动是盛行于全世界的一项球类运动。参加者隔网对垒，不会发生肢体碰撞，适合老年人进行运动健身。网球运动的基本技术包括握拍技术、击球技术、发球技术、接发球技术、截击球技术、高压球技术、挑高球技术、随机球技术、放短球技术、反弹球技术等。

1. 健身效果

网球运动具有可调控运动量和运动强度的特性，趣味性强，可快可慢、可张可弛。练习网球，可以使人动作敏捷，判断准确，反应迅速，提高速度、力量、柔韧、灵敏等身体素质，还能增强血液循环系统的功能，消耗多余的能量（热量），提高心肺功能，增强免疫能力，提高抗病能力和加快病后康复速度，达到增强体质、促进健康、强健身心的目的。

2. 注意事项

（1）老年人应当减少持续手部运动的时间。

（2）老年人应当在良好的场地和运动装备的条件下进行运动。

（3）夏季时应当尽可能避免长时间阳光暴晒身体。在春、秋季，应当注意衣物的脱与穿，一定要多穿少脱。在冬季要充分热身，避免发生损伤。

七、台球运动

台球运动是一项在国际上广泛流行的高雅的室内体育运动，是一种用球杆在台上击球、依靠计算得分确定比赛胜负的娱乐体育项目。台球运动可分为中式八球台球、俄式落袋台球、英式落袋台球、开伦台球、美式落袋台球和斯诺克台球等，其中斯诺克最为普遍，已经成为一项职业体育项目。老年人可以把台球运动作为一种休闲娱乐的体育活动。

1. 健身效果

台球运动是一项集脑力和体力为一体的体育活动。对于老年人来说，台球运动健身的主要意义在于得分的喜悦和认真用脑的态度，具有极好的趣味性和娱乐性。

2. 注意事项

（1）在运动过程中既要集中注意力，又要防止用脑过度产生疲劳。

（2）尽量穿着宽松的衣服进行台球运动。

（3）应当避免长时间站立对膝盖和腰部的刺激。

第 7 节　体操和舞蹈类运动项目

一、广播体操

广播体操是一项广大老年人非常熟悉的、练习者众多的体育活动。广播体操是一种徒手操，不用器械，只要有限的场地就可以开展，通常跟随广播进行锻炼，也可以用口令指挥节奏。几十年来，广播体操不断发展、更新，具有健身性、趣味性和时代性。

1. 健身效果

广播体操一般由 8～10 节动作组成，包括头部运动、上肢运动、下肢运动、全身运动、整理运动等，这些运动主要由屈伸、振举、转体、平衡、跳跃等各种动作组成。每一节动作都有一定的作用，例如：扩胸运动不仅可以强健胸、背和肩胛部的肌肉，对矫正姿势（如轻度驼背）也有好处。

利用闲暇时间做广播体操，可以使大脑在得到充分休息的同时让肌肉得以放松，提高心肺功能，促进血液循环，使氧气能充足地供应身体各部分，从而增强各器官的功能；长期坚持，可以增强体质，预防疾病的发生。

2. 注意事项

（1）户外做操需注意天气并穿着合适的服装。

（2）需循序渐进地加大动作幅度和难度。

（3）最好能有组织地进行锻炼，避免一个人做操的单调、枯燥。

二、健美操

健美操是一项融体操、舞蹈、音乐、健身、娱乐于一体的普及性很广的体育健身项目，深受广大群众喜爱，也得到一些追求时尚的老年人的青睐。成套的健美操由许多单个动作组成，这些动作来源于徒手体操、艺术体操和舞蹈等动作，完成方法主要表现在动作节奏、运动方向、路线和造型等方面。

1. 健身效果

健美操是一种有氧运动，特征是持续一定时间的、中低强度的全身运动，主要锻炼练习者的心肺功能，是有氧耐力素质的基础。跳健美操不仅可以提高运动系统、心血管系统、呼吸系统、消化系统和神经系统的机能，进而增强健身者的体质，还可以通过塑造健美的身材和培养高雅的气质来提升形体风度。

2. 注意事项

（1）充分的准备活动能使关节、韧带、肌肉温度升高，增加身体灵活性，提高神经系统兴奋程度和心血管活动水平，从而防止运动伤害的发生。

（2）一般进食后间隔两个小时才可以进行健美操锻炼。因为进食后胃中食物充盈，立即运动会影响消化，容易出现腹痛、恶心等症状。而且运动前应当吃些易于消化的食物，运动后应当休息 30 分钟后再进食。

（3）应当选择舒适的服装进行健美操活动。

（4）放松运动是健美操活动后必须要做的。

三、健身球操

健身球操是一种新兴的、有趣的特殊体育健身运动。健身球最早是作为一种康复医疗设施出现在瑞士，也被称为瑞士球。健身球操是利用健身球，在运动的同时击打保健穴位的健身活动。所使用的健身球由手柄、弹力绳和球体三部分组成，在橡胶弹力绳的作用下，无须求助他人就可以任意拍打身体各个部位的穴位。

1. 健身效果

老年人练健身球操时，健身球有很好的促进损伤恢复和康复的功能（对腰背疾病效果显著）。用健身球锻炼比较安全，不容易出现损伤，健身球操可以改善老年人的力量、姿态、柔韧性、平衡感和心肺功能。

2. 注意事项

（1）健身球操的适用群体很广泛、动作丰富；但是，对于初学者来说，健身球操有一定难度。

（2）初学时应当从最基础的动作学起，难度不宜太大。

（3）不适合年龄较大、体质较弱的人，特别是患有心脏病、高血压的老年人。

（4）老年人进行健身球操活动时，应当注意球的运动方向和运动的范围。

（5）由于有时健身球操所配合的音乐较为激烈，老年人应当控制住情绪和活动量。

四、广场舞

广场舞是以特殊的表演形式、热情欢快的表演内容、以集体舞为主体的、在公共场所多人参与的、以娱乐身心和锻炼身体为目的的非专业性舞蹈艺术表演活动。作为健身舞蹈的一种，广场舞将传统健身术、民间舞蹈与音乐相结合，在社会上广泛流行，特别受到老年女性的欢迎。

1. 健身效果

跳广场舞不仅可以健体、健美、健心，还可以调节情绪、调节生活、调节人际关系，促进身心健康。经常进行广场舞锻炼，不仅可以强壮肌肉、扩大关节活动范围、增强关节的弹性和灵活性、有助于防治老年性运动器官劳损和骨质疏松症，还可以改善心肌功能，防止脂肪在血管壁沉积，保持血管弹性，促进新陈代谢并预防肥胖、糖尿病、冠心病和神经系统疾病等。

在伴随着音乐的舞蹈中，老年人得到精神上的放松与升华，是老年人活动中陶冶情操，抒发情感，人际交往的一个很好的方式。

2. 注意事项

（1）广场舞具有集体性、自娱性和自发性等特点，组织者需要协调与附近居民的关系，在时间、地点的选择上避免干扰他人的正常生活。

（2）各成员之间要相互尊重、互相关心、相互帮助，形成团结和谐的健身氛围。

（3）时间上最好选择在饭后 1 小时。

（4）运动量因人而异，要适量，微微出汗就可。

（5）老年人应当穿适合运动的服装和鞋；鞋一定要舒适，最好穿软底的防滑鞋，以免跌倒。

（6）要做好准备活动和整理放松活动。

（7）老年人无须为了一些小的技术动作跟不上而勉强自己，重要的是保持良好的精神状态。

五、健身秧歌

健身秧歌是一种有恒、有序、有度的有氧运动，无论是对年轻人还是老年人都是强身健体的有效的方式，它是在传统的秧歌的基础上，根据人体运动的生理规律，把运动和舞蹈有机地结合起来的健身方式。

1. 健身效果

健身秧歌的运动强度适合老年人，节奏舒缓，难度小，运动量也不大，手部动作多，简单易学，音乐欢快。经常扭健身秧歌不仅可以使老年人心肌发达，血管壁弹性增加，还能促进新陈代谢。另外，经常进行健身秧歌活动还有利于老年人形成正确的体态和健美的形体。健身秧歌除了对老年人的身体具有调节功能外，在跳秧歌的同时伴随着鼓乐，还可以调节老年人的情绪，使身心得到平衡。

2. 注意事项

(1) 老年人最好每天进行20～40分钟的健身秧歌锻炼，因为只有长期坚持，才能保持各器官的年轻与活力。

(2) 穿舒适宽松的服饰进行活动，特别要重视鞋；鞋应当有较好的灵活性和弯曲性，鞋底纹路应当有多向性，以便做各种活动。

(3) 健身秧歌的强度应当以健身之后感觉轻度疲劳、全身舒适、心情愉悦、食欲增加、睡眠改善为宜。

(4) 老年人扭健身秧歌时要量力而行，运动时脉搏控制在120次/分钟为宜。

六、健身瑜伽

瑜伽是一个通过提升意识，帮助人充分发挥潜能的体系。瑜伽姿势运用古老而易于掌握的技巧，改善人的生理、心理、情感和精神方面的能力，是一种达到身体、心灵与精神和谐统一的运动方式。

1. 健身效果

练习健身瑜伽能够使人增加活力、增强疾病抵抗力、改善视力与听力等，由身体的练习影响练习者的内心，从而保持身心健康。

2. 注意事项

(1) 动作难度不宜过大。

(2) 要注意与饮食的配合。

(3) 老年人进行瑜伽时不要因为动作难度达不到而强求。

第8节　民间与传统体育的健身手段

一、太极拳（剑）

太极拳（剑）是综合了历代各家拳法，结合易学的阴阳五行之变化，中医经络学，古代的导引术和吐纳术形成的一种内外兼修、柔和、缓慢、轻灵、刚柔相济的拳（剑）术。太极拳（剑）老少皆宜，特别适合老年人健身。

1. 健身效果

太极拳（剑）能够使呼吸自然、细长、慢匀。由于速度缓慢、动作柔和，从而使人体的微循环得以扩张，使物质和能量得到充分交换，改善身体内部的循环。俗话说“痛则不通，通则不痛”，太极拳（剑）可以使一些不通之处畅通，使一些慢性病症状得到缓解或消除，达到强身健体、预防一些疾病的健身目标。

太极拳（剑）不排斥对身体素质的训练，讲究刚柔并济，而非只柔无刚的表演。太极拳（剑）含蓄内敛，连绵不断、以柔克刚、急缓相间、行云流水的拳术风格使练习者的意、气、形、神逐渐提升。

2. 注意事项

（1）要注意身体姿势和动作的规范。

（2）腰、腿及各个关节部位要活动开，以避免受伤。

（3）注意呼吸与动作的结合，采用腹式呼吸，呼吸要深、匀、细、缓、长。

（4）老年人活动时应当提前观察好周围情况，注意舞太极剑时避免误伤周围的人。

二、五禽戏

五禽戏又称五禽操、五禽气功、百步汗戏，是通过模仿虎、鹿、熊、猿、鸟（鹤）五种动物的动作来保健强身的一种气功功法，是汉族民间广为流传的、也是流传时间最长的健身方法之一。作为我国最早的具有完整功法的仿生医疗健身体操，五禽戏对后世的导引、八段锦，乃至气功、武术都有一定影响，得以流传和发展至今，非常适合老年人健身锻炼。

1. 健身效果

五禽戏巧妙地把动物的肢体运动与人体的呼吸吐纳有机结合起来，练五禽戏不仅使人体的肌肉和关节得以舒展，而且有益于提高心肺功能，改善心肌供氧量，提高心脏泵血能力，促进组织器官的正常代谢。

2. 注意事项

（1）全身放松练功时，不仅肌肉要放松，神经、精神也要放松。要求松中有紧、柔中有刚、切不可用蛮力。

（2）注意不同禽戏动作难度的把握。

（3）老年人不需要过分要求动作难度，强度不应当过大，出汗、舒心即可。

（4）练习时要注重气与力的结合。

三、木兰扇

木兰扇是在木兰拳的基础上结合扇术特点编制而成的一种极具特色的大众健身运动。木兰扇具有动作舒展、姿态优美、拳舞扇飞、扇声鼓裆、轻盈敏捷、气势流畅、灵活多变、潇洒飘逸的特点，适合在中老年妇女中开展。

1. 健身效果

经常练习木兰扇可以明显降低体脂百分比，提高肺活量、每搏输出量、最大摄氧量，增强心肌收缩能力。老年人经常参加此项运动，可以提高身体机能和延缓衰老。对于老年女性来说，长期有规律地进行木兰扇健身，还可以改善血脂和性激素水平。

2. 注意事项

（1）木兰扇属于中等强度的运动，心率一般控制在 110～130 次/分钟为宜。

（2）练习木兰扇最好配有音乐，以提高练习效果。

（3）要做好辅助练习，使头部、肩关节、腰部、膝关节、踝关节和腕关节充分活动开，提高肌肉的兴奋性，避免在练习过程中受伤。

（4）在室内练习一定要保证有足够的空间。

四、踢毽子和毽球

踢毽子是一种古老的民俗体育活动，是一种简便易行的健身运动项目。踢毽子有盘（用脚内侧踢）、拐（用脚外侧踢）、绷（用脚面踢）、蹬（用脚掌踢）、挑（用脚趾踢）、磕（用脚跟踢）六种基本踢法。

毽球是在踢毽子的基础上发展起来的一项新兴的体育健身项目。比赛场地与羽毛球场地相似。毽球的打法与排球相似，每方上场 3 人。其技法以踢、触为主，也有头球、脚踏球、倒钩、凌空扫射等动作。可用头、脚及身体接球，但不能用手或手臂触球。

1. 健身效果

踢毽子（毽球）是一项良好的全身性运动，运动量可大可小，老幼皆宜，尤其有助于培养灵敏性和协调性，有助于身体的全面发展和增强健康。

踢毽子（毽球）时，随着毽子的起落，脊椎各关节屈伸有节、有度，椎体的深、浅层肌及颈前、颈后肌等一张一弛的功能锻炼，避免了椎关节的僵化，增强了关节的稳定性，可以预防颈椎病，修正身体姿态。踢毽子时双上肢有节律地摆动，运动了肩部、背部的肌肉和关节，对老年人肩周炎也有较好的防治作用。

2. 注意事项

（1）场地要求不能太硬。

（2）一般来说，饭后或饭前半小时内，不宜踢毽子（毽球），尤其不宜踢动作幅度较大的花样动作。

（3）踢毽子（毽球）前一定要做好热身运动，使身体各个部分充分活动开。

（4）老年人进行毽球比赛，要以娱乐健身为主要目的，不宜进行激烈的竞技比赛，要避免采用一些高难动作，防止发生伤害。

五、放风筝

放风筝是我国民间广为盛行的一项传统体育运动。

1. 健身效果

放风筝时极目远眺风筝的千姿百态，能调节眼部肌肉和神经，消除眼睛疲劳，达到保护和增强视力的目的，对防治近视眼、老花眼、视神经萎缩极为有利。放风筝对上肢力量、身体灵活性和颈项部都有很好的锻炼价值，经常放风筝可以辅助治疗颈椎病。同时，放风筝往往会形成群体，对消除疲劳、缓解压力和增进社会交往都有好处。

2. 注意事项

（1）放风筝的地点应当选择宽敞的非交通道路场所，注意周围地面和树木等情况。

（2）注意观察周围是否有电线，防止因风筝与电线接触发生触电事故。

（3）对于患有呼吸系统疾病和心血管疾病的老年人，应当尽量避免在喧闹的活动场地长时间放风筝。

六、抖空竹

抖空竹是我国特有的民俗体育项目之一，是一项集娱乐性、趣味性、技巧性、灵活性、表演性、观赏性于一体的传统体育项目。

1. 健身效果

抖空竹是一项全身运动，对四肢、躯干、头部、颈部均有良好的锻炼作用。抖空竹不仅能促进全身血液循环，提高四肢协调性，促进大脑发育，提高灵敏性，延缓衰老，还可以使人心情舒畅，呼吸自然，加快物质代谢。抖空竹时的大幅度运动、转体下蹲和上仰下俯，可使身体的各个关节都得到锻炼，对肩周炎、颈椎病和腰椎病有一定的辅助治疗作用。

2. 注意事项

（1）要掌握 3 个要领

1）对正：自己的身体始终对正空竹的一个端面。

2）对齐：双手握竿，竿头要对齐，竿头应当在一个立面上。

3）一手用力：一手用力抖动，另一手放松配合跟随。

（2）做任何动作时要求全身放松，以免扭伤腰部，这样动作也才会协调美观。

（3）学习抖空竹必须先从抖双头空竹开始，然后再学抖单头空竹。掌握基本功后，再增加难度学做各种花式动作。

（4）空竹旋转起来后，速度快、力量大，有时会脱绳而出，可能导致意外碰伤。因此，要注意自身和周围人群的安全。

小结

老年人的生理特点决定了适合老年人健身的运动一般为简单、易学、安全、有效，而且老年人参与的运动多为原地运动，强度较小。座椅运动不需要专门的场地和复杂的器械，适合身体虚弱、行动不便的老年人，在房间内就能进行。座椅运动种类较多，可以坐在座椅上，也可以站在座椅旁边，还可以借助其他辅助器材进行运动。当老年人能够轻松完成座椅运动后，可以尝试站立运动，包括墙壁运动和站立性节奏运动。当身体平衡性较好时，就可以考虑低强度有氧运动，在注意安全的前提下，运动前要进行热身活动，运动后要做整理活动，以保证运动的效果和避免损伤，包括原地运动、行走运动、手臂运动和地面运动等。其中健步走是目前比较流行的项目。同时，为了避免骨质疏松、力量下降，老年人可以进行适当的抗阻性运动训练。在进行力量训练时，一定要有合适的强度、时间、次数和技巧。

水的阻力、浮力、压力和水的导热性使水中运动具有较好的安全性和吸引力，包括游泳、水中行走、水中形体训练、水中韵律操、水中康复训练等。门球、柔力球、气排球、乒乓球、羽毛球等运动量不大的球类运动，都比较适合老年人参与。广播体操、广场舞、健身秧歌等体操舞蹈类项目深得老年人喜爱，因为其具有集体性、自娱性和自发性等特点，并且对参与者的要求较少、难度不大。太极拳（剑）、五禽戏、木兰拳等传统体育项目，也为广大老年人所喜爱。

适合老年人运动的项目很多，老年人应当根据自己的喜好和身体状况，选择符合自身特点的项目，既能够强身健体，又能达到愉悦身心的效果。老年人在参加体育活动时，一定要注意安全，防止发生运动性伤害。

思考题

1. 简述座椅运动的各个动作要点和注意事项。
2. 如何进行使用支撑物和设备的座椅运动？
3. 简述墙壁运动的各个动作要点和注意事项。
4. 为什么运动时要进行热身和整理活动？
5. 如何制定力量训练方案？
6. 水中运动的特点和注意事项有哪些？

7. 简述几种适合老年人的球类运动。

8. 举例说明体操和舞蹈类运动对老年人的健身效果。

9. 适合老年人的民间与传统体育健身手段有哪些？

第7章

对患有慢性病的老年人的体育活动指导

学习目标

- 了解体育活动对患有各种慢性病的老年人的好处
- 熟悉患有不同慢性病的老年人参加体育活动的原则
- 掌握指导患有不同慢性病的老年人进行体育锻炼的方法
- 掌握患有不同慢性病的老年人参加体育活动的注意事项

现代人类健康最大的威胁来源于不良的生活方式，很多慢性病的发生与不良的生活方式（如能量摄入过多、运动不足、心理压力过大）密切相关。缺乏身体活动是全球第四大死亡高危因素，全球6%的死亡是缺乏身体活动造成的。现代人健康高危因素排在前几位的是高血压、吸烟、高血糖和缺乏身体活动。缺乏身体活动是21%～25%的乳腺癌和结肠癌、27%的糖尿病以及30%的缺血性心脏病发生的主要病因。

很多慢性病的预防、治疗离不开运动。运动作为有效治疗生活方式病的方法，疗效确切、可靠，花费少。而且，运动防治生活方式病的作用是任何药物和营养都替代不了的。

老年人是慢性病的高发人群，慢性病患病率为全国人口平均患病率的3～4倍。我国老年人慢性病患病率接近50%，高血压、冠心病、糖尿病、骨质疏松症等是老年人的常见病、多发病。

体育活动能够提高心肺功能、调节代谢紊乱、提高神经中枢灵活性，同时有利于骨骼和肌肉的增长。进入老年后，人体的各个系统都出现了不同程度的退化现象，合理地进行运动锻炼，能够改善身体各个系统的功能状况，不仅能预防各种慢性疾病的发生，对于已患有慢性病的老年人可以起到治疗的作用，提高患有慢性病的老年人的生活质量。

第 1 节　对患有冠心病的老年人的体育活动指导

冠心病是一种冠状动脉疾病，指心脏周围为心肌提供氧气和营养物质的冠状动脉发生病变，造成心肌供血不足。由于冠心病患者的血管中脂肪沉积过多，几乎都会发生动脉粥样硬化。全世界超过 20％的冠心病是由于缺乏运动造成的。

一、运动对患有冠心病的老年人的好处

在临床接受治疗的病情稳定的患有冠心病的老年人，参加体育锻炼的好处远远大于潜在的风险。有规律的运动与许多药物一样能够预防冠心病的发病，而且没有副作用。有规律的中等强度运动对患有冠心病的老年人有很多好处，可以防止血管进一步狭窄（抗动脉粥样硬化）、预防血液凝固（抗血栓）、帮助运送血液到心脏（抗局部缺血），并帮助维持正常的心脏节律（抗心律失常）。这些变化会降低安静和锻炼时心脏的负荷，有助于减轻冠心病的症状，降低死亡风险。运动还能帮助患有冠心病的老年人改善身体功能和保持心理健康，有利于调节血压，对改善高密度脂蛋白胆固醇和胰岛素敏感性都有好处。

二、对患有冠心病的老年人的运动推荐

对病情稳定的患有冠心病的老年人，可以根据患者的需求合理安排锻炼计划，有氧运动和抗阻练习都是可行的。适当的运动可以使患者掌控自己的病情，减轻疾病负担，延长参加运动的时间，改善身体功能，提高生活质量，降低继发性心脏病的风险。患有冠心病的老年人参加体育活动应当考虑个人的运动能力和风险状况，以达到和维持个人的“最佳”健康水平为目标。

患有冠心病的老年人每天可以进行 30～60 分钟的中等强度的体育活动（如快走），每周进行 3～5 天。每天的锻炼可以分成几个时间段，每次进行 5～10 分钟。

锻炼初期的运动强度可以按照以下方式确定：采用最大心率的 50％～80％的强度或者心率储备的 40％～60％的强度；RPE 控制在 10～14 之间（6～20 范围的量表）。随着锻炼时间的延长，强度可以小幅度增加。

患有劳累型心绞痛的老年人，锻炼强度应当限定在发生动脉缺血时的心率－10（次/分钟）之下。短时间高强度间歇运动可以替代传统的持续有氧运动。但是，最佳的强度比例尚不明确。

患有冠心病的老年人进行力量练习一般都需结合有氧运动训练，以增强日常生活所需的体力。为避免增加心脏的负担，患有冠心病的老年人应当避免进行等长力量训练。

抗阻性运动训练可以采用以下方法：

1. 开始时应当采用 1 RM 重量的 30%～35%，重量不应当超过可以连续完成 12～15 次规范动作的强度。

2. 每周进行 2～3 天，包括一组 8～10 个针对主要肌群参与的练习。随着患者体能的提高，可以增加组数（增加到 3 组），强度也可增加到 1 RM 的 60%～70%。

3. 每组之间最少要间隔 1 分钟。

三、患有冠心病的老年人运动的注意事项

患有冠心病的老年人进行抗阻性运动训练前应当进行至少 2 周的有氧锻炼。冠状动脉搭桥手术后的患者，在 2～3 个月内应当避免运动。在做抗阻性运动训练时要学会有规律的呼吸，不要憋气。

第 2 节　对患有高血压的老年人的体育活动指导

血压是指动脉内的压力，左心室收缩期产生收缩压，舒张期产生舒张压。收缩压通常低于 120 毫米汞柱，舒张压通常低于 80 毫米汞柱。过高的血压（收缩压≥140 毫米汞柱和/或舒张压≥90 毫米汞柱）被称为高血压。高血压是慢性肾脏疾病、心脏衰竭、心血管疾病（如心脏病和脑卒中）和过早死亡的主要危险因素。高血压可能不会引起任何症状，因此被称为“沉默的杀手”。对高血压患者，医生会通过建议改变生活方式（如改变饮食结构和增加体育锻炼），或者用开处方药物的方式来减少高血压病发生的风险。

一、运动对患有高血压的老年人的好处

研究表明，如果收缩压降低 5 毫米汞柱，脑卒中的死亡率降低 14%，冠心病的死亡率降低 9%。有规律的有氧运动能够有效地预防心血管疾病（包括高血压）。一般来说，运动可以降低血压 6～7 毫米汞柱。因此，有规律的体育锻炼对预防和治疗高血压是非常重要的。

无论是健康人群还是患有高血压的人群，有规律的体力活动都是首要推荐的降低血压和改善心血管健康的方式。无论是否使用降压药物，运动通常是安全有益的。但是，锻炼时如果出现胸部不适，心律不齐或者异常呼吸困难，则表明可能存在潜在的心脏疾病，应当做进

一步检查。如果安静时的收缩压＞180 毫米汞柱，或者舒张压＞110 毫米汞柱，则应当推迟锻炼计划并寻求医疗帮助。

二、对患有高血压的老年人的运动推荐

“最佳”的控制血压的运动量和运动类型尚不很清楚。研究表明：有规律的有氧耐力运动可以降低安静时、适量运动时以及日常活动时的血压。此外，有氧耐力运动还可以预防高血压的发生。

抗阻性运动训练也能够对血压调节产生较小的作用。建议进行抗阻性运动训练时应当采用由慢到中等速度、全方位、不憋气的运动方式。

患有高血压的老年人可采用下列运动推荐。

1. 运动频率：每周多次，最好是每天进行运动。

2. 运动强度：中等强度（40％～60％的最大心率强度）。

3. 运动时间：每天不少于 30 分钟的连续或累计的体力活动。

4. 运动类型：以耐力运动为主，用抗阻练习作为补充。

三、患有高血压的老年人运动的注意事项

锻炼计划应当采用最小的风险获得身体机能最大的提升，并且应当积极与医生沟通，掌握自己的健康状况。

1. 在锻炼前测量血压，如果收缩压＞180 毫米汞柱，舒张压＞110 毫米汞柱，就不要进行锻炼。

2. 运动结束前，应当缓慢递减负荷，直至心率逐渐恢复。

3. 在力量练习时不要憋气，因为憋气会使血管压力增大，并且导致心律异常。

4. 如果身体状况比较差，开始锻炼的时间要控制在每次进行 10～15 分钟，然后在接下来的 2～4 周中不断延长锻炼时间（每次增加 5 分钟为宜），最终的目标为每周锻炼 5 次，每次进行 30 分钟。

第 3 节　对患有慢性心力衰竭的老年人的体育活动指导

慢性心力衰竭是一种危及生命的疾病，心脏射出的血液不能有效地供给肺部和身体的其

他部位。慢性心力衰竭患者往往伴有呼吸困难，并且容易疲劳，特别是在运动时。严重的慢性心力衰竭患者可能导致肺部液体滞留，引起急性肺水肿，常伴有严重的呼吸困难、泡沫样痰和咳嗽，需要紧急医疗救助。液体也可能滞留在体内其他部位导致周围水肿（如脚踝肿胀）和静脉（如颈静脉）阻塞。慢性心力衰竭的诱发因素有很多，最常见的是心肌梗死、高血压和糖尿病。

一、运动对患有慢性心力衰竭的老年人的好处

1. 增加心血管功能（最大摄氧量），改善临床症状。
2. 增加肌肉力量和耐力。
3. 提高身体功能和日常生活能力。
4. 提高生活质量并减少抑郁症和焦虑。
5. 通过降低血液胆固醇和其他脂肪水平、血糖和血压，降低心血管发病风险。
6. 减轻心衰发生和加重的症状。
7. 减缓疾病发展的进程，减少患者住院的次数和心力衰竭的死亡率。

二、对患有慢性心力衰竭的老年人的运动推荐

患有慢性心力衰竭的老年人没有特别规定多少运动量为“适量”。锻炼应当依照患者的病情、服药状况、运动能力和锻炼目标进行调整。

一般来说，有氧耐力运动最好坚持每天进行，锻炼时间为20～60分钟，强度依照个体情况而定。可以集中一个时间段锻炼，也可以分成几个时间段。抗阻性运动训练应当每周进行2～3天，采用8～10个不同的练习方式来锻炼主要的大肌群。进行2～3组，每组8～12次，负重的要求为中等到高强度（如1 RM的50%～80%）。

另一种体力活动方式就是积极参与日常活动，例如，能够增加力量、耐力、灵活性和平衡的活动（如修剪花草、做些轻微的家务、步行到商店购物）。

三、患有慢性心力衰竭的老年人运动的注意事项

慢性心力衰竭是一种很严重的疾病，在设计运动方案时需要考虑许多因素。

1. 患有慢性心力衰竭的老年人开始锻炼前必须处于病情稳定期。

2. 一般来说，慢性心力衰竭患者上午时精力比较充沛，特别是10：00左右，这时比较适合进行体育活动。

3. 锻炼应当愉快地长期持续下去，并包括一些日常活动，如步行去商店和遛狗。

4. 在开始锻炼之前，应当进行一系列测试来确保锻炼的安全和有效，并且确定适宜的

运动量和强度。测试内容应当包括有氧能力（最大摄氧量）、心率、血氧含量（血氧饱和度）、血压、肌肉力量和耐力，以及身体其他功能评估。

5. 锻炼计划应当包括针对心肺功能的有氧练习和抗阻练习。

6. 低血压是慢性心力衰竭患者常伴有的问题，特别是在运动时和运动后的恢复过程中。在运动前和运动后都需要密切关注血压和其他一些生命体征。低血压可以引起头晕、晕厥、出汗、焦虑、痛苦和心律失常。患者应当学会识别与运动相关的不良症状和体征，及时报告给医生。

7. 患有慢性心力衰竭的糖尿病患者应当自觉监控运动前、后的血糖水平。

第 4 节　对患有脑卒中的老年人的体育活动指导

脑卒中（俗称中风）是一种脑组织血液供应突然中断造成的疾病。引起脑卒中的主要原因有两个。最常见的是血液循环中的血栓堵塞脑动脉，阻断了脑组织的血液供应而影响氧和营养物质向脑组织的运输（缺血性脑卒中）。缺血性脑卒中占脑卒中比例的 80%。脑血管破裂引起局部出血是脑卒中的另一个重要原因（出血性脑卒中）。局部出血可以引起脑组织暂时性或永久性损伤。脑卒中的症状包括软弱无力，一侧的面部、手臂或腿的麻痹或瘫痪，语言或理解能力障碍，视觉障碍（单眼或双眼视觉模糊或视力降低），吞咽困难，失去平衡，疲劳，心血管功能降低，思考和记忆困难。

上述症状可以单独或同时发生，并可能持续数小时、数天、数月或甚至数年。如果症状在 24 小时内消失，通常被称为短暂性缺血发作。短暂性缺血发作不能被忽视。及时查明短暂性缺血的原因可以预防脑卒中。脑卒中恢复的程度和速度因人而异，部分脑卒中患者的恢复可能需要很多年。

一、运动对患有脑卒中的老年人的好处

运动有助于预防脑卒中。一旦遭受脑卒中，有规律的体育锻炼和体力活动还能帮助减少再次脑卒中的风险并促进脑卒中后的恢复、控制脑卒中的症状。运动对患有脑卒中的老年人的好处包括：

1. 提高力量和耐力。

2. 提高行走能力，以及应对处理日常生活的能力。

3. 提高平衡和协调性。

4. 提高柔韧性。

5. 改善情绪。

6. 消除焦虑、抑郁等不良情绪。

7. 提高警觉和思考能力。

二、对患有脑卒中的老年人的运动推荐

1. 心血管功能和耐力训练

（1）可以在家里、社区等多种场合进行，最好能结伴进行。

（2）功率自行车、使用腿部或手臂做功仪、走台阶以及座椅运动都能增强体质健康。

（3）功能训练（如行走训练）也可以提高耐力，可以选择在跑步机上进行。

（4）平衡能力差的脑卒中后的老年人，在具有体重支持装置的跑步机上行走能有助于提高行走耐力和速度。

（5）采取适当的辅助设施帮助患有脑卒中的老年人增加日常体力活动有利于减少其静坐少动的时间。

2. 力量训练

（1）可以在家里、社区中心、康复中心和健身房中进行。

（2）可以采用徒手、负重、部分负重、器械负重、阻力带、弹簧圈或滑轮等方式进行上肢、下肢和躯干的力量训练。

（3）宜选择大负荷、低重复次数的训练手段，循序渐进地进行训练。

（4）最好每周训练 2～3 天。

3. 平衡训练

（1）提高行走、绕圈、通过障碍物、爬楼梯和走斜坡速度的功能训练能提高患有脑卒中的老年人的平衡能力。

（2）太极拳练习能够提高平衡和协调能力并有助于减少跌倒的发生。

4. 针对性训练

时间短、比较剧烈和较高频率的运动训练可能特别适合于具有严重残疾和容易疲劳的患有脑卒中的老年人。长期坚持的累积效应会产生积极的作用。

三、患有脑卒中的老年人运动的注意事项

对患有脑卒中的老年人来说，最佳的运动和体力活动依赖于症状的程度、脑卒中前的身体状况或脑卒中后身体的变化（如心脏问题和糖尿病）、运动的偏好以及外出的能力。要避免长时间不活动（坐/躺）的行为是非常重要的。

疲劳通常是限制患有脑卒中的老年人坚持体育锻炼的主要因素。基于运动对脑卒中恢复的有益作用，即使是对容易疲劳的人，也需要鼓励他们坚持进行有规律的体育锻炼。

在开始进行心血管锻炼计划前，需要进行医学检查，对健康状况进行全面评估，制订安全有效的运动计划。

第 5 节　对患有哮喘的老年人的体育活动指导

哮喘是由多种细胞和细胞组分参与的气道慢性炎症性疾病。慢性炎症反应导致气道反应性增高，可以出现广泛多变的可逆性气流受阻，并引起反复发作的喘息、气急、胸闷、咳嗽等症状，常在夜间和（或）凌晨发作，多数患者可自行缓解或者经过治疗缓解。轻度的哮喘仅表现为偶发的呼吸不适，严重的哮喘可以表现为威胁生命的气道阻塞。

哮喘引起的气道变化主要有 3 个特点。①水肿：气道黏膜充血肿胀。②渗出：气道内炎性分泌物增多，产生黏液、痰液，显微镜下可见多种炎性细胞浸润。③狭窄：支气管平滑肌痉挛。

哮喘的发病机制目前尚不清楚。研究显示，哮喘的发病不仅与遗传（家族史）有关，而且与环境因素有关。致敏原引起过敏反应、环境污染以及肥胖等多因素综合作用，构成哮喘发病的致病因素。

一、运动对患有哮喘的老年人的好处

患有哮喘的老年人应当适当限制活动和体育运动，以免加重其呼吸道症状。但是，哮喘的有效控制不应当以限制或制约患者参加体育活动为基础。从某些方面来看，适当的体育锻炼对哮喘患者是有好处的。首先，规律的体育锻炼能够提高机体的有氧运动能力。哮喘患者有氧运动能力的提高，给定运动负荷所需要的氧气量就减少，将降低运动诱发风险的可能性。其次，运动有利于对哮喘症状的控制，能够减少哮喘患者对治疗药物的需求量。

二、对患有哮喘的老年人的运动推荐

患有哮喘的老年人可以参加多种形式的体育锻炼，游泳是最好的运动形式之一，因为游泳不仅能够有效避免运动诱发哮喘，还有利于发展良好的呼吸技术，提高患者的肺功能。

身体机能较差的患有哮喘的老年人可以从“耐力走”开始进行锻炼，每周进行 3～5 次，每次持续 20～60 分钟。有氧训练不仅可以逐步提高身体机能以适应更高强度的体育锻炼，

而且可以避免运动诱发哮喘。低强度的有氧训练，每周进行 5 次以上，每次至少持续 30 分钟。高强度的有氧训练，每周进行 3 次以上，每次至少持续 20 分钟。

患有哮喘的老年人还可以选择力量训练、柔韧训练（如瑜伽），以及低强度有氧训练。力量训练的强度为 70% 1 RM，每周进行 2 次以上的训练，每次进行 2～3 组，每组为 8～12 次。

三、患有哮喘的老年人运动的注意事项

科学合理地预防和治疗运动诱发哮喘是患有哮喘的老年人参加体育锻炼的重要环节。通过运动前服用药物的方法，能够有效预防哮喘患者运动过程中哮喘的发作，增加其参加体育锻炼的安全性。哮喘患者在进行体育锻炼时，必须严格遵循“热身—有氧/力量运动—放松”的锻炼原则。其中有氧运动必须从低强度开始，并随着机能状态的改善逐步提高运动强度。

第 6 节　对患有慢性阻塞性肺病的老年人的体育活动指导

慢性阻塞性肺病是一种具有气流阻塞特征的慢性支气管炎和（或）肺气肿，可以进一步发展为肺心病和呼吸衰竭的常见慢性疾病。慢性阻塞性肺病与有害气体和有害颗粒的异常炎症反应有关，致残率和病死率很高。慢性阻塞性肺病是一种慢性渐进性疾病，以气流受限为特点，包括肺气肿、慢性支气管炎以及慢性哮喘等症状。

吸烟是慢性阻塞性肺病重要的致病因素之一，遗传、职业粉尘、有害颗粒吸入、环境污染、氧化应激以及年龄同样构成慢性阻塞性肺病的危险因素。慢性阻塞性肺病的主要症状包括慢性咳嗽、咳痰、气短或呼吸困难、喘息和胸闷。长期吸烟者多表现为持续性咳嗽，晨起加重且伴有黏液样痰。渐进性病情常表现为疲劳、食欲不振、运动能力下降、体重下降以及生活质量下降。

一、运动对患有慢性阻塞性肺病的老年人的好处

除了会感觉呼吸急促、运动能力下降之外，患有慢性阻塞性肺病的老年人是有能力进行体育锻炼的。需要注意的是，必须根据每个人的具体情况（病情严重程度、症状表现、运动能力）来调节和控制运动强度和持续时间。任何水平的体育锻炼，均有利于改善患者的氧摄取与供应、提高患者的运动能力、改善患者的症状，从而提高患者的生活质量。

体育锻炼能够提高患有慢性阻塞性肺病的老年人的心血管功能和心肺耐力、能量代谢水平、身体抵抗力、骨骼肌的力量和耐力、骨密度，改善睡眠质量，增强自信心和自尊心，提高认知能力。

体育锻炼能够减少患有慢性阻塞性肺病的老年人的呼吸困难症状、同一负荷下的呼吸需求、肺泡充气过度，降低血压、心脏疾病的患病风险，减少药物副作用，减轻焦虑和抑郁。

二、对患有慢性阻塞性肺病的老年人的运动推荐

步行是患有慢性阻塞性肺病的老年人最理想的有氧训练模式，因为步行不仅对场地、器械没有特殊要求，而且是维持日常生活机体机能状态的必要措施。最佳的锻炼方式是随着能力的提高逐步提高训练持续时间而不是训练强度。力量训练的目标是逐步提高最大重复次数，而不是增加负荷。

1. 有氧运动

可以参加步行、骑自行车、游泳等活动，运动强度为最大强度的 40%～80%。每周锻炼 3～5 天，每天进行 1～2 次，每次持续进行 30 分钟，也可以根据临床症状将锻炼时间拆分为几次较短的时间。

2. 力量训练

可以进行举重、阻力带练习、负重训练等活动，运动强度为最大强度的 60%～80%。每周锻炼 2～3 天，每组完成 8～12 次练习，随着力量的提高而增加组数，并根据运动强度和症状确定，达到每天完成 8～10 组或持续进行 30～40 分钟。

3. 呼吸肌锻炼

缩唇呼吸：以鼻吸气之后，将嘴唇缩成口哨状缓慢呼气，呼气速度要慢。一般吸气为 2 秒，呼气为 4 秒或更长时间。每次训练 5～10 分钟，每天进行 3 次。

4. 柔韧训练

可以进行瑜伽、太极拳、拉伸练习等活动，运动强度为低至中等强度，每周至少锻炼 3 次，安排在有氧训练或力量训练之后进行，每一个技术动作持续至少 30 秒。

5. 神经肌肉练习

可以进行瑜伽、太极拳、呼吸肌力练习等活动，运动强度为低至中等强度，可结合其他锻炼方式，在可接受的时间范围内进行。

三、患有慢性阻塞性肺病的老年人运动的注意事项

患有慢性阻塞性肺病的老年人开始参加体育活动前，必须要进行运动负荷试验。运动负荷试验有助于确定患者运动受限的主要原因，是由于呼吸功能、心脏功能还是其他因素造成

的。6分钟走试验和穿梭试验是有效可靠的临床试验，不仅能够准确预测运动引起的氧合血红蛋白去饱和的发生，而且还能够有效反映规律锻炼引起的功能能力改变。

长期规律的训练计划对患有慢性阻塞性肺病的老年人肺功能的有效康复，不仅体现在疾病本身临床表现的改善，更加体现在患者临床症状的控制和生活质量的提高。慢性阻塞性肺病的复发率较高，根据自身特点制订具有个体特征的训练计划非常重要。患有慢性阻塞性肺病的老年人在进行体育锻炼时，有必要依据自身特点对运动强度、持续时间、训练频度以及运动类型进行合理安排和科学组合，以避免发生进一步感染和加重疾病。

第7节　对患有糖尿病的老年人的体育活动指导

糖尿病是以高血糖为特征的代谢性疾病。长期的糖尿病可能引起心血管并发症，肾脏血管受损导致肾脏疾病和衰竭（糖尿病肾病），视网膜内的小血管及神经受损导致视力出现问题甚至失明（糖尿病视网膜病变），疼痛感改变，肌肉不受控制和平衡感失调，大血管损伤会增加心脏病的风险。糖尿病可分为Ⅰ型糖尿病和Ⅱ型糖尿病。

Ⅰ型糖尿病是一种自身免疫性疾病。胰腺内产生胰岛素的β—细胞被人体自身的免疫系统破坏，导致体内胰岛素缺乏。胰岛素是一种激素，可以降低血糖。没有胰岛素，体内血糖水平便会升高。Ⅰ型糖尿病通常会在家族中呈现类似情况（遗传基因导致的）。因此，大多数Ⅰ型糖尿病患者在早期就能被诊断出来。然而，这种疾病的机理在很大程度上仍是未知的，主要通过接受胰岛素注射进行治疗。

Ⅱ型糖尿病是一种慢性疾病，不是因为胰岛素产生不足，而是因为存在不同程度的胰岛素抵抗而导致高血糖症。Ⅱ型糖尿病发病的主要因素包括肥胖、高热量饮食、高血糖指数饮食、体力活动不足和增龄。Ⅱ型糖尿病患者的糖耐量降低和空腹血糖异常的风险大大增加。Ⅱ型糖尿病占糖尿病患者90%以上。

一、运动对患有糖尿病的老年人的好处

增加体力活动可以使风险人群（容易患糖尿病）Ⅱ型糖尿病的发病率减少近60%。运动可以预防和延缓糖尿病的发生、改善血糖、减少身体脂肪的比例、减少心脏病的风险，并提高糖尿病患者的心肺功能。有规律的锻炼对两种糖尿病患者都是非常有益的。运动对患有糖尿病的老年人的好处包括：

1. 改善胰岛素在身体内的工作状况（如增加胰岛素敏感性和降低胰岛素抵抗）。

2. 减少所需的胰岛素治疗剂量。

3. 改善心血管健康和适应能力。

4. 降低心血管疾病的风险因素。

5. 降低糖尿病并发症的风险。

6. 提高生活质量。

7. 减轻抑郁症的症状。

二、对患有糖尿病的老年人的运动推荐

患有糖尿病的老年人增加体力活动的好处远远大于风险，如果患者无法完全实现锻炼计划，适当的运动对身体仍然是有益的，无论锻炼如何进行，都将增加患者的整体健康和生活质量。

1. 对患有Ⅰ型糖尿病的老年人的运动推荐

无并发症的Ⅰ型糖尿病患者可以参加大多数类型的运动和体力活动，包括各种强度的休闲活动、娱乐性体育运动和竞技体育运动。

患有Ⅰ型糖尿病的老年人可以进行抗阻性运动训练（如负重练习）和有氧耐力运动（如步行、跑步或骑自行车）。有氧耐力运动能够增加心肺功能，最好每天坚持进行锻炼，以中等至高强度的 20～60 分钟的运动为宜。也可以将运动时间分隔在一天中的不同阶段（如早晨、下午、晚上各锻炼 10～20 分钟）。抗阻性运动训练应当每周进行 2～3 次，采用 8～10 个不同练习方式的主要肌群参与的运动。做 2～3 组，每组 8～12 次，负重的要求为中等至高强度（如 1 RM 的 50%～80%）。

2. 对患有Ⅱ型糖尿病的老年人的运动推荐

患有Ⅱ型糖尿病的老年人的运动应当包括有氧练习和抗阻练习的结合，这对Ⅱ型糖尿病患者控制血糖水平更加有益。有氧运动（如步行、跑步）能增加心肺功能。可以进行中等强度的有氧运动，每周至少运动 3 天，累计运动时间为 210 分钟，休息间隔不要超过 2 天；也可以进行大强度的有氧运动，每周至少运动 3 天，累计运动时间为 125 分钟，休息间隔不要超过 2 天。抗阻性运动训练（如负重练习）可以保持和增加肌肉和骨骼的力量。可以进行中等至高强度的抗阻性运动训练，每周进行 2 次以上的运动，累计时间为 60 分钟，每次完成 2～4 组，每组重复做 8～10 次。

三、患有糖尿病的老年人运动的注意事项

1. 患有Ⅰ型糖尿病的老年人运动注意事项

需要注意的是，当进行体育锻炼时，患者的胰岛素需求可能会发生改变，主要取决于锻

炼的时间、运动持续的时间、运动强度、饮食和胰岛素注射等情况。患者需要与医生、运动营养师或运动生理学家讨论这个问题。

2. 患有Ⅱ型糖尿病的老年人运动注意事项

在开始锻炼前需要牢记以下几个问题。

（1）低血糖

Ⅱ型糖尿病患者很少发生低血糖，发生低血糖可能与药物有关。必要时，运动开始前可以与医生讨论药物并监测血糖水平。如果Ⅱ型糖尿病患者出现血糖不稳定的情况，运动需要临时进行调整。

（2）心脏疾病的风险（如心脏病发作）

通常，不运动的风险比运动的风险要大。但是，老年糖尿病患者和已经确诊的心血管疾病患者，应当在开始锻炼前咨询相关医生。

（3）周围神经病变

这种情况与Ⅱ型糖尿病相关，主要表现为手、脚的感觉异常。有周围神经病变的Ⅱ型糖尿病患者需要穿着舒适的鞋袜，避免鞋袜磨破脚底皮肤，还要经常检查脚有无异常（皮肤破损、浮肿），进行低强度锻炼。同样，这也是对所有Ⅱ型糖尿病患者的建议。

（4）高血压

尽管运动可以使Ⅱ型糖尿病患者降低血压，但血压控制不佳的患者应当避免剧烈运动，尤其是高强度的抗阻练习。

（5）肥胖

对于肥胖的Ⅱ型糖尿病患者，运动能减轻体重，减少关节疼痛和不适感，应鼓励他们坚持进行锻炼。

第 8 节　对血脂异常的老年人的体育活动指导

血脂异常是指血脂水平或脂蛋白（脂肪运输的载体）的异常。最常见的血脂异常是血胆固醇和甘油三酯水平升高（高脂血症）、LDL（“坏”胆固醇）升高和 HDL（“好”胆固醇）降低。血脂检测能够反映是否存在血脂异常。血脂异常是造成血管损坏的重要危险因素，过高的甘油三酯和低水平的 HDL 也会引起心脏问题。因此，控制血脂异常非常重要，否则会增加心血管疾病的发生风险。

一、运动对血脂异常的老年人的好处

控制血脂异常的目的是减少心血管疾病发生的风险（如心脏病）。血脂异常患者在未来5～10 年有可能发生心血管疾病，这就是潜在的心血管风险。降低甘油三酯和 LDL 水平，或提高 HDL 水平都能减少这种风险。

控制心血管疾病应当以改变生活方式为主，包括有规律的锻炼、改善饮食、最好能够降体重（特别是身体脂肪）。运动是一种低成本的被证明有利于调节脂质和脂蛋白水平的手段。此外，有规律的锻炼和健身活动能够降低肥胖、高血压导致心脏病的风险。体育健身和有规律的运动能够大大减少潜在的心血管风险和死亡率。肥胖的人往往伴有血脂异常，运动在改善 LDL 和总胆固醇水平的同时，体重都会下降，因此，需要减肥的人最好是通过结合科学饮食和有规律的锻炼来达到目的。

二、对血脂异常的老年人的运动推荐

血脂异常的老年人最好每天进行 30 分钟以上的有氧耐力运动，改善血脂水平和降低心血管疾病的风险。练习可以在每天分成几个阶段，每个阶段可以安排 10 分钟。有氧耐力运动应当采用大肌群参与的运动方式，例如，快走、慢跑、骑自行车、游泳、跳舞，滑雪、球类游戏或其他体育活动。有规律的有氧运动可以使 HDL 增加 3%～10%，使甘油三酯降低约 11%。与低强度运动相比，大强度的有氧运动能够更好地提高 HDL 水平。

高强度抗阻性运动训练（如负重练习）仅能提高 HDL 水平。采用 8～10 种不同的运动方式，完成 2～3 组，在每个负荷上可以重复 8～15 次，每周至少锻炼 2 次。力量练习前先要进行 5～10 分钟的有氧练习热身。练习时应当注意动作的规范，以防止损伤发生。

三、血脂异常的老年人运动的注意事项

大强度有氧耐力运动或者抗阻性运动训练并不适合所有血脂异常患者。下列人士在制订锻炼计划时应当征求医生或者专业人士的意见与指导。

1. 已知或疑似心血管疾病、代谢综合征和糖尿病患者。

2. 有心脏病家族史的人。

3. 高血压患者。

4. 吸烟者。

5. 45 岁以上的男性或 55 岁以上的女性。

6. 从来没有进行过有规律锻炼的人。

单纯提供建议和治疗信息给患者，很难改变患者长期形成的生活方式。因此，应当提高方案的执行力，包括个性化目标、自我监控、定期重新评估和定期复查。

第9节　对患有代谢综合征的老年人的体育活动指导

代谢综合征是与代谢异常相关的疾病，主要症状包括：血糖升高（≥5.6毫摩尔/升）、血压升高（≥130/85毫米汞柱）、血脂异常（甘油三酯≥1.7毫摩尔/升）和中心性肥胖。中心性肥胖体现在增加了腹部器官脂肪（内脏脂肪）堆积，可以通过测量腰围进行简单的诊断（成年人腰围正常值：男性<90厘米，女性<80厘米）。如果出现了上述4个问题中的3个以上问题，就可以被诊断为代谢综合征。

一、运动对患有代谢综合征的老年人的好处

代谢综合征大大增加了Ⅱ型糖尿病和心血管疾病的发病风险。代谢综合征通常可以随着生活方式的改变而得到明显改善。减肥和运动的结合可以获得最好的效果。血糖、血脂和血压都可以得到改善，发展为Ⅱ型糖尿病的风险也会降低29%～68%。

尽管减肥对代谢综合征的控制起到非常重要的作用，而它并不是进行有规律锻炼的主要原因。即使锻炼没有使体重减轻，经常锻炼本身也提高了葡萄糖利用率和HDL水平，可以减少Ⅱ型糖尿病的风险。

运动可以减少中心性肥胖，包括内脏脂肪水平，同时伴有体重减轻或者体重无变化。这一点很重要，因为很多减肥疗法通常是激进的，而不是可持续的。因此，患有代谢综合征的老年人应当更专注于“健康”而不是“肥胖”。

二、对患有代谢综合征的老年人的运动推荐

患有代谢综合征的老年人锻炼计划的制订应当采取递增负荷的方式，开始缓慢随后逐步增大运动强度。一般建议每天至少进行30分钟的有氧运动，每周即使不是每天也应当多次参进行，因为运动改善血糖水平和胰岛素的效果可能会在锻炼后24～48小时消失。选择大肌群参与的有氧耐力运动（如快走、慢跑、骑自行车、游泳、跳舞，滑雪、球类运动或其他体育活动）是合适和有效的。尽管有研究显示大强度、少频率的运动（每周2.5小时以上）更有效，但是对于肥胖人群，为了减轻体重，每周运动应当达到4小时以上。对于超重和肥胖的人来说，运动可以：

1. 减少腰围2～5厘米。

2. 降低血压大约 5.5 毫米汞柱。

3. 改善血糖水平的控制。

4. 降低血脂 0.2～0.3 毫摩尔/升。

5. 增加 HDL 0.02～0.13 毫摩尔/升。

抗阻性运动训练（如负重练习）也可以使代谢综合征患者受益。这种类型的运动可能不会减少中心性肥胖；但是，有氧耐力运动和抗阻性运动训练结合可以降低Ⅱ型糖尿病的发病风险。因此，应当使用抗阻性运动训练作为补充，而不是取代有氧耐力运动训练。

中等强度的有氧耐力运动可能是最好的整体改善代谢综合征的方法，可能比剧烈运动坚持更长的时间。在锻炼开始前做 5～10 分钟的热身（低强度有氧运动）。至少每周进行 2 次抗阻性运动训练可以提高胰岛素的功能、降低胆固醇和血压。每次进行 2～3 组，每组完成 8～10 个不同动作的练习，每个动作能够重复 12～15 次。

三、患有代谢综合征的老年人运动的注意事项

有些人可能难以采用或坚持推荐的强度锻炼。即使运动强度低于推荐强度，身体也能发生好的变化。应当鼓励患者保持可持续的良好生活方式和进行一些有规律的体育活动，建立可实现的目标，制定有规律的体育锻炼习惯，而不是追求不可持续的过高目标。

第 10 节　对患有骨质疏松症的老年人的体育活动指导

骨质疏松症是由于骨组织丢失变薄，使骨更容易断裂的一种骨病。骨质疏松症可以发生在身体的各个部位，其中脊柱、臀部和手腕最容易因为骨质疏松而导致骨折。在 60 岁以上的老人中，接近 2/3 的女性和 1/6 的男性患有骨质疏松症。

遗传和随着年龄增长骨质的丢失是骨质疏松症的主要原因。骨质丢失一般开始于 30～40 岁。更年期的女性由于雌激素水平下降导致了骨质丢失的速度加快。外伤固定、某些疾病或者药物治疗（如糖皮质激素）会增加骨质丢失。生活方式不健康（如不活动）以及没有摄入充足的钙和维生素 D 的人也容易患骨质疏松症。随着年龄的增加，肌肉力量和平衡能力的下降使发生跌倒的风险增加。许多骨质疏松性骨折，超过 90%的髋部骨折，都是由于跌倒造成的。

一、运动对患有骨质疏松症的老年人的好处

当骨骼承载的负荷比平时有所增大（如日常活动增多或者参加锻炼）时，承载负荷的骨与平时相比会有轻微变形。这种轻微变形会对骨产生一系列的适应性反应，一旦骨适应了这种变化，它就不再改变。不同类型的负荷需要确保运动对骨持续地产生积极的刺激。在儿童期，运动能够加快骨的生长。运动对健康成年人的作用主要是减少与年龄相关的骨质丢失，而不是大量的新骨生长。

1. 不爱活动的人的骨量比较低，增加有规律的锻炼可以改善骨的状况。
2. 对于爱活动的人，锻炼有助于防止与年龄相关的骨丢失。
3. 运动可以改善骨骼的形状和质量，使骨更加坚韧。
4. 运动增强肌肉力量，提高平衡能力，减少跌倒的风险。

二、对患有骨质疏松症的老年人的运动推荐

1. 负重练习

正常或轻度骨量减少的老年人，需要在生活中参与各种各样强度的锻炼来预防骨质疏松症。骨量较低的老年人由于外伤骨折的风险增加，应当进行强度较小的活动，如太极拳（剑）、爬楼梯等低至中等强度的有氧运动。虽然不太可能直接增强骨骼，但是这些练习能提高下肢肌肉功能和平衡能力，防止跌倒造成的骨折。

2. 抗阻性运动训练

高负荷（80% 1 RM）的抗阻性运动训练有利于正常骨量的老年人，但是不建议患有骨质疏松症的老年人参与。对于患有骨质疏松症的老年人，中等负荷（重量）的抗阻性运动训练（如可以举起 10 次左右还没有疲劳的强度）可以提高肌肉功能。尽管举重物过头顶和负重向前弯曲（如仰卧起坐、摸脚趾、体前屈）等练习对于加强背部肌肉有益，但是不推荐患有骨质疏松症的老年人参与。直立的大负荷骑行有利于下肢，但是不要深度前弯去握非常低的车把。

3. 平衡训练

平衡活动包括一条腿站立，脚跟到脚尖沿着直线走，向一侧迈过障碍物，用脚尖走路等。

三、患有骨质疏松症的老年人运动的注意事项

1. 应当尽量减少久坐和长时间躺着的时间。
2. 对任何新的运动项目的尝试要谨慎，采用循序渐进的方法。

3. 有明显转体动作（如高尔夫球）或者突然的发力动作（如壁球）的运动，可能导致脆弱的骨骼骨折，不宜参加。

4. 不宜进行大强度的运动，特别是有关节疼痛的老年人，应当逐渐增大负荷强度。

5. 通过运动增加的骨质，如果停止锻炼将会丢失，所以锻炼要持之以恒。

6. 如果在运动后经常出现疼痛超过一般情况的肌肉酸痛，应当咨询医生和理疗师。

第 11 节　对患有骨关节炎的老年人的体育活动指导

骨关节炎是一种常见的关节慢性疾病，主要发生于老年人，但是年轻人关节损伤后也会出现。正常的关节，关节软骨覆盖于关节表面，帮助吸收震荡和分泌滑液。患有骨关节炎的人，关节软骨磨损严重甚至消失，两块相邻的骨互相摩擦，刺激血管神经，造成疼痛。额外的新骨也可能在关节面周围形成，会导致疼痛和关节活动度受限。最常见骨关节炎的关节主要是臀部、膝盖、脚趾、脊椎和手部。

一、运动对患有骨关节炎的老年人的好处

所有临床指南都建议用运动疗法控制骨关节炎。运动对于各种程度的骨关节炎患者都有好处，包括严重疼痛或 X 光片中呈现严重病变的人。运动与服用止疼药和抗炎药物一样，都能有效缓解疼痛症状。但是，运动更加安全，且无副作用。运动可以帮助：

1. 减轻疼痛。
2. 强化肌力。
3. 增大关节活动度。
4. 改善平衡。
5. 防止身体功能退化（衰老和肌肉萎缩）。
6. 改善身体机能。
7. 促进健康。

二、对患有骨关节炎的老年人的运动推荐

许多类型的运动对患有骨关节炎的老年人都是有益的。运动的选择应当考虑年龄、身体机能、其他健康状况和个人偏好。选择一种喜欢的运动，可以很容易地融入老年人的日常生

活。力量（抗阻）训练和有氧运动是主要推荐的运动形式。

1. 力量训练

力量训练可以在家里或在健身房进行。大腿、臀部和小腿肌肉在日常生活发挥很重要的功能。患有骨关节炎的老年人需要加强这些部位的肌肉锻炼。抗阻性运动训练可以采用负重、器械或者克服自身重量的练习。

2. 有氧运动

有氧运动可以独自或者与同伴一起进行。活动方式可以采用步行、骑自行车、蹬骑健身器械等。高强度的运动项目（如跑步）会对关节产生过高的负荷，应当避免。

3. 水中运动

水中运动可以独自完成或者参加相关的培训课程。水中运动特别适合肥胖或骨关节炎较重的老年人进行。水的浮力减小了由于体重带来的关节负荷，能够有效减轻疼痛。先由水上练习逐步过渡到陆上练习，这种方式也是非常可取的。

4. 其他运动

其他类型的锻炼有太极拳（剑）、平衡练习和拉伸练习等，目的是改善关节运动的活动度和灵活性。

三、患有骨关节炎的老年人运动的注意事项

在开始锻炼前，建议患者进行全面的体检，对骨关节炎的严重程度进行评估，选取适当的方式运动以防止锻炼使关节炎更加严重。

1. 每周锻炼 4～5 次，每次至少 30 分钟。

2. 在运动时关节可能会有一些不适，这是正常的，并不表明骨关节炎的恶化。然而，在运动中或者运动后，关节出现严重疼痛或肿胀，表明需要修改锻炼计划，要寻求医生和理疗师的帮助。

3. 锻炼要循序渐进。

4. 坚持有规律地进行运动，将会获得最大的收益。

5. 如果停止锻炼，由运动带来的好处将会逐渐消失，建议采用以下方法帮助坚持下去：写日记、建立可实现的目标、与他人共同锻炼、定期修改锻炼计划。

6. 由专业人员进行指导会事半功倍。

7. 可以选择在家里、健身房或者参加一个健身团体。

8. 如果超重，通过控制患者的饮食使体重下降，配合运动会得到更好的效果。

第 12 节　对患有慢性疼痛的老年人的体育活动指导

慢性疼痛是指超过预期的恢复时间而仍然存在的疼痛，常见的慢性疼痛包括脊柱痛、手术后疼痛、神经性疼痛、肩痛和膝痛等。目前，治疗慢性疼痛存在的一个问题是临床医师往往把慢性疼痛等同于急性疼痛，将疼痛视为损伤严重性的可靠指标，即损伤越严重则疼痛越剧烈。但是，与急性疼痛截然不同，在慢性疼痛时，疼痛与损伤之间并无直接关系。在这种情况下，除了关节、肌腱、韧带和组织损伤之外的其他因素与慢性疼痛的程度之间的关系变得非常重要。这些“非组织相关因素”包括思想与信仰，焦虑和抑郁情绪，过去的疼痛经历，回避活动和害怕疼痛，被动的应对策略（如药物依赖），与医生、家庭成员和同事的沟通等。疼痛持续时间越长，“非组织相关因素”对病情的发展影响越大。某些慢性疼痛（如脊柱痛、纤维肌痛和慢性局部疼痛综合征）并没有明确的病因，但是可以产生严重的疼痛症状。最典型的无损伤疼痛的例子是幻肢痛（指截肢后患者感到被切断的肢体仍在，且在该处发生疼痛），可在截肢后持续数年时间。医生经常很难了解多少疼痛是由组织损伤（如椎间盘损伤、关节老化退变等）引起的，多少疼痛是由其他因素（如焦虑、抑郁、中枢神经系统敏感性增加、灾难性思维等）引起的。

一些医生和患者在治疗慢性疼痛时，非常专注于发现和解决组织或结构出现的问题。但是，这种途径经常是失败的，因为没有考虑到促成慢性疼痛的复杂因素。即使采用综合治疗也未减轻疼痛的情况也不罕见。

发生急性损伤时，疼痛是有意义的。如踝关节扭伤时，疼痛会导致跛行并减轻受伤踝关节的负重，并通过炎性反应促进损伤修复。但是，慢性疼痛会给机体的各个系统造成明显的压力，导致身体和情绪的变化。这些变化包括：①过分关注疼痛的部位。②降低体力活动水平和耐受性。③神经系统和大脑的“软件故障”，放大了疼痛量，感觉更加疼痛而且身体的其他部位也开始感觉疼痛。④增加焦虑、抑郁的情绪并感觉无助。⑤抑制免疫系统，导致频繁生病和健康状况不佳。⑥谨慎的、代偿性的和不协调的运动。⑦应激反应增强，表现为不能放松、注意力不集中、记忆力减退和睡眠障碍。

一、运动对患有慢性疼痛的老年人的好处

运动是治疗慢性疼痛的一种有效的方法。运动对慢性疼痛患者的好处主要包括：

1. 改善关节功能，使关节润滑，有利于关节活动。

2. 脊柱的神经和椎间盘等结构需要通过运动来获得营养素成分，以维持健康。

3. 使肌肉更加强壮并不易疲劳。

4. 使神经系统放松来减轻肌肉痉挛和紧张，缓解疼痛。

5. 减少情绪剧烈波动，有助于减轻焦虑、抑郁等不良情绪。

6. 促使人体产生内啡肽等生物活性物质有利于疼痛症状的缓解。

7. 提高机体对疼痛的耐受度，减少组织损伤。

二、对患有慢性疼痛的老年人的运动推荐

运动可以有效地治疗和控制慢性疼痛。要告诉患有慢性疼痛的老年人，疼痛并不意味着进一步的损伤，以此来消除焦虑情绪。患有慢性疼痛的老年人开始进行体育活动时，可能会感觉不舒服或症状加重，但是坚持下去会逐渐发挥作用的。对于患有慢性疼痛的老年人来说，没有典型的运动方式，但是，训练计划应当是个性化的，需要在医务监督下进行，而且要有趣味性。

1. 选择自己喜爱的运动项目，举重、瑜伽、健步走、游泳等都可以。

2. 在所有运动计划中要考虑一些有氧运动，如健步走、游泳等。

3. 运动中的一些不舒服是可以接受的。

4. 避免能够引起持续增加疼痛的运动。

5. 缓慢开始并每天坚持运动。

6. 不要因为状态好就增加运动，状态不好就减少运动。

7. 缓慢增加运动计划，先增加运动量，后增加运动强度。

三、患有慢性疼痛的老年人运动的注意事项

1. 对患有慢性疼痛的老年人进行运动疗法的适应证和禁忌证

（1）适应证

1）颈部疾病：颈椎病、颈部软组织劳损、颈肌筋膜炎、颈棘间韧带及项韧带损伤、项韧带钙化、颈椎小关节紊乱等。

2）肩部疾病：肩周炎、偏瘫肩痛、肩部滑膜炎、冈上肌肌腱炎、肱二头肌长头肌腱炎和腱鞘炎等。

3）腰腿部疾病：慢性腰肌劳损、腰臀部肌筋膜炎、棘上韧带和棘间韧带损伤、第三腰椎横突综合征、梨状肌综合征、腰椎间盘退行性变、腰椎退行性骨关节病、脊椎关节突间关节疾患、椎弓峡部不连和脊柱滑脱、反复发作的腰椎间盘突出症等。

4）其他疾病：骨关节病、骨质疏松症、强直性脊柱炎、类风湿性关节炎、风湿性纤维织炎或肌筋膜炎、颈性头痛、小关节紊乱综合征、延迟性肌肉酸痛症、脊柱后方骨折、髌骨痛综合征、亚急性或慢性挥鞭综合征等。

（2）禁忌证

脊柱结核、骨关节结核、感染性疾病、破坏性疾病等引起的慢性疼痛，中、重度脊髓性颈椎病、有出血倾向者。

2. 运动强度控制

从运动的安全性、有效性角度考虑，患有慢性疼痛的老年人的运动宜以低强度开始，而且要根据老年人自身的情况和疾病的特点个性化地控制运动强度。可以根据感觉或通过监测心率来进行强度控制。

（1）感觉控制法

运动后能引起局部疲劳、有轻微的酸胀、疼痛为宜。但这些感觉在 24 小时内消失为宜。

（2）心率控制法

按要求运动强度应当达到最大心率的 70%～85%。运动强度的心率范围为（220－年龄）×（70%～85%）。（220－年龄）×70%为运动时心率必须达到的最低值，否则难以达到有效的训练效果；（220－年龄）×85%为运动时的最高心率，运动时心率超过这一范围可能会引起运动风险。

3. 运动持续时间

除准备活动和整理活动外，运动持续时间应当在 15～60 分钟。较大强度运动时，持续时间一般维持在 20～30 分钟。

4. 运动频率

运动频率取决于运动强度和运动持续时间。开始训练时，由于骨关节过分应激，最好隔日运动。3～4 次/周为宜；一旦适应，应当采用每日运动的运动频率。

第 13 节　对患有下腰痛的老年人的体育活动指导

下腰痛是指后背腰骶部的疼痛或不适感，部分患者可伴有下肢放射痛，是一种非常常见的疾病。尽管疼痛可能非常剧烈，但是大多数下腰痛并不是由于严重的病变引起的，采用一些简单的处理手段便可以解决。体育活动是治疗下腰痛的重要方法之一。

但是有时候下腰痛可能是由于腰部组织的严重疾病或损伤引起的。存在下列情况之一的患者，应当及时到医疗机构进行诊断治疗：

◇ 创伤性事件（如交通事故、跌倒）之后出现的下腰痛。

◇ 夜间疼痛难以入睡。

◇ 无论怎样活动或变换体位也不能缓解疼痛。

◇ 伴发臀部、下肢和足部感觉麻木或刺痛。

◇ 伴有排便、排尿控制异常。

如果仅有下腰部疼痛，而无其他问题，这种无其他并发症的下腰痛比较容易解决。尽可能保持体力活动有助于下腰痛的缓解和控制。不要过分担忧无并发症的下腰痛。这一点非常重要，因为最坏的想法可以表现出疼痛增加，担忧最终将变成比疼痛本身更大的问题。

一、运动对患有下腰痛的老年人的好处

运动是调节不良情绪（如焦虑和抑郁）的有效手段。参加有趣味的体育活动有利于保持社交、愉悦身心、并且更专注于生活中重要的事情。而且，积极参加体育活动能够防止体质、肌肉力量和心肺功能的下降。

二、对患有下腰痛的老年人的运动推荐

运动是治疗下腰痛的“良药”。对患有下腰痛的老年人来说，没有针对性的体育活动，可以选择的活动项目很多。力所能及地保持体育活动，要注意避免进行引起疼痛加重的体力活动即可。如果喜欢园艺，可以在花园里照料花草，适当进行除草、修剪等较重的体力活动。如果喜欢马拉松，可以继续训练，但是要减少每周跑的距离。

如果平时不爱活动，健步走、游泳和骑自行车都是不错的选择。还可以选择舞蹈、瑜伽和太极拳。患有下腰痛的老年人在进行体育锻炼时，必须合理控制运动强度和运动量。通过休闲活动可以达到治疗的目的，体会运动的乐趣。

如果有严重的下腰痛，适量运动可以保持体力活动，控制病情发展。当下腰痛的症状减轻后，可以增加一些喜爱的运动，循序渐进地进行训练，并进行一些针对性的训练，以增加脊柱的活动范围，增强躯干和腹部肌肉的力量。在恢复后坚持进行体育活动，能够防止下腰痛的再次发作。

1. 渐进性训练

为增强体质，运动计划必须逐渐增加难度，这就是渐进性训练。例如，如果是以健步走来保持体育活动，为了获得更多的健康效果，需要行走更长的距离或加快行走的速度，还可以登山或进行负重训练。

2. 柔韧性和活动范围训练

脊柱及其周围的肌肉具有一定的活动范围。当下腰痛缓解时，可以增加一些柔韧性和牵拉练习，增加腰部的活动范围。此时，可以开始进行太极拳、瑜伽、舞蹈等活动。

3. 力量训练

在下腰痛缓解后，维持下腰部稳定的肌肉力量，特别是小肌肉的力量不会自动恢复。为了恢复肌肉力量，可能需要进行一些特殊的力量训练，逐渐增加难度来促进肌力的恢复。指导师要帮助制定训练方案来增强下腰部力量。如果下腰痛反复发作，就需要寻求医生的帮助，因为反复发作下腰痛后，会使腰部肌肉的反应发生变化。

三、患有下腰痛的老年人运动的注意事项

1. 制订训练计划前应当明确诊断，实施过程中应当密切观察康复效果，并及时调整训练内容，形成个体化的训练方案。不同的运动方式可以有针对性地改善躯干肌肉的肌力或耐力，而且不同类型的下腰痛对不同运动方式的敏感性不同。因此应当根据具体病情有目的地制订运动计划。

2. 合理控制运动负荷，采用逐步增加阻力负荷的方式保证肌力的不断增强。训练过程中应当不断调整强度以适应日益改善的肌力的需要。

3. 严格避免肌肉运动的替代形式。躯干及肢体的移动往往选择阻力较小的途径，如果特定肌群的训练没有得到严格限定，较强并且经常使用的肌群很可能会替代较少使用且力量较弱的肌群。

第 14 节　预防老年人跌倒的体育活动指导

跌倒是指一种突然意外的倒地现象。跌倒可发生于任何年龄，但是老年人更多见。老年女性跌倒的发生率明显高于老年男性，主要是因为老年女性活动少、肌力差、平衡受损、认识能力受损等因素比老年男性严重。跌倒可以引起老年人永久性残疾、活动受限、失去生活信心以及对跌倒产生恐惧，这些问题将大大降低老年人的生活质量和独立生活的能力。

跌倒的风险因素包括较大的年龄、跌倒史、平衡能力下降、反应时延迟、肌力下降、视力下降、上肢和下肢感觉功能减退、生活自理能力下降、疾病因素（如脑卒中和帕金森病）、药物使用（如影响神经系统功能的药物）。

滑倒、绊倒和失去平衡等与平衡相关的因素变化是老年人跌倒的主要原因，而其他各相

关因素之间的相互作用最终导致老年人跌倒的发生。通过以下一些策略可以明显降低老年人跌倒的发生率：

◇ 体育锻炼，特别要强调平衡训练。

◇ 改善视力（如治疗白内障以及限制使用多焦点眼镜）。

◇ 停止使用影响神经系统的药物（如精神药物）。

◇ 改善跌倒高危人群的居住环境。

◇ 积极治疗足部疾病，加强脚和踝关节锻炼。

一、运动对预防老年人跌倒的好处

通过参加体育活动，减少一些关键风险因素，能够有效预防老年人跌倒。例如，体育活动能够改善肌肉力量、平衡能力、平衡自信心和行走速度，以及心理因素（如智力和情绪）。建议社区的所有成员都参加体育活动。但是，对于比较虚弱的老年人，运动预防跌倒的好处还不能完全肯定。多因素的干预可能对预防这部分老年人的跌倒是必需的。

二、预防老年人跌倒的运动推荐

预防老年人跌倒的体育活动应当包括平衡训练和力量训练。减少老年人跌倒的最好方法是包括平衡训练和太极拳在内的综合运动方案的运用。成功的预防老年人跌倒的运动干预措施一般包含以下5个共同特点：

◇ 包括头和身体的快速反应性活动。

◇ 与提高大腿与髋部力量有关的重心在垂直方向的活动。

◇ 中等至大强度的运动，包括充分承重的活动。

◇ 改善可获取的视觉信息的练习。

◇ 刺激前庭功能的练习。

1. 平衡训练

可以采用的平衡训练方法有静态平衡训练和动态平衡训练，每周训练2次，每次进行45分钟。静态平衡训练可以在电脑控制的平衡板上进行，也可以单腿在泡沫板上站立或者在橡皮球上保持坐位平衡等。动态平衡训练可以进行太极拳、五禽戏等。通过2～3个月的训练，能够有效减少老年人的跌倒率，明显改善老年人单腿站立、功能性支撑面、平衡功能的感觉整合能力。

2. 力量训练

力量训练可以有效改善因年龄增长而引起的肌力降低。大强度抗阻性运动训练比小强度抗阻性运动训练效果更好。可以采用每周3次、每次为80% 1 RM的负荷强度的大强度抗阻性运动训练，训练内容可以包括膝部屈肌和伸肌力量训练。经过 8～12 周的训练，能够使老年人的下肢肌力明显提高，同时身体的其他功能也有所增强。

3. 综合训练

综合训练是指将平衡训练、力量训练和有氧训练等多种训练方案整合运用。这些训练活动包括改善坐、站和行走时稳定状态下平衡能力的活动和预期平衡活动，包括伸展、提举、转向、改变支撑面（在支撑面窄的条件下单腿站、前后步交叉站）、跨过和绕过障碍物、以不同的速度向前和向后走、在不同类型的表面和结构上行走、反应性平衡练习（以不同的大小、速度和方向对站立或静坐时的老年人进行干扰）和感觉训练（改变可获取的视觉和身体感觉信息）。随着训练能力的提高，每周可以逐渐增加上述活动的难度，并需要长期锻炼以维持训练效果。例如，可以将下肢抗阻练习、快走以及太极拳结合使用，每周进行 3 次，共 6 个月。

三、预防老年人跌倒的运动的注意事项

1. 在实施训练前，首先要对老年人进行全面的身体检查，了解其健康状况以及各脏器的功能水平，为合理选择运动项目和适宜的运动量提供依据。

2. 训练负荷的大小要依据循序渐进的原则。运动强度可以控制在 60%的最大心率或者 50%的最大摄氧量。每次训练 20～60 分钟，每周 3～5 次。随着身体机能的改善可以逐步增加训练负荷。

3. 每次运动都要注意做好充分的准备活动和及时的整理活动。通过充分的准备活动，调动神经兴奋性，降低肌肉黏滞性，可以防止骨折和肌肉拉伤等运动损伤的发生。充分及时的整理活动能够加速机体疲劳的恢复。

第 15 节　对患有多发性硬化症的老年人的体育活动指导

多发性硬化症是一种中枢神经系统的慢性疾病。患多发性硬化症时，免疫系统会错误地攻击髓鞘，髓鞘是包裹在中枢神经系统的神经细胞周围的保护层，有帮助神经传导的作用。神经细胞本身也可能受到损伤。对髓鞘的攻击会使中枢神经系统产生瘢痕。这些瘢痕会减慢或干扰神经冲动的传输，引起各种症状。多发性硬化症的发展、严重程度和特殊症状无法预测而且因人而异。症状可能包括感觉异常（如麻木、有针刺感）、肌肉无力、极度疲劳、对热敏感、平衡和协调能力下降、排尿和排便功能障碍、认知改变、视力异常等。

一、运动对患有多发性硬化症的老年人的好处

有规律的运动有利于保持总体健康水平，有助于减少多发性硬化症的特殊症状的影响，并有助于维持理想的身体机能。主要的好处包括：

◇ 降低疲劳水平，提高耐力。

◇ 提高平衡和协调能力。

◇ 增加肌肉力量。

◇ 改善身体姿态和柔韧性。

◇ 改善情绪和幸福感。

◇ 提高警觉性和注意力。

二、对患有多发性硬化症的老年人的运动推荐

有效的运动需要在适当的强度下有规律地进行。但是，目前还没有专门针对多发性硬化症的训练方法。对患有多发性硬化症的老年人来说，重要的是选择喜爱的、适合身体需要以及能够坚持参加的运动。

1. 力量训练

（1）可以在家里、社区中心或健身房等多种场所进行。

（2）可以采用徒手、器械负重、体重负重、阻力带或在水下等方式进行抗阻练习。

（3）宜选择大负荷、低重复次数的训练手段，循序渐进地进行训练。

（4）在训练中频繁休息并改变练习的肌群，有助于减少疲劳的发生。

（5）力量训练比耐力训练容易耐受，因为力量训练产生的热效应相对较少，对体温的影响较小。

2. 心血管功能训练

（1）可以在多种场合，独自或以小组的形式进行训练，可以选择在陆地或水中练习。

（2）使用健身自行车比使用跑步机更好，能够更好地防止跌倒。

（3）从较低强度和和较短的时间开始，逐步增加训练强度和训练量。

（4）少量多次的有规律运动的好处是可以累计的。

（5）应当在通风良好或有空调的环境里进行运动，以减少热敏感效应。

3. 牵拉和平衡训练

（1）有助于改善身体姿态和柔韧性。

（2）有利于避免肌肉痉挛（抽筋）。

（3）能放松情绪，改善睡眠。

三、患有多发性硬化症的老年人运动的注意事项

首先，患有多发性硬化症的老年人容易出现疲劳，而且疲劳恢复较慢。如果疲劳引起身体出现问题，应当考虑停止活动。如果疲劳持续 1 个小时以上，应当考虑在下次运动时减小运动强度和缩短运动持续的时间。

其次，患有多发性硬化症的老年人大多对高温比较敏感，环境和体温的轻微升高暂时性加重身体或感觉的症状。应当鼓励患有多发性硬化症的老年人在运动时保持凉爽（如穿着宽松透气的服装）并使身体保持良好的水合状态（如在运动时适量喝水）。

感觉症状加重可能是不可避免的，但是只要可以忍受就可以继续活动。如果运动后症状持续超过 30～60 分钟，应当考虑在下次运动时减小运动强度和缩短运动持续的时间。

第 16 节　对患有阿尔茨海默病的老年人的体育活动指导

阿尔茨海默病（老年痴呆症）是一种神经退行性疾病，大脑细胞被破坏造成认知、记忆和身体功能的损失。阿尔茨海默病患者多为老年人，是造成老年痴呆的主要原因。患者中将近 2/3 为女性。阿尔茨海默病的发病机理尚不完全清楚。阿尔茨海默病与和心脏病有相同的一些风险因素，主要包括体力活动减少、肥胖、代谢综合征等。此外，随着年龄增长，男性和女性的睾酮水平下降与阿尔茨海默病患者认知能力下降相关。睾酮可能具有维持脑细胞结构和功能的重要作用，与认知能力密切相关。

一、运动对患有阿尔茨海默病的老年人的好处

阿尔茨海默病的风险因素在很大程度上与体力活动减少密切相关，体育锻炼可以帮助预防或延缓阿尔茨海默病的发生。体育锻炼也可以用于辅助治疗阿尔茨海默病。

◇ 运动能减缓阿尔茨海默病的轻度至中度认知障碍。

◇ 运动能改善身心功能。

◇ 运动能减缓或逆转重病期肌肉萎缩。

◇ 运动能减轻患者的情绪和抑郁症状。

◇ 运动能减轻重病期患者行为问题。

与不爱运动的人相比，喜欢运动的人发生阿尔茨海默病的风险较低。此外，运动还可以

降低β淀粉样蛋白的水平，β淀粉样蛋白能使大脑形成斑块，被认为是阿尔茨海默病的主要病因之一。运动还能够改变代谢综合征的所有方面（包括Ⅱ型糖尿病），因此对阿尔茨海默病是有益的。运动（特别是抗阻或力量训练）也会增加睾酮水平，从而有助于保护大脑细胞和维持认知功能。

运动可以使改善患有阿尔茨海默病的老年人的生活质量，减缓疾病进展，改善身体机能和健康，提高日常生活的能力。患有阿尔茨海默病的老年人的肌肉萎缩是危及生命的一个重要问题，体育锻炼可以帮助刺激食欲以及肌肉和骨骼生长。患有严重的阿尔茨海默病的老年人应当参与有规律的体育锻炼来减轻身体功能的下降。如果患有中度至重度阿尔茨海默病的老年人参与有规律的锻炼，照顾起来会容易一些。此外，社交和认知能力的提高也可以减缓病情发展。任何一种简单的运动都可以改善患有阿尔茨海默病的老年人的认知和记忆能力。积极参与集体活动和各种形式的运动能够取得更好的效果。与服用药物、智力活动、补充营养品和控制饮食相比，有规律的体育锻炼可能是预防和治疗阿尔茨海默病的最好方式之一。

二、对患有阿尔茨海默病的老年人的运动推荐

运动可预防和控制阿尔茨海默病，主要是通过维持或增加肌肉和力量，减少心血管疾病和代谢综合征的发生，增加睾酮水平，并提供一个社会参与和互动环境。一般推荐预防和控制阿尔茨海默病要到达或超过以下运动量：

1. 连续或间歇有氧（心血管）运动

20～60分钟/次，每周3～5次，心率控制在最大心率的60%～90%（最大心率=220－年龄）。主观感觉疲劳程度量表（RPE）也是一个制定锻炼强度的有效方法。没有其他健康问题的老年人，需要一个较低的强度，运动中RPE应当控制在13～15之间（6～20范围的量表），每周锻炼总量应当至少120～150分钟，主要取决于进行有氧运动的强度。

2. 抗阻性运动训练

应当选择6～8种运动方式，每组重复6～12 RM，完成3组以上，每周2次或者更多。抗阻性运动训练应当注重大肌群的练习，挑选一些举杠铃下蹲、提杠铃、推举和其他一些类似日常生活动作的运动，同时保持正确的动作。但是，没有必要持续每一组都全力完成到疲劳。

3. 柔韧性练习

需要主要肌群参与，每个练习方式进行2～4组，每周2～3次。

三、患有阿尔茨海默病的老年人运动的注意事项

如果患者伴有肌肉萎缩的迹象，应当进行更多组合的抗阻练习，目的是帮助构建蛋白质

和组织。结合这种类型的运动与营养保证可以进一步优化肌肉增长。患有心血管疾病、糖尿病和阿尔茨海默病的人群通过运动，可以更有效地控制血糖，并降低全身炎症。大肌群高强度（3～8 RM）抗阻练习能够促进睾酮释放，鉴于睾酮增加对阿尔茨海默病的好处，这些运动应当尽可能组合在一起。如果阿尔兹海默病人体内脂肪增加（特别是伴有代谢综合征和心血管疾病的其他指标），应当注意锻炼和调节饮食来控制体重。

第 17 节　对患有帕金森病的老年人的体育活动指导

帕金森病是一种神经退行性病变，大脑中产生多巴胺的神经细胞受到损伤，神经细胞会影响大脑对肌肉的控制，导致震颤、肌肉张力增加、运动迟缓和平衡能力降低等问题。帕金森病也会影响思考能力，尤其是控制和调节行为的能力，并可能导致焦虑和抑郁。帕金森病是排在阿尔茨海默病之后第二个最常见的大脑退行性病变，随着年龄的增长，发病率增加。

大多数帕金森病患者可以用药物（多巴胺）控制症状，但只能维持一定的时间。因为帕金森病随着时间的推移会加重，临床使用药物剂量需要逐渐增加来控制症状，过高剂量的药物会引起严重的副作用。

一、运动对患有帕金森病的老年人的好处

由于身体比较虚弱，患有帕金森病的老年人通常无法进行大量的体育锻炼。而缺乏体育活动可能会加重病情并且影响到身体的其他功能，例如，心脏病、肌无力、骨质疏松、失眠、便秘和抑郁等都可能变得更加严重。身体功能下降还会增加跌倒的风险，与健康老年人相比，患有帕金森病的老年人更容易跌倒。如果跌倒后造成进一步损伤（如髋关节骨折），严重时会导致丧失独自生活的能力。

体育锻炼能给患有帕金森病的老年人带来很多好处。运动能够促进健康、预防并发症的发生。运动可以改善神经和身体功能，灵活的移动可以提高生活质量和改善独立生活能力。运动对改善心情也有积极作用，可以减轻心理症状，改善大脑功能，使药物治疗更加有效。运动还能帮助人们更容易参加社交活动。运动可以在一定程度上控制病情，辅助疾病的治疗，减少帕金森症患者的死亡率。

二、对患有帕金森病的老年人的运动推荐

1. 有氧耐力运动

适宜强度的有氧耐力运动可以促进心肺健康和肌肉控制能力。患有帕金森病的老年人可以采用在跑步机上行走的方式进行有氧运动。患者可以缓慢行走或制订一个训练计划逐渐增加步行速度。研究表明，长时间低强度行走比高强度短时间行走更加合适。如果患者走路困难，可以使用辅助的支撑装置。

有行走障碍的患有帕金森病的老年人，可以选择骑功率自行车。通过调节骑行的速度和负重来提高心肺功能，改善行走能力。这种练习还可以调节其他神经通路参与运动，减少肌强直和运动迟缓，增加手的协调能力。

2. 抗阻性运动训练

患有帕金森病的老年人步行速度与腿部的肌肉力量密切相关，抗阻性运动训练能够增加肌肉体积和肌肉力量，也能够提高步幅、行走速度和步行距离。进行抗阻性运动训练初期应当采用30%～40% 1 RM的重量，逐步增加到70% 1 RM，重复8次，进行1～3组练习。由于患者容易疲劳，因此，在进行锻炼时运动量应当因人而异。

3. 其他练习

（1）通过耳和眼感受节奏变化，可以刺激大脑以帮助行走。

（2）平衡练习：单独或结合抗阻练习进行，可以提高平衡与稳定性。

（3）提示练习：根据提示的节奏“听”和“看”，按照指令走路，可帮助解决步行中步态启动和结束问题。

（4）舞蹈：随着音乐运动，可以促进身体功能和表达能力，还能够加强社交，改善生活质量。

（5）双重任务练习：在走路的同时做第二件事（如写字或倒数数字），可以改善行走的某个方面（如控制步幅）。

三、患有帕金森病的老年人运动的注意事项

制订锻炼计划需要因人而异。锻炼方式需要满足个人的能力和偏好，增加身体活动能力并且结合患者的日常生活。

1. 如果经常容易疲劳，可以选择在早上锻炼。

2. 如果经常容易跌倒或者行走困难，可以选择扶着凳子活动或者利用凳子进行锻炼。

3. 需要在看护的状态下进行锻炼，并由医生和专业人士来制订专属计划。

第 18 节　对患有抑郁症的老年人的体育活动指导

抑郁症是一种比较常见的精神类疾病，主要病症是容易悲伤、失去兴趣或乐趣、产生内疚感和自卑，也可能表现为失眠、注意力不集中、食欲减退或持续疲劳。抑郁症可以单独发病，也可能同时患有其他慢性疾病（如糖尿病）。中度至重度的抑郁症伴有糖尿病的患病率高达 35%。重度抑郁症会导致代谢疾病，使死亡率增加。

一、运动对患有抑郁症的老年人的好处

进行有规律的体力活动或运动的人，即使运动强度很小，也不容易患抑郁症。对某些患有抑郁症的老年人来说，体育锻炼与心理疗法或药物疗法同样有效。体力活动和锻炼也可有效地减轻伴有其他精神障碍的抑郁症患者的症状。更重要的是，有规律的体力活动和运动能够控制体重，改善糖尿病和减少心血管疾病的影响，使患有精神类疾病（包括抑郁症）的老年人免除其他疾病的困扰。

二、对患有抑郁症的老年人的运动推荐

举重练习和有氧运动对治疗抑郁症非常有效。60%的抑郁症患者通过运动可以使病情减轻，40%以上的患者在随后的 3 个月都有明显的效果。举重练习（负重练习）比有氧运动更加有效，柔韧性练习效果一般。在理想情况下，患者应当持续运动不间断，最少坚持 9 周。

1. 负重练习

抗阻性运动训练应当遵守循序渐进的原则，采用超过 80% 1 RM 的重量，重复 8 次，进行 1～3 组练习，每周 3 次，每次时间约 1 小时。

2. 有氧运动

普通老年人健身的有氧运动对患有抑郁症的老年人也同样适用。锻炼频率为每周 3～4 次。锻炼强度为低至中等强度或根据患者的意愿而定。锻炼时间为每天 30～40 分钟。运动可以选择任意的有氧运动方式。

三、患有抑郁症的老年人运动的注意事项

如果患者服用抗抑郁药物，需要注意药物对运动的影响。某些精神类药物能够导致脱水

和步态紊乱，某些抗抑郁药物可以导致疲劳、眩晕和增加体重。如果患者平常不爱活动，在锻炼时应当有专业人士制订计划并进行指导。

第19节　对患有肾病的老年人的体育活动指导

肾脏的功能包括清除机体代谢产物、维持机体水盐平衡以及内分泌功能（产生促红细胞生成素等重要的激素）。肾脏疾病会引起肾功能下降。糖尿病、高血压、血管疾病以及肾血管炎症性疾病均构成肾病的致病因素。

一、运动对患有肾病的老年人的好处

有关运动对慢性肾病患者身体机能影响的研究很少。研究发现，有规律的体育锻炼能够有效地提高慢性肾病患者的有氧运动能力和肌肉力量，并能有效降低血压。运动不仅能够有效地提高晚期肾病患者的有氧运动能力，提高与健康相关的身体素质，而且能够有效预防肌肉丢失。

二、对患有肾病的老年人的运动推荐

患有肾病的老年人的体育锻炼可以综合采用有氧耐力训练、力量训练和柔韧性训练的方式。理想的安排是每周锻炼5～7天，每天训练30分钟。每次锻炼之前必须安排5～10分钟的热身，可以采用低强度的有氧训练和牵拉。主要的锻炼内容应当包含针对大肌群的有氧运动，例如，步行、慢跑、骑自行车、游泳等，其中至少要包含10分钟的最大强度有氧运动，并根据体能状态的提高逐步延长运动时间。可以将心率和呼吸频率增加而不能平稳讲话时的运动强度视为最大有氧强度。

力量训练应当与有氧训练交替进行，每周至少进行2次，同样是从较低的强度开始。每次进行8～12组训练，其中要包含1组12～15次的较大强度训练。力量训练可以采用举重、功能训练以及爬楼梯等训练手段。

三、患有肾病的老年人运动的注意事项

患有肾病的老年人参加体育锻炼必须遵循科学合理和循序渐进的原则，以确保锻炼时的安全。任何锻炼项目必须从比较低的强度开始，而且必须采用正确的技术动作。由于肾病患者往往伴随其他并发症，锻炼计划的制订必须要有专业医务人员的参与。

患有肾病的老年人最好结伴进行体育锻炼，或者在健康管理人员的陪同下进行，这样可以在锻炼过程中得到支持和鼓励。在锻炼时必须遵守“热身—主要内容—放松牵拉”的锻炼顺序。

需要进行血液透析的患者可以在透析当天之外进行体育锻炼。由于透析之后患者循环血量减少而血压下降，因此，要避免在血液透析后进行体育活动。

第 20 节　对患有癌症的老年人的体育活动指导

癌症（恶性肿瘤）是指身体内异常的细胞不可控制地增殖的一类疾病。目前已知的癌症超过 100 种，前列腺癌、肠癌（结肠癌和直肠癌）、乳腺癌、皮肤黑色素瘤和肺癌是最为常见的癌症，超过确诊癌症病例的 60%。癌症患者治疗后的存活率与癌症的类型和确诊时的病情分期有直接关系。很多癌症，包括皮肤黑色素瘤、前列腺癌和乳腺癌，治疗后的存活率超过 90%，而且不断提高。

引起癌症患者死亡的更高的风险可能来自其他原因（如心血管疾病）。尽管手术切除肿瘤是治疗大多数癌症的主要方法，但是放射疗法、化学疗法和其他药物治疗也经常用于主要治疗或辅助治疗。但是，与治疗相关的副作用仍然很常见，并可能持续相当长的时间。常见的治疗副作用包括疲劳、疼痛、免疫功能受损、体重和体成分的不良变化（如体脂百分数增加）、骨健康恶化、液体蓄积引起身体各部位肿胀（淋巴管性水肿）、胃肠道变化等。

一、运动对患有癌症的老年人的好处

体力活动不仅在预防结肠癌、乳腺癌和子宫内膜癌方面发挥重要作用，而且还可以减少其他癌症（如前列腺癌、肺癌和卵巢癌）的发生风险。

对患有癌症的老年人来说，运动在维持身体健康、减少慢性病的风险和帮助病后恢复方面发挥重要作用。越来越多的证据表明，确诊后积极参加体育锻炼能够有效提高包括乳腺癌、结肠癌等在内的部分患者的长期存活率。在治疗期间和治疗后参加体育活动的好处很多。

运动可以增强肌肉力量、维持肌肉质量、增加肌肉做功能力，改善身体机能，增加关节活动度，改善免疫功能，提高化学疗法完成率，改善体型、心境和提高自尊心。运动可以缩短住院治疗的时间，缓解心理和情感的压力，减轻抑郁和焦虑，减少症状和副作用（如疼痛、疲劳、恶心）的数量和严重程度。

二、对患有癌症的老年人的运动推荐

制订患有癌症的老年人的运动计划要因人而异。需要根据以往和目前的健康水平、前期和计划进行的治疗方案、疾病本身和与治疗相关的风险因素、症状的表现和严重程度，以及个人的兴趣和愿望，个性化地制订运动计划。总体目标与普通老年人需要达到的体力活动指南相一致。对于某些人来说，特别是刚刚做完手术或还在进行其他相关治疗的患者，这些指南可能是不切实际的。对这些人，应当鼓励他们逐步增加体力活动，做到：

1. 尽量避免静坐少动，减少坐和躺的时间。

2. 维持或逐渐恢复到正常的日常体力活动。

3. 逐步开始有计划地进行有氧运动，例如散步、骑自行车或游泳。目标是达到指南要求的运动量，即每周进行 150 分钟的中等强度的运动；或运动量不变，但运动强度可以适当增大。

4. 每周进行 2 次针对主要肌群的抗阻练习，每次训练至少间隔 48 小时。可以选择举重或阻力带运动。

5. 非常重要的一点是必须认识到，运动就比不运动好，多运动就比少运动好。

三、患有癌症的老年人运动的注意事项

只要以合适的运动强度开始并逐步增加训练强度，患有癌症的老年人进行体育活动是安全的。一些患有癌症的老年人，发生心脏病突发或其他心血管疾病的风险可能高于普通老年人，这些老年人运动不要过量。患有某些癌症的老年人骨折的风险增加，在选择运动方式时需要得到额外照顾。而且，一些运动场所也不适合免疫力低下的患者（如公共健身场馆可能增加感染疾病的机会）。对于那些出现与治疗相关的副作用波动或出现新的副作用的老年人，以及那些以前运动较少或不运动的老年人来说，参加体育活动时需要得到格外关注并加强医务监督。

患有癌症的老年人面临癌症复发和发生其他慢性疾病的风险。另外，与治疗和疾病相关的身体的和心理的副作用特别常见。副作用（如疼痛、恶心、疲劳和其他一些症状）可能使患有癌症的老年人难以坚持有规律的运动计划。好的运动计划应当考虑到上述因素，使他们在每天的抗癌斗争中，能够相对舒适地进行体育活动。记住，尽管适当的体育活动可能不会改善这些副作用，但是不会使副作用加重。

健康老年人的运动禁忌证同样适用于患有癌症的老年人。但是，患有癌症的老年人需要得到额外关注。具有发热、红细胞计数低下和/或新近出现与治疗相关的副作用的老年人不宜参加体育活动。

小结

运动对于患有各种慢性病的老年人具有一定的好处。适宜的运动可以改善心脏功能、提高肌肉力量、调节神经功能、增强免疫能力和改善血管机能等。在选择运动方式时，应当以有氧耐力运动与抗阻性运动训练为主。针对患有不同慢性疾病的老年人，要根据自己的身体情况采用适宜的运动项目，遵守循序渐进的原则，合理安排锻炼时间，养成良好的锻炼习惯，加强自我医务监督。患有慢性病的老年人在运动前需要进行医学检查，了解自己的健康状况和器官的功能水平，征求医师意见，制订安全有效的运动计划。

思 考 题

1. 体育锻炼对老年人心血管机能有哪些好处？
2. 患有高血压的老年人进行体育活动的注意事项有哪些？
3. 如何指导患有糖尿病的老年人进行体育活动？
4. 如何指导患有脑卒中的老年人进行运动康复？
5. 患有骨关节炎的老年人的运动注意事项有哪些？
6. 如何制定预防老年人跌倒的训练方案？

第8章

对残疾老年人的体育活动指导

学习目标

- 了解残疾老年人的基本分类
- 熟悉各种类型的残疾老年人的生理和行为特征
- 熟悉各种类型的残疾老年人进行体育活动的基本原则
- 掌握指导不同类型的残疾老年人进行锻炼活动的方法和注意事项

残疾老年人是老年人/残疾人中占比例较大的群体。据2006年第二次全国残疾人抽样推算，60岁及以上的残疾老年人有4 416万人，占残疾人总人口的53.12%。随着年龄的增长，人体的组织器官退行性变化不断加速，必然导致运动系统、神经系统、感觉系统等结构和功能的下降或丧失，从而导致残疾老年人的数量呈升高态势。另外，一些代谢性慢性疾病（如糖尿病）发展到晚期，有部分肢体坏死截肢而致残的可能性，也增加了残疾老年人的数量。

体育运动在各个维度上都能提高残疾老年人的生活质量。19世纪北欧一些国家就有医生对残疾人采用体育运动的方式进行康复治疗；20世纪40年代后，随着残疾人奥林匹克运动的开展，越来越多的学者研究和观察体育运动对残疾人康复的影响。体育活动对残疾人康复的好处在许多方面都得到确凿证据。例如，耐力运动能提高残疾老年人的心肺机能，延缓胰岛素抵抗或糖尿病进程，降低高血压发病进程；有规律的耐力运动还有助于降低抑郁症的发病概率，同时对患者有促进康复的作用。适度的力量训练有助于提高下肢肌肉力量，提高直立时的稳定性，有助于预防跌倒。灵敏性及协调性训练能提高动作定位的准确性和完成速度，有助于延缓和预防由于年龄因素导致的多重残疾的发生。

残疾老年人进行体育活动一定要在专业人士的指导下完成，运动场地、运动时间和其他监督措施都要遵从“安全第一”的原则。制订运动锻炼计划的基本原则是个体性、全面性和阶段性。对于每个残疾老年人，指导师要根据人个体和家庭的主要预期目标，明确个体的主要异常情况（如主要的致残原因，功能受限情况），在体育活动指导过程中，根据残障类型，借助人体感觉互补的基本特点，进行全面性训练。最后，要对残疾老年人的体育活动设置阶段性目标，记录练习者完成训练的情况，在完成一个阶段锻炼计划后对身体部分能力进行前、后对比。

第 1 节　对视力障碍老年人的体育活动指导

一、视力障碍老年人的生理和行为特征

人类感知外部世界的信息主要来自视觉系统。视力障碍可以导致适应能力明显下降，加之环境等限制因素，此类人群的户外活动明显不足。由于体力活动明显不足，长期视力障碍的老年人的体脂率一般比健全人明显偏高。视力障碍老年人行走时特别谨慎，手眼协调能力差，精细动作协调能力差；在听觉过程中比健全人更加专注，常常伴随有习惯性的小动作，例如眼部活动、摇晃身体、注意光源等；平衡能力比较差，一些基本动作比较缓慢；力量、速度、灵敏和协调等身体素质一般也比健全人差，但是大多数人可以通过体育锻炼提高上述基本素质。

二、指导视力障碍老年人进行体育活动的基本原则

1. 根据视力障碍的程度制定相应的训练方案

根据视力障碍的程度，可以将视力障碍者分为 3 个不同等级。在进行体育活动指导时，指导师应当根据老年人视力障碍的不同程度而制定相应的训练方案。

（1）B1 级视力障碍

双眼无光感，或仅有光感但在任何距离、任何方向均不能辨认手的形状，属于 B1 级视力障碍，是最严重的视力障碍（全盲）。对 B1 级的老年人进行体育活动指导时，指导师应当尽量采用辅助设备或声音信号，必要时可以请引导员进行帮助。

（2）B2 级视力障碍

视力从能辨认手的形状到 0.03 或视野小于 5°，属于 B2 级视力障碍，是比较严重的视力障碍。对 B2 级的老年人，可以用声音、光等鲜明信号作为指令，使用一些色彩鲜明的运

动辅助器械。这些老年人在运动时有可能出现动作过大的现象，指导师应当加强提醒和限制，防止过度自信而导致的撞击或其他损伤。

（3）B3 级视力障碍

视力从 0.03 到 0.1 和（或）视野在 5°～20°之间，属于 B3 级视力障碍，视力障碍程度比较轻。由于有部分残存视力，对 B3 级的老年人的训练指导方法与健全人基本相同。

2. 强化感觉补偿、加强功能训练

视力障碍老年人应当多进行强化听觉、触觉和空间位置感的训练。

（1）听觉训练

听觉是视力障碍老年人最重要的感觉补偿方式，通过相应的体育锻炼可以强化这一感觉系统的能力。指导师可以通过带有发声装置的运动器械（如硬地滚球和盲人用足球）来设计不同的运动方案。在训练指导的初期，指导师需要充分了解不同视力障碍老年人发生听觉错觉的位置，并通过训练提高他们听觉的准确性。

（2）触觉训练

通过对不同体育器械形状、质地的触摸，对运动场地以及其他训练相关人员的触摸，可以强化视觉障碍老年人的触觉功能。

（3）空间位置感训练

由于缺乏参照物的概念，视力障碍老年人的空间定位能力极差，指导师可以在训练场地内，通过不同的信号刺激强化他们的空间位置感。

三、适合视力障碍老年人参加的体育活动

大多数视力障碍老年人可以参加健全人的体育活动，利用社区及公共场所的体育设施进行健身活动。适合视力障碍老年人健身的项目特点是具有较大的活动半径，中等运动量，低强度，比较容易自控。指导师要帮助视力障碍老年人开展可以独自进行或在他人引领下完成的体育活动。进行的体育活动既要有趣味性又要有锻炼价值，特别强调要保障安全性。

1. 适合视力障碍老年人进行的身体素质练习

（1）力量练习

力量练习主要包括俯卧撑、仰卧起坐、仰卧两头起、俯卧两头起、静蹲等徒手练习。还可以借助体操器械进行引体向上、屈臂撑等练习。在指导师的指导下，还可以借助哑铃、杠铃或其他力量训练设备进行曲臂弯举、卧推、深蹲、硬拉等力量练习。

（2）心肺功能练习

心肺功能练习主要包括慢跑、长距离游泳、有氧舞蹈、骑固定自行车等。

（3）速度练习

速度练习主要包括高抬腿跑、立定跳远、蛙跳、纵跳、蹲起跳等练习。

（4）灵敏性练习

灵敏性练习主要指提高反应能力的练习，如听口令练习等。

（5）平衡性、协调性练习

平衡性、协调性练习主要包括单足站立、单足立定跳远、交叉步、足跟接足尖走、双脚前后跳、转身跳、独木桥游戏和平衡操等。

（6）柔韧性练习

柔韧性练习主要包括扩胸、后控腿、弹腿、跪撑压腿、半劈腿前压、纵劈腿、仰卧压腿、仰卧举腿、仰卧左右旋转腿、腿屈伸、前下腰、后下腰、侧下腰等。

2. 适合视力障碍老年人参加的体育项目

（1）盲人门球

盲人门球是根据视力障碍人群特点而专门设计的一项集体球类项目，需要参与者根据触觉来确定自已场上的位置、方向；根据听觉来判断球的方向、速度，从而迅速做出反应。这项运动适合于盲人视觉功能障碍的局限，集安全性、竞技性、观赏性于一体，既突出参与者的个人技术又强调团队配合。

盲人门球的场地与排球场类似，两侧设立 9 米长、1.3 米高的球门。球是篮球大小的硬质有孔的球，内置几个可以发出声响的铃铛，球在行进移动时会发出声响。

门球比赛是一项团体比赛，每方上场 3 人，在投球、防守的不断转换中进行比赛。进攻队员用手在规定的区域内将球投出，球在场地上滑行，进入对方的球门为得分。防守队员根据球的声音判断，利用身体的任何部位将球挡住。

在社区和视力障碍老年人较多的地方，可以简化比赛方法。可以自制一些有声响，质地柔软的球进行游戏练习，提高视力障碍老年人的兴趣，培养他们团结协作的精神。

（2）其他体育项目

武术中的太极拳、太极扇、徒手长拳和五禽戏等，健身健美操、瑜伽和舞蹈也适合视力障碍老年人进行练习。

四、指导视力障碍老年人进行体育活动的注意事项

在指导视力障碍老年人进行体育活动前，指导师首先需要了解造成视力障碍的原因，以便采用适当的训练指导方法，对那些有可能损坏残留视觉的体育活动，应当坚决放弃使用。

视力障碍的人，尤其是老年人，平时一般较少参加体育活动。指导师在进行体育活动指导时，应当依据循序渐进的原则，运动方式由简单到复杂，运动负荷由小到大，注意休息和调整，使训练者能坚持训练，不至于中途放弃。

由于视力障碍老年人一般都胆小谨慎，对外界环境有恐惧感，指导师应当了解他们的心理特征，根据个人的偏好安排活动内容，在指导过程中态度要和蔼，保持耐心，积极鼓励。

第 2 节　对听力障碍老年人的体育活动指导

一、听力障碍老年人的生理和行为特征

听力障碍是指由于各种先天、后天因素导致的听觉系统中传音部分、感音部分或两部分均发生病变，经一年以上的治疗仍听不到或听不清周围环境的声音及言语声。听力障碍者的一般形态学特征、生理功能与健全人近似，无明显区别。部分听力障碍者存在前庭系统功能受限的问题，表现为平衡能力较差。由于机体的感觉补偿机制，听力障碍人群的视觉系统在特定频率方面的反应特性较快，其简单反应时、判断移动反应时也可能优于健全人。

由于听觉信息输入通道的中断，听力障碍者一般思想活动较为贫乏。由于与社会交流比较困难，听力障碍者容易形成固执、自闭、不安、神经质等人格倾向。此类人群的集体归属感、获得社会承认需求等都有明显障碍，容易产生不安定的情绪。如果不能得到社会的充分理解，他们对周围的刺激可能会不恰当地进行自我防卫，要么逃避现实，要么表现出较强的攻击性。

听力障碍老年人参加体育锻炼，除了强身健体、增强体质，有益于身心发展外，一项特殊的作用就是针对其残疾特点，发展平衡能力，提高他们适应环境的能力。

二、指导听力障碍老年人进行体育活动的基本原则

1. 根据听力障碍老年人身体特点制定相应的训练方案

大多数听力障碍老年人的肢体和基本能力健全，在运动能力方面的影响甚小，可以参加与健全人相同的健身活动。如果伴随明显的前庭器官损伤，指导师在制订训练计划时，应当避免出现头部强烈旋转的动作。

2. 强化感觉补偿、加强功能训练

指导师应当根据听力障碍老年人的病理生理特点，特别重视对他们视觉、触觉、平衡功能的锻炼。由于听觉占整个人体获得外部信息总量的 10%左右，听力障碍者通过视觉信号基本可以获得直观运动信息的主要内容，如果再辅以正确的本体感觉和触觉训练，此类人群基本能掌握各种运动动作。训练时应当强化其他感知觉能力的发展，主要内容包括平衡、旋转、眼保健等方面的训练，要侧重速度、灵敏等素质的培养。

三、适合听力障碍的老年人参加的体育活动

在没有视线遮挡的前提下，听力障碍老年人参加体育活动几乎不受限制。但是应当尽量避免强烈旋转、增大头颅内压的运动，也不宜做过度屈体和妨碍视觉的活动。

在指导听力障碍老年人进行体育健身时，可以多安排一些提高视觉能力和运动能力的活动，如舞蹈、健身操、武术、太极拳等。听力障碍老年人对音乐节拍和节奏的掌握相对较差，舞蹈和健身操对提高他们的节奏性和身体协调能力有很大的帮助。

四、指导听力障碍老年人进行体育活动的注意事项

指导师应当依据循序渐进的原则，使听力障碍老年人由浅入深地学习和掌握一些体育运动基础知识、基本技能和基本方法。运动方案的设定应当由简单到复杂，运动负荷应当由小到大，注意休息和调整。指导师一般需要具备基本的手语交流能力，还应当具备较高的表情阅读能力。指导师应当注意受训者信息获得与处理的方式。在传授运动技能时，指导师应当面对受训者，先进行动作示范，然后进行手语解释。交流时表情要自然亲切，充满耐心，不要过于夸张和显现出焦虑和急躁，否则容易导致受训者无所适从和自我否定，从而不敢勇于尝试新的动作。

在组织听力障碍老年人参加体育活动时，要充分利用通用的场地和器材，可以根据活动的内容和分组，安排不同颜色的服装，在进行比赛时要配备旗和灯等辅助器材，也可以根据活动内容设一些标志物，为听力障碍老年人参加比赛提供帮助。

听力障碍老年人参与或观看投掷项目要注意安全，指导师必须在场进行合理的组织和信号指示，不允许听力障碍老年人独自或群体进行标枪、铅球、铁饼等有可能伤害他人的器械活动。在辅导武术运动时，宜选择长拳、太极拳和软器械为主的项目。

第 3 节　对截肢老年人的体育活动指导

一、截肢老年人的生理和行为特征

截肢是因外伤、感染、肿瘤、先天畸形等严重影响身体正常功能甚至危及生命，需要用手术的方法切去伤病的肢体的一类残疾。在残疾人体育分级体系中，先天性肢体短缩和其他原因引起的肢体肌力下降、关节活动度下降以及肢体缺损与截肢属于同一类别。

截肢包括上肢截肢、下肢截肢和上下肢混合的截肢，截肢的部位不同，残疾的严重程度也不同。下肢截肢的人，身体移动（走、跑、跳）的功能受限，双下肢高位截肢的残疾人需要依靠轮椅移动，单侧下肢截肢者需要装配假肢才能行走。上肢截肢者给完成各种复杂多样的生活动作造成很大困难，带来各种不便。截肢对于人的精神状况和社会适应能力都有极大影响，尤其是老年截肢者或合并其他疾病或损伤的个体。

对膝下截肢者生理功能影响最大是截肢对心血管系统的影响。下肢创伤后截肢可能会增加此类人群心血管疾病的发病率和死亡率。但是，对于发病率升高的风险因素和罹患后的病理生理机制尚无清晰的认识。

二、截肢老年人损伤后康复过程中的体育锻炼

截肢老年人在损伤治疗后的康复期进行体育锻炼非常重要。主要锻炼内容包括在卧床阶段应当进行深呼吸或咳嗽的主动肺功能锻炼，防止积坠性肺炎或其他肺部感染的发生。此时还要注意受压迫部位皮肤的卫生和干燥，防止发生褥疮。如有可能，应当尽早开始健侧肢体的功能锻炼，锻炼过程包括髋、膝、踝的各个方向的主动运动。下肢截肢者还应当尽早进行上肢功能锻炼，为下一阶段扶拐站立和行走做好充分的准备。单下肢截肢者应当尽早进行健侧下肢的单足站立或跳跃训练，这有助于全身协调性、平衡能力和体能的恢复。但要适量，以免造成健侧下肢各关节软骨的损伤或退行性病变。上肢截肢者应当多进行残留关节的各个方向的运动，运动方案应当包括关节活动度的训练和肌力的训练。如有条件，可以进行游泳或其他水中运动，以提高体能、心肺功能、关节活动度和肌力。

三、适合截肢老年人参加的体育活动

肢体丧失会导致身体重心位置改变，截肢部位越高，活动时能耗越大。加强体育锻炼和发展整体素质对于改善身体机理和活动能力非常重要。加强肌肉力量锻炼可防止肌肉萎缩，应当尽可能坚持进行。另外，肢体丧失会造成躯干肌力出现不对称分布，久而久之，因不平衡会产生躯干运动功能受限或降低。因此，所有截肢者应当特别注意腰背部锻炼。上肢截肢者应当注意颈、肩、上背部的锻炼。下肢截肢者应当注意腰部、髋关节周围等核心区肌力锻炼。

1. 适合上肢截肢老年人的体育活动

对上肢截肢者，尤其是双上肢截肢者来说，首先要训练下肢的柔韧性、协调性和灵活性，使双腿不但能担负身体的支撑和行走，还能完成某些日常生活所必需的动作，如用脚提拿衣物、重物及进行日常梳洗等。

（1）下肢协调性、柔韧性练习

主要包括压腿、正压、跪坐压腿、半劈腿前压、半劈腿转体坐、纵劈腿、仰卧劈腿、肋木压腿等练习。

（2）下肢力量练习

主要包括站立举腿、仰卧腿屈伸等练习，可以负重或不负重。

（3）腰腹肌练习

主要包括仰卧起坐、俯卧抬腿、仰卧举腿等练习，可以负重或不负重。

（4）上肢残肢练习

主要是指残肢或装配上肢假肢后的截肢者日常功能恢复性练习，如进食、穿衣、梳洗及穿戴假肢等自我护理方面的训练。

（5）其他体育活动

田径、游泳以及一些休闲类体育运动都适合于上肢截肢者，如慢跑、健步走、长距离走等。只要是练习者喜爱的、又有利于身心健康的体育活动，上肢截肢者均可参加。

2. 适合下肢截肢老年人的体育活动

下肢截肢者的上肢在他们的生活中很重要，行走离不开有力的上肢的帮助，有的甚至需要依靠上肢来支撑身体进行移动。合理而有益的体育锻炼，可以使下肢截肢者的上肢灵活而且有力。

（1）上肢力量练习

常见的练习方法包括正缠重锤、反缠重锤、爬绳、爬竿、引体向上、俯卧撑、屈臂撑、飞鸟展翅、卧推杠铃等练习。

（2）球类项目练习

下肢截肢者可以利用健肢进行适合自己的体育活动，运动时可以用轮椅或扶拐。主要的活动内容包括轮椅驱动、轮椅乒乓球、轮椅羽毛球、坐式排球、轮椅篮球、轮椅网球等。集体项目如果没有足够的伙伴参与，也可进行个体单独练习，如对墙打乒乓球、原地打网球等。个人还能进行某些项目中单个动作的练习，如轮椅投篮、原地垫排球等。

（3）休闲娱乐项目

下肢截肢者可以在户外进行扶拐快走、轮椅驱动散步、钓鱼、下棋、投飞镖、轮椅舞蹈等练习。

四、指导截肢老年人进行体育活动的注意事项

特别要注意假肢穿戴时的皮肤问题。下肢截肢者参加体育活动时宜穿戴定制的运动假肢。由于运动过程中大量出汗，如果皮肤干燥问题处理不当，位于假肢接受腔内的皮肤会出现湿疹、水疱或红肿等症状。出现此类问题时，应当及时寻求医疗援助。下肢截肢者还要注

意健侧下肢和截肢肢体残端的末梢循环，如果出现下肢疼痛，应当立即减少运动量甚至暂停运动锻炼。

第4节　对脑瘫老年人的体育活动指导

一、脑瘫老年人的生理和行为特征

脑瘫即脑性瘫痪（又称为脑性麻痹），是指出生后一个月内脑发育尚未成熟阶段，由于非进行性脑损伤所致的以姿势和运动功能障碍为主的综合征。脑瘫是小儿时期常见的中枢神经障碍综合征，病变部位在脑，累及四肢，常伴有智力缺陷、癫痫、行为异常、精神障碍及视觉、听觉、语言障碍等症状。国际脑瘫者体育和休闲运动协会将脑瘫者分为肌张力增高型、共济失调型和手足徐动型三种基本类型。

对于脑瘫人群，许多因素都能提高他们的健康与幸福，其中包括体力活动、体育锻炼和运动训练。日常体力活动很重要，其中典型的例子包括日常家庭活动、栽花种草以及悠闲的散步或轮椅驱动等。体育活动的好处还在于能增加个人对社区活动的参与，提高主观幸福感和降低焦虑，保护和提高心肺功能，维持和增强力量、灵活性、柔韧性和协调性，维持或提高骨结构和力量，有助于控制体重，减少一些慢性病（如高血压，骨质疏松症）的风险。

二、指导脑瘫老年人进行体育活动的一般原则

在开始锻炼计划之前应当咨询医生或其他保健人员，特别是当参与者有健康问题或是正在采用药物治疗慢性疾病时。专业的运动训练技术和原则和可以帮助指导者设计一个能满足参与锻炼的脑瘫人群的特殊需求的方案。

训练计划应当个性化，以满足每个参与者达到他们的目标并尽力开发他们的潜能。训练计划可以在家中进行，也可以在具有一般运动设备和专业运动康复设备的机构中进行。需要一个特殊时间安排用以熟悉设备，促进辅助人员、参与者与指导者逐渐达到有效的交流和沟通。

在训练开始时应当设定现实的运动能力目标，对于这个目标至少每6个月应当进行一次评估。

运动周期、频率应当是固定的，每周至少3～5次。每次运动持续时间需要定期调整。总体来说，每次最短的训练时间应当是20～30分钟。然而，在刚开始的几周，每天几个短

的练习时间（如 5～10 分钟）比较长的运动时间要好得多。

运动目标应当是增加肌力下降肌肉力量和拉伸紧张的肌肉。尤其重要的是，应当逐渐增加运动的持续时间、强度和频率。如果参与者处于较低的训练水平，应当先逐步增加持续的时间，然后再增加运动的强度。

体力活动和运动强度不必过高。中等水平同样可以达到目标，最开始可能会出现肌肉酸痛的现象。对于重度挛缩或肌力严重下降的参与者，应当格外谨慎，以减少不必要的肌肉拉伤。

头痛、胸痛、呼吸困难、过度疲劳、恶心，以及中度至严重的关节或肌肉疼痛都是重要的危险信号。此时应当立即停止锻炼计划，在再次开始之前寻求医生或其他保健人员的建议。

三、脑瘫老年人的锻炼目标

1. 维持骨骼结构和提高骨强度

脑瘫或神经肌肉残障者存在不能动或不愿动的可能性。缺乏运动或不运动将降低骨质密度和强度，易导致骨质疏松症。躯干、肢体和关节的负重和肌肉锻炼能够有效地阻止骨骼结构和强度的降低。若脑瘫人群一直不动，或处于一个自认为比较舒服的水平，这种情况会逐渐加重。

2. 提高柔韧性和关节活动范围

肌张力增高的脑瘫人群会限制关节的运动，关节功能运动的减少或丧失与肌肉疼痛有关。锻炼时应当关注那些在参与者日常生活中引起大多数问题的肌肉。慢慢地伸展肌肉直到最大位置，注意不要产生疼痛的感觉。

每个拉伸动作保持住 10～60 秒，重复 2～3 次。每天几个拉伸动作可以提高柔韧性和关节活动度。

3. 提高心肺功能

通常的方法是进行有氧运动，这些运动也可以维持或降低参与者的体重。从安静到剧烈运动期间，维持较长一段高于安静水平心率的中等强度心率水平的时间。

刚开始用 5 分钟来进行训练，之后渐渐增加训练强度，时间一般要持续 20～60 分钟运动频率最好为一周 3 次，也可每天都运动。注意应当选择对关节和肌肉压力较小的运动方式，尤其是在已经是肌张力过高的肢体部分。

4. 加强肌肉的力量和耐力

提高负荷重量而不是重复次数的训练能增加肌肉力量，中等负荷重量且多重复能增加肌肉的力量、耐力。参与者一次训练可以锻炼一块肌肉或几块肌肉。应当采用平衡的训练计划以关注每日的活动中经常使用的肌肉。对于某些特定的肌群做力量训练的过程中，每周应当保证一整天的休息。

在训练计划中，开始增加强度的48小时内，所涉及肌肉会出现轻微的酸痛。在训练计划开始之初，对于每个肌群，要通过完成10个左右的负荷较轻的重复动作进行适应性训练，随后逐渐增加负荷重量以减少重复次数。训练的开始阶段，一般完成两组动作即可。如果肌肉在2～4次重复之后就出现疲劳，表明负荷重量过大，若能重复完成12～15次，表明这个负担重量太小，目标是完成重复10次的负荷重量。

对于痉挛肌肉的对侧拮抗肌进行力量训练效果最明显。如果肘关节屈肌明显痉挛，应当多进行肘关节伸肌的拉伸和力量训练。应当特别注意的是，为防止肌肉的拉伤必须在力量训练前进行热身运动和拉伸运动。

不应当进行最大负荷的运动。不能使用使肢体产生明显晃动的负荷重量。有手足徐动症（不自主运动）的脑瘫人群应当谨慎使用自由重量的练习，如杠铃、哑铃等，就是说，不要采用运动者不能控制负荷重量的运动方式。如果刚开始进行自由重量训练，建议有一个辅助人员进行保护。在抗阻运动过程中不要出现屏气的过程。如果出现明显的肌肉、关节疼痛或肿胀超过48小时以上，就应当立即寻求医疗咨询。

四、适合脑瘫老年人进行的体育活动

1. 手摇自行车

这个活动模拟骑自行车，但是用手臂完成而不是腿。参与者可以使用固定的室内设备（如测力计）或专门设计的在户外使用的手臂周期性驱动的自行车。户外运动的时候，建议参与者戴头盔。

2. 座椅有氧运动

这个练习方式将上半身的运动和拉伸运动结合起来，旨在提高柔韧性和心血管耐力。这些运动都采用坐姿位置。

3. 舞蹈

通常会伴随着背景音乐进行。音乐的节奏决定了运动的速度和强度。锻炼过程中的心率应当达到一定的次数。舞蹈练习过程中必须仔细考虑正确的身体力线、强度和关节活动范围。注意：此类锻炼方式对严重的关节肌肉挛缩或骨质密度下降的参与者是有害的。

4. 阻力带练习

包括阻力带的抗阻训练和拉伸运动。通常阻力带的主要材质是用乳胶，有几种不同的类型，涉及不同的长度和弹性。使用时一端通常是固定到一个静止的物体上，另一端固定在身体所要求训练的部分，然后进行伸展练习。注意，所有的拉伸运动应当缓慢进行，应当采取适当的防护措施，例如，当阻力带处于拉伸状态时不能松开阻力带。

5. 慢跑或快走

练习者以稳定的步伐进行慢跑或快走。这一运动可以在室内（如在固定位置跑台上或在登山机上）完成，也能在室外进行。值得注意的是，在跑台上进行锻炼时一定要有辅助人员进行保护。慢跑或快走时应当穿着合适的运动鞋，运动刚开始的时候会有轻微的肌肉疼，如果关节不适逐渐加重，考虑锻炼对关节冲击性影响较小的运动类别，如健步走或游泳等运动。注意：此类运动对有严重关节肌肉挛缩、骨密度损失或退行性关节疾病的练习者来说可能是有害的。

6. 健步走

健步走是一种方便的、在任何地方都可以进行的运动，有或没有辅助设备（如手杖，拐杖，步行器）都可以。应当注意的是，健步走对有明显的关节肌肉挛缩或晚期的骨质密度损失的参与者来说可能是有害的。关节疼痛是一个很明显的警告信号。

7. 蹬自行车

包括能移动的两轮或三轮的自行车，或固定的自行车。户外自行车通常能换挡，以便辅助完成上坡路面的骑行；室内设备通常有机械的或者电程序控制阻力以增大负荷。注意，在户外骑行时应当戴头盔。

8. 爬楼梯

这个练习可以在特定的运动设备上进行，模仿爬楼梯过程或在真实的台阶上完成动作。在运动的开始阶段可能会出现轻微的大腿肌肉酸痛或关节疼痛。

9. 划船

划船是一个在固定设备上以坐姿完成的全身运动。此项运动使用双臂反复运动来对抗阻力，通过双腿的固定和蹬伸动作维持协调全身动作。

10. 游泳

游泳是在水中进行的全身运动，意味着要使用上肢、躯干和下肢。一定要在合适的水温下完成游泳运动，理想的水温是 24～30℃。如果游泳池的水是加氯消过毒的，要戴上护目镜；并且绝对不要单独一个人游泳；若有必要的话，应使用合适的漂浮装置。

11. 水中运动

这项运动与游泳有许多类似之处。水温应当在 24～30℃，在一段时间内，可以对某一部位进行重复运动，随后逐渐增加速度和持续时间。运动时还可以利用打水板、聚苯乙烯泡沫塑料哑铃等其他水中运动装备。在水中由于漂浮，躯干对下肢的重力会部分抵消，这类运动可以产生跟在陆地上相同的心血管锻炼效果。

12. 力量训练

参与者可以在家里或健身场所内完成力量训练，一般情况下包括自由重量运动和采用器械进行训练，这些装备都能提供定量的阻力负荷。肌力较弱的需锻炼肌肉可以通过抗阻训练在短时间内提高力量能力。大强度负荷能增加力量能力，提高重复次数能增加肌肉的耐力性力量，抗阻的负荷不断提高以及每次训练的组数增加，能够产生理想的训练效果。注意，绝对不要单独地进行自由力量训练。

13. 驱动轮椅

轮椅驱动练习是使用胳膊或腿通过推进轮椅进行锻炼。较大强度的轮椅驱动练习可以在室内或室外完成。锻炼时可以使用传统的轮椅或专门的运动轮椅完成训练计划。注意，如果在室外进行轮椅驱动运动时，一定要对街道的交通意外采取防范措施。

14. 瑜伽和太极

瑜伽运动主要包括呼吸和拉伸运动，短时间内保持各种各样的姿势。太极拳包括一系列缓慢的、连续的、平滑的动作，进行太极拳运动不需要额外的设备，但需要穿着宽松的衣服。

五、练习的关键点和牢记内容

1. 练习的关键点

（1）年龄

锻炼对任何年龄组都起作用。在所有年龄段中，体育锻炼可以增强骨骼和促进血液循环，增加力量，提高协调性。

（2）创伤

一个适当的锻炼计划不会加重脑瘫或神经肌肉疾病的伴随症状。

（3）疲劳

运动要利用能量所以会产生疲劳，然而，通过定期锻炼人们能够增强耐力从而更容易满足日常活动需求。

（4）跌倒

如果做适当的锻炼，运动并不会导致跌倒或受伤，反而会提高身体的平衡性、灵敏性、肌肉力量和协调性，有利于防止在日常活动中的损伤。

2. 牢记内容

（1）指导者应当经常鼓励参与者，告诉他们能够做到训练计划所提出的要求。

（2）运动可以在家中或在具备运动设施的机构或中心进行。

（3）参与者应当使用专业的设备和在具备专业资质的人员的指导下完成训练计划。

(4) 慢慢地开始；在每一次运动时都应当有开始的热身和拉伸活动。逐步增加运动强度、持续时间和频率。以一个整理活动来结束每次训练课。

(5) 当出现警惕危险信号，应当立刻停止运动。

(6) 如果依照一个有效的训练计划进行练习，结果将是有益的；如果按照一个拙劣计划进行训练，可能会产生有害的结果。

六、脑瘫老年人进行体育活动的健康与安全问题

在所有的锻炼过程中下列健康和安全问题必须予以重视。

1. 参与者在运动全程中都应当多喝水。确切的饮用量取决于温度、湿度和每次锻炼时间等若干因素。

2. 在每一个具体的锻炼过程中，参与者都应当一直穿着服装和合适的鞋子。应当注意和避免服装可能导致意外损伤，例如，过于宽松的长裤或短裤可能夹进自行车链条中。参与某些活动时可能需要戴头盔、穿护膝和护肘。

3. 当进行极冷或极热的户外活动时应当采取额外的预防措施。在极端热、冷和高湿度的时候应当调整锻炼的时间。锻炼的时间和强度应当随着温度和湿度的增加而降低。如果从事户外锻炼，应当根据天气情况穿着适当的衣服。服装应当分层，不至于导致参与者因太热或太冷而取消或更换所参加的运动项目或锻炼内容。如果在夜间进行户外运动或能见度差的条件下运动，参与者应当穿着色彩鲜艳的服装，穿有亮光或有反光条的鞋，骑或坐色彩鲜艳的自行车、轮椅。

4. 药物可以改变身体的一个锻炼计划。练习者应当熟悉他们的药物会怎样影响他们参与的锻炼并且他们需要咨询医生或卫生保健人员有关问题。

5. 有严重的挛缩或骨质疏松的人进行负重关节的弯曲练习时必须谨慎。

第 5 节　对脊髓损伤老年人的体育活动指导

一、脊髓损伤老年人的生理和行为特征

脊髓损伤是指由各种原因引起的脊髓结构和功能的损害，造成损伤水平以下脊髓功能的障碍。造成脊髓损伤的主要原因是外伤（如交通事故、摔伤、砸伤等）和疾病（如脊髓炎、脊髓瘤等）。由于脊髓神经损伤的位置不同，身体残存的运动功能也不一样。

脊髓损伤的个体将面临终生残疾，损伤会导致体力活动时的内环境稳态与健全人存在明显的差异性。神经系统的损坏使运动神经、感觉神经以及自主神经、效应器、感受器的必修信号整合遭到不同程度的破坏，从而对体能、运动能力和健康产生深刻影响。根据类型和损伤平面，脊髓损伤分为不同的程度，但就全人类而言，他们是体能状况最差的一类人。年轻的脊髓损伤个体就开始承受病理过程加速同时伴随体能健康恶化以及过早衰老的困扰。这些常见疾病有血脂异常、心脏疾病、动脉循环不畅、凝血障碍（异常）、骨关节疾病、肌肉骨骼及神经器官疼痛等。

虽然由于身体条件限制，还有许多脊髓损伤个体通过参与体育运动来提高身体健康状况。上肢保留的功能使他们能参加多种多样的体力活动和运动项目。条件较好的个体甚至可以通过矫形设备或电脑控制电子神经假肢进行自主移动。

二、适合脊髓损伤老年人进行的体育活动

1. 耐力运动

大多数情况下，脊髓损伤导致下肢力量不足，但机体耐力和运动控制能支持有效和安全的身体训练。一般采用上肢屈伸练习，轮椅驱动练习和游泳，所有这些运动练习都能提高脊髓损伤个体的最大摄氧量，运动能力提高的幅度与损伤平面的高低呈反比关系，也就是说，损伤的水平是预测上肢耐力训练效果的关键因素。

对脊髓损伤人群耐力训练的推荐建议与健全人比较没有明显的差异。对于截瘫参与者，每周训练 3～5 次，每次训练持续时间 20～60 分钟，强度为最大摄氧量的 50%～80%。常用的锻炼方式有臂弯举，轮椅驱动，游泳，低强度循环抗阻训练，电刺激蹬自行车，电刺激行走等。与健全人相同，训练强度的参考值范围应当是个体最大心率的 50%～80%。运动量过大易导致疼痛和损伤的发生，因此，应当在熟悉和了解个体情况的、具有相应资质的专业人士的监督和指导下，选择相对个性化的运动频率和持续时间和强度。长期的参与性和避免损伤应当是脊髓损伤人群训练的主要目标。总之，此类人群强度、周期、频率的选择要比健全人谨慎许多。

2. 力量训练

对脊髓损伤的老年人来说，在室内使用阻力带进行抗阻性力量训练是比较可行的。使用阻力带进行抗阻运动目的是替代其他器械负重。可以通过调整抓握位置改变阻力负荷。如果想增加阻力，可以将抓握位置靠近阻力带中心以减少作用长度，也可以通过对折阻力带提高负荷强度。如果想减少阻力，可以将抓握位置靠近阻力带末端。

三、脊髓损伤老年人进行力量训练的指导要点

1. 控制好运动训练节奏

缓慢地开始和加大训练计划。从简单的运动方式开始，以避免损伤和尽可能减少肌肉酸痛。如果感到呼吸过快，应降低运动强度直到呼吸正常为止。如果从未进行过运动训练应当注意以下几点。

（1）第一次进行力量训练后会出现延迟性肌肉酸痛，一般出现在运动后的次日。例如，进行屈臂弯举后第二天醒来上肢屈侧会出现肌肉酸痛，这种感觉一般会持续 48 小时。

（2）一般训练强度下延迟性肌肉酸痛会出现数日，训练强度较大可能会持续一周，严重的延迟性肌肉酸痛可能会影响移动过程。

（3）一般情况下，休息、低强度运动或热身能有效地缓解延迟性肌肉酸痛。

（4）较长时间停止训练后，重新开始运动还会出现延迟性肌肉酸痛。

2. 做好基本保护

（1）检查运动服装

应当穿着舒适的衣服。

（2）检测周围环境

选择一个较宽敞的没有障碍物的室内（室外）空间。

（3）保证水合状态

水合状态是指长时间运动导致的出许可造成人体内水与电解质代谢平衡紊乱，因此，运动前和运动后要摄入足够量的运动饮料。

（4）检测阻力带情况

运动前应当仔细检查阻力带，确保没有裂口和小洞。确保阻力带能够抓牢，但不能太紧。最初开始运动时，应当调整阻力带的长度，使之能在完成抗阻运动后松弛，以便在整个关节活动度内进行某一关节的抗阻运动。如果将阻力带固定在某一其他位置，例如门把手、房门、窗框等时，要确保这些固定部位的牢固性。

3. 制订训练计划

建议开始练习时分 3 组，每组 8～10 次为宜，如果感到能很好地适应训练量，可以适当增加组数和每组重复次数。要确保训练时左右侧、前后侧力量的运动量相同，以维持肌肉的平衡，预防损伤。每次练习时应当从大的肌群开始，先练习肩胛、胸背部的肌肉；然后练习小的肌群，例如臂部的肌肉。如果能很好地适应前几次训练，则可以适度增加抗阻训练量。

4. 重视热身活动

每次进行柔韧性训练、抗阻性运动或有氧运动前应当进行热身，主要目的是使肌肉温度

升高，降低黏滞性和加速血液循环。

（1）向前或向后驱动轮椅各 2 分钟。

（2）单侧（双侧）肩关节向前环绕 10 次。

（3）单侧（双侧）肩关节向后环绕 10 次。

（4）单侧（双侧）肘关节旋前环绕 10 次。

（5）单侧（双侧）肘关节旋后环绕 10 次。

（6）单侧（双侧）腕关节向外环绕 10 次。

（7）单侧（双侧）腕关节向内环绕 10 次。

四、脊髓损伤老年人进行力量训练的具体内容

1. 主要基础练习内容

（1）后伸肩关节

1）将阻力带穿固定轴，适度拽阻力带以确保稳定固定。练习斜方肌上部肌肉时，固定位置应当稍高于肩关节；练习斜方肌下部肌肉时，固定位置应当稍低于肩关节。

2）适当调整轮椅位置，以便阻力带不至于在拉伸时太松或太紧。

3）躯干直立坐在轮椅上，脚放在踏板或地板上，肩关节位于中立位，收缩腹肌以维持躯干稳定性。

4）每只手抓握住阻力带的一侧，掌心相对，头部、颈部和躯干位于中立位。

5）呼气，同时屈肘将双手拉向胸廓，同时两侧肩胛骨后缩；吸气，将双手缓慢还原至初始位置。

6）每次练习 3 组，每组重复 8～10 次。

提示：日常生活时经常进行的这个动作包括开门、转移、调整坐姿、穿（脱）衣服等。

（2）下拉

1）将阻力带在前上方高位固定，如入户门的一角，下拉阻力带。

2）躯干直立坐在轮椅上，脚放在踏板或地板上，肩关节位于中立位，收缩腹肌以维持躯干稳定性。头部、颈部和躯干位于中立位。双手抓住阻力带两端，抓握位置与头顶位于同一水平。

3）呼气时，肘屈曲，将手向腰部两侧下拉阻力带；吸气时，缓慢向上还原至起始位置。

4）每次练习 3 组，每组重复 8～10 次。

提示：日常生活时经常进行的这个动作包括转移、驱动轮椅、穿（脱）衣服、进行个人护理等。

（3）曲臂弯举

1）躯干直立坐在轮椅上，脚放在踏板或地板上，肩关节位于中立位，收缩腹肌以维持躯干稳定性。头部、颈部和躯干位于中立位。双手抓住阻力带两端，抓握位置与头顶位于同一水平。

2）将阻力带从轮椅座位下方穿过（也可手抓握重物）。抓紧阻力带末端，掌心向上，手臂向下伸直。

3）呼气时，掌心向上屈肘；吸气时，缓慢向下还原，但不要完成伸直。在整个动作过程中保持阻力带的紧张度。

4）每次练习 3 组，每组重复 8～10 次。

提示：日常生活时经常进行的这个动作包括进行家务劳动、穿（脱）衣服、进行个人护理、从地板上抬起重物等。

（4）向后伸肘

1）肱三头肌和或腹肌受限的个体难以完成此动作。

2）躯干直立坐在轮椅上，脚放在踏板或地板上，肩关节位于中立位，收缩腹肌以维持躯干稳定性。头部、颈部和躯干位于中立位。双手抓住阻力带两端，抓握位置与头顶位于同一水平。

3）各手分别抓握重物，掌心相对，尽力后伸肩关节。肘关节紧贴身体两侧。

4）呼气时，向后上方伸肘，到最大位置后控制 1 秒；然后吸气，缓慢向下还原至初始位置。

5）每次练习 3 组，每组重复 8～10 次。

提示：日常生活时经常进行的这个动作包括转移、驱动轮椅、穿（脱）衣服、进行个人护理等。

（5）前臂内旋

1）将阻力带固定在身体侧方位，方向同冠状轴与人体矢状面垂直，距运动侧轮椅车轮约 50 厘米处，固定位置稍高于肘关节。当左侧上肢进行内收内旋时，左侧靠近固定位置，完成动作后，轮椅转 180°，同时交换对侧肢体运动。

2）运动前调整阻力带松紧程度；进行几次拉拽动作，确定牢固附着。

3）一侧手握住阻力带，拳眼朝上，肘关节屈曲 90°。

4）呼气时，缓慢向躯干拉阻力带，保持肘关节位于体侧；吸气时，缓慢还原至初始位置。

5）每次练习 3 组，每组重复 8～10 次。

6）也可以用较轻的自由负荷替代阻力带。

提示：日常生活时经常进行的这个动作包括转移、进行个人护理等。

（6）前臂外旋

将阻力带固定在身体侧方位，方向同冠状轴与人体矢状面垂直，距运动对侧轮椅车轮约20厘米处，固定位置稍高于肘关节。当左侧上肢进行外展外旋时，左侧靠近固定位置，完成动作后，轮椅转180°，同时交换对侧肢体运动。

1）运动前调整阻力带松紧程度；进行几次拉拽动作，确定牢固附着。

2）一侧手握住阻力带，拳眼朝上，肘关节屈曲90°。

3）呼气时，缓慢向外侧拉阻力带，保持肘关节位于体侧；吸气时，缓慢还原至初始位置。

4）每次练习3组，每组重复8～10次。

5）也可以用较轻的自由负荷替代阻力带。

提示：日常生活时经常进行的这个动作包括转移、进行个人护理等。

2. 额外附加抗阻性运动训练

（1）肩关节上举

1）这是一个比较高难度的动作，如果肩关节疼痛、有肩关节部位损伤和肌力降低史的个体应当避免任何超过头部的动作。

2）躯干直立坐在轮椅上，脚放在踏板或地板上，肩关节位于中立位，收缩腹肌以维持躯干稳定性。头部、颈部和躯干位于中立位。

3）肩关节水平外展，向上屈肘90°，双手相向抓握负重物，掌心相对。如果用阻力带，可将阻力带从轮椅座位下方穿过，双手抓住阻力带两端，肩关节水平外展，向上屈肘90°，掌心相对。

4）呼气时，上举重物（或向上拉紧阻力带），缓慢伸直肘关节；吸气时，缓慢向下还原至起始位置。

5）每次练习3组，每组重复8～10次。

提示：日常生活时经常进行的这个动作包括触及高于头顶的物体、穿（脱）衣服、调整坐姿、进行个人护理等。

（2）胸部推举

1）将阻力带从背后绕过，确保低于肩胛骨，或从轮椅背后绕过，低于两侧手推把手，双手各抓握阻力带一侧。

2）躯干直立坐在轮椅上，脚放在踏板或地板上，肩关节位于中立位，收缩腹肌。

3）以维持躯干稳定性。头部、颈部和躯干位于中立位。

4）肩中立位，屈肘，腕与肩平齐，掌心向前。

5）呼气时，向前伸直肘关节；吸气时，向后还原至初始位置。

6）每次练习 3 组，每组重复 8～10 次。

提示：日常生活时经常进行的这个动作包括推门、转移、驱动轮椅、穿（脱）衣服等。

（3）双臂水平内收

1）将阻力带从背后绕过，确保低于肩胛骨，或从轮椅背后绕过，低于两侧手推把手，双手各抓握阻力带一侧。

2）躯干直立坐在轮椅上，脚放在踏板或地板上，肩关节位于中立位，收缩腹肌以维持躯干稳定性。头部、颈部和躯干位于中立位。

3）水平外展肩关节，掌心向前，运动过程中肘关节轻微弯曲。

4）呼气时，两侧同时水平内收肩关节；吸气时，向后还原至初始位置。

5）每次练习 3 组，每组重复 8～10 次。

提示：日常生活时经常进行的这个动作包括推门、转移、驱动轮椅、穿（脱）衣服、进行家务劳动等。

（4）扩胸运动

1）将阻力带穿固定轴，适度拽阻力带以确保稳定固定。适当调整轮椅位置，以便阻力带不至于在拉伸时太松或太紧，阻力带固定位置与肩关节平齐。

2）双手抓住阻力带两端，躯干直立坐在轮椅上，脚放在踏板或地板上，肩关节位于中立位，收缩腹肌以维持躯干稳定性。

3）呼气时，进行扩胸运动（肩关节水平外展），保持肘关节伸直；当肩、肘、腕位于一条直线时，吸气，向前缓慢还原至初始位置。

4）每次练习 3 组，每组重复 8～10 次。

提示：日常生活时经常进行的这个动作包括推门、转移、驱动轮椅、穿（脱）衣服、进行家务劳动、进行个体护理等。

（5）双手侧平举

1）将阻力带穿过轮椅踏板下面，双手分别抓握阻力带两侧。也可以分别抓握轻微重物。

2）躯干直立坐在轮椅上，脚放在踏板或地板上，肩关节位于中立位，收缩腹肌以维持躯干稳定性。头部、颈部和躯干位于中立位。

3）双手置于两侧，掌心向下。

4）呼气时，两侧同时缓慢外展肩关节；当肩、肘、腕位于一条直线时，吸气，向下缓慢还原至初始位置。

5）每次练习 3 组，每组重复 8～10 次。

提示：日常生活时经常进行的这个动作包括转移、驱动轮椅、从地面上捡起物体、穿（脱）衣服等。

（6）肩关节前侧举

1）将阻力带穿过轮椅踏板下面，双手分别抓握阻力带两侧。也可以分别抓握轻微重物。

2）躯干直立坐在轮椅上，脚放在踏板或地板上，肩关节位于中立位，收缩腹肌。

3）维持躯干稳定性。头部、颈部和躯干位于中立位。双手置于两侧，掌心向下。

4）呼气时，两侧同时缓慢地在矢状面内前屈肩关节；当臂与肩平齐时，吸气，向下缓慢还原至初始位置。也可以两侧轮替完成动作。

5）每次练习3组，每组重复8～10次。

提示：日常生活时经常进行的这个动作包括转移、驱动轮椅、从地面上捡起物体、穿（脱）衣服等。

五、指导脊髓损伤老年人进行体育活动的注意事项

1. 参加运动前应当做的工作

（1）制订运动计划表格

做一个家庭运动训练方案和注意事项列表，在进行运动训练之前一一核对所有内容。

（2）告知医生并征得医生同意

将自己的训练方案告知最了解个体情况的医生，请医生从他的角度给出一些直观重要的意见。

（3）加强自我监督

运动过程中应当对自身情况负责，倾听和把握自身的信息非常重要。整个运动过程中要经常及时告知自己注意把握运动强度，例如，运动时是否还能正常说话，如果不行则应该休息或降低运动强度。如果持续出现身体某一局部肌肉和关节酸痛，应当停止导致这一现象的运动动作。如果出现植物神经紊乱的表现，应当及时停止运动，立即寻找产生这一反应的原因。

2. 脊髓损伤人群出现植物神经紊乱时应当采取措施

（1）脊髓损伤人群植物神经紊乱的主要症状和体征

1）剧烈头痛。

2）损伤平面以上出汗，比正常运动时出汗量大。

3）皮肤温度下降，损伤平面以下皮肤苍白。

4）皮肤红疹。

5）情绪烦躁，不安静。

6）血压升高，血压高于200/100毫米汞柱。

7）脉搏下降，脉搏低于60次/分钟。

8）面部潮红，非准备活动引起的。

9）恶心反胃。

(2) 当意识到植物神经紊乱时应当采取的措施

1）为预防并发症而尽快进行治疗。

2）保持坐姿。也可以转移到床上，但应当保持头部抬高。

3）及时明确和去除诱因。检测尿路系统，一般最常见的原因是膀胱充盈，直肠和皮肤问题也可能是诱因。

注意！如果这些症状仍无法消除，应当快速寻求医疗帮助。

第 6 节　对智力障碍老年人的体育活动指导

一、智力障碍老年人的生理和行为特征

智力障碍是一种心智发展受阻或不完全的状况，表现在认知、语言、机能以及社交能力等方面存在技巧和整体智力发展缺陷，主要包括普通的智力障碍者、唐氏综合征和自闭症患者。智力障碍可能与其他身体和精神障碍一起出现，也可能单独出现。尽管智力水平低下是智力障碍的典型特征，但是只有出现适应正常社会环境日常所需能力低下的情况时，才能确诊为智力障碍。

由于家庭、社会和周围环境的因素以及药物治疗和各方面的管理约束，智力障碍残疾人与健全人在生长发育上存在较大差异，表现为体形、体态上发育不均衡，心肺功能偏低。在认知发展、动作发展和情感发展上也落后于健全人。与健全人一样，随着年龄的增加，智力障碍老年人慢性病发病率也呈增高趋势。智力障碍老年人由于长期久坐不动，能量消耗较少，容易导致肥胖，增加心血管疾病和Ⅱ型糖尿病的风险。

体育活动不仅能促进智力障碍老年人的体质健康发展，还能改善他们的适应能力和行为，是提高智力障碍老年人生活质量最有效的方法之一。

二、指导智力障碍老年人进行体育活动的基本原则

要根据智力障碍的程度制定相应的训练方案。一般而言，智力障碍老年人是有智力的，只是智商不高。他们可以参加体育活动，只是不能自主地参与锻炼，特别是在运动中不能准确反映自己的身体状况，有锻炼的能力，但是缺乏锻炼时的主观控制力。

在指导智力障碍老年人进行体育活动时，指导师应当该根据他们的身心特点和身体状况，制定科学合理的运动方案。要以规律的有氧训练为主，提高他们的心肺功能；同时发展肌肉力量和平衡能力训练，增强运动神经的支配能力。训练时要考虑到不同程度智力障碍老年人的运动能力差异。轻度或中度智力障碍老年人可以通过常规的体育健身锻炼，使运动能力和身体发展得到较好的改善。对重度智力障碍老年人则需要考虑通过基本活动能力的训练，促进身体某些功能性能力的改善。

三、适合智力障碍老年人参加的体育活动

1. 日常运动计划

（1）热身活动

在运动之前进行热身是非常重要，如完成 5 分钟慢跑、蹬自行车或快走等，随后进行动态拉伸。完成上述活动能有效地预防关节损伤、肌肉拉伤和酸痛。

（2）主要运动

每日运动时间不少于 30 分钟。每周完成：速度/灵敏性练习 3～5 次；协调性、柔韧性和力量/爆发力练习 2～3 次。运动过程中应当穿着合适的运动装备，尤其是舒适的运动鞋。运动前和运动后要及时摄入充足的水分。

（3）整理活动

整理活动有利于预防或缓解肌肉酸痛和促进心率降低到安静水平。主要方式有 5 分钟慢跑、蹬自行车或快走或静态拉伸。

2. 提高速度和灵敏性的运动

常见的练习有能提高反应能力的如“红灯停、绿灯行”练习、足球及折返跑等。

（1）在至少 15 米的距离内以最快速度进行运球。

（2）画出间隔 10 米的距离进行折返跑，标明起点和止点，以尽可能快的速度完成任务。

3. 提高爆发力/力量耐力的运动

提高爆发力的练习方法主要有蛙跳、纵跳等。提高力量耐力的练习有拔河和徒手力量训练（如开合跳、仰卧起坐、俯卧撑等）。每次练习 3 组，每组重复 12 次，跳跃时要注意防止跌倒。

（1）蹲跳

两脚分开与肩平齐，下蹲后尽可能向上跳起。

（2）向前跳踏板

两脚分开与肩平齐，下蹲，向前上方跳起落在位于前方的踏板顶部。

（3）侧跳踏板

站在踏板侧面，两脚分开与肩平齐，下蹲，侧向跳起落于踏板顶部。

4. 提高平衡能力的运动

（1）直线走

在地面画一条直线，双脚交替在直线上行走，不要失去平衡，随着练习次数增加，平衡能力会提高。

（2）单足站立 30 秒

单足站立，另一侧腿膝关节后折，持续站立 30 秒。随后交换至对侧，非支撑腿尽力不要触地。如果上述动作过于简单，尝试闭眼或增加单足站立时间，但要注意防止跌倒。

5. 提高协调性的运动

（1）足球运球

在 10 米长的距离内设置一些标杆，用脚运球，在通过标杆时用脚改变方向，尽可能快地完成全部动作。

（2）篮球运球

双手交替在 10 米长的距离内尽可能快的运球。

6. 提高柔韧性的运动

练习方法除常见的拉伸动作外，还有一些常见的类似于游戏的训练项目。例如，直立下穿跳高架，后仰从跳高架下穿过，不触碰横杆。随着柔韧性的提高，横杆高度可逐渐下降。

7. 提高有氧耐力的运动

每天在所熟悉的街区或体育场所内进行自行车运动 20～30 分钟，或进行 30 分钟慢跑。进行自行车运动时一定要戴头盔。

四、指导智力障碍老年人参加的体育活动的注意事项

1. 运动场所的最低安全预防措施要求

智力障碍老年人参加体育活动时必须采取充分的预防措施，防止出现晒伤、体温过高或过低，以及其他因暴露于各种条件下而导致的病症或不适。在高海拔地区锻炼时必须采取特殊的预防措施，包括在运动前为他们提供训练建议，以及在运动场地上配备氧气包。在整个训练过程中，必须为参与者提供足够的饮水或其他饮料，应当鼓励参与者进行适当的饮水休息。

2. 寰枢椎关节不稳定的“唐氏综合征”患者的个人参加体育运动的问题

大约 15％的“唐氏综合征”患者会有 C－1 和 C－2 颈椎错位的症状，即寰枢椎关节不稳定。如果此类患者参加伸展过度，或颈部和上脊椎部位弯曲过激的运动，则可能加重损伤，应当予以高度重视。

小结

残疾老年人是残疾人和老年人的重要组成部分。根据致残原因和残障所致的功能受限，一般将残疾人分为感觉障碍人群（视力障碍、听力障碍）、言语障碍人群、肢体残障人群（脑瘫人群、脊髓损伤人群、截肢及类似残疾人群）和智力障碍人群。

对残疾老年人而言，通过参加体育锻炼，可以有效地改善各器官、系统的功能，提高机体的能力。科学合理的体育锻炼，可以避免或延缓残疾老年人肌肉萎缩和其他组织器官功能的退化，使机体重新获得改善和发展。

由于兼有残疾人和老年人的特征，残疾老年人在进行体育活动时务必要在专业人士的监督和管理下，根据自身的体质状况和残疾类型的特征，在“安全第一”的原则下，坚持个体性、全面性和阶段性的原则。

思考题

1. 视力障碍的残疾老年人的生理和行为特征有哪些？
2. 听力障碍的残疾老年人的生理和行为特征有哪些？
3. 脊髓损伤的残疾老年人出现植物神经紊乱时的常见表现及应当采取措施有哪些？
4. 简述脑瘫老年人的主要分型及适合参加的体育活动项目。
5. 适合截肢老年人参加的体育活动内容及注意事项有哪些？
6. 适合智力障碍老年人参加的体育活动内容及注意事项有哪些？

第9章

适合老年人的体育活动设施

学习目标

- 了解适合老年人的体育活动设施的设置要求
- 熟悉体育设施的日常维护方法
- 了解健身路径的器械组成和功能
- 掌握指导老年人进行健身路径锻炼的方法和注意事项

体育活动设施包括体育场地和体育器械，是开展体育活动所必需的物质条件。为老年人参加体育活动配备体育设施，要充分考虑老年人的生理特点和健身需求，确保科学合理、匹配得当、安全可靠。要重视对体育设施的维护、保养，为开展体育活动创造良好的条件。要指导老年人正确使用体育设施，在保证安全的前提下，使老年人充分利用体育设施，达到锻炼身体、增强体质、促进健康的目标。

第1节　选择老年人体育设施需要考虑的因素

一、年龄因素

运动健身需要心血管系统承受较大负荷，进而提高心血管系统的适应水平。但是，对某些人来说，较大的运动负荷可能带来安全隐患。因此，选择体育设施时一定要考虑风险因素。

1. 参加运动的人的基本类别

（1）低危人群

较年轻的成年人（男性 45 岁，女性 55 岁以下），无心脏病及其他危险病史。

（2）中危人群

无心脏病史，但年龄较大（男性 45 岁，女性 55 岁以上），具有两个以上的风险因素。

（3）高危人群

具有一个以上的风险因素，或患有心、肺、代谢性疾病的患者。

2. 选择体育设施须重视的问题

出于运动安全方面的要求，年龄是老年人选择体育设施必须考虑的因素。配备老年人体育设施需要重视以下几个问题。

（1）避免体育设施单一化

单项运动往往偏重锻炼身体的某一部位，难以达到全身锻炼的目的。每种运动项目都有其优点和不足，选择多种运动项目进行锻炼，有助于优劣互补，使全身受益。老年人各器官的功能普遍衰退，各器官系统均需要锻炼。如果只从事单一选项的锻炼，容易造成局部肌肉疲劳，对健康造成伤害。因此，老年人年龄越大，越应选择越偏向于多项混合运动项目的体育设施，达到全面均衡锻炼的目标。

（2）避免体育设施带来运动过量

体育健身要求把运动量恰好控制在对身体有利的平衡点上，尤其是对老年人，由于身体机能衰退，过量运动不但无法起到健身效果，反而会带来运动损伤。判断运动量的大小，心率（脉搏）测量是简便易行的方法。国际通用的是年龄减算法，即运动脉搏控制在 170～180 次/分钟－年龄。例如，60 岁的老年人应当将脉搏控制在 110～120 次/分钟。适量运动后 10～15 分钟，脉搏即可恢复正常。选择体育设施时应当测试该设施带来的运动量，选择适合老年人合理运动量的设施。

（3）避免体育设施过于乏味

老年人的身体机能下降，无法完全根据自己的兴趣爱好和运动基础来选择体育设施。因此，要让老年人培养对各种运动项目的兴趣，选择既满足老年人的兴趣爱好，又适合老年人身体机能水平的体育项目，并辅以相关的或补充性的活动。适合老年人的体育设施应当具备一定的趣味性，避免过于乏味，以免使老年人无法坚持运动，达不到锻炼的既定目标和效果。

二、锻炼需求和层次

要根据参加体育活动的老年人的身体素质、运动能力、体育素养、心理倾向等方面的差异，分出不同的锻炼需求和层次，对不同的层次提出相应的目标和要求，选择不同的体育设施，促进不同层次的运动者达到最佳的运动过程和锻炼效果，感受体育活动的快乐。按照锻炼需求和层次选择运动设施最大的特点是充分考虑个体的差异性，有利于调动运动者的积极性，让每个参加体育活动的人都能有所收获。

1. 身体素质的差异

每个人的身体素质（如速度、力量、耐力等）和健康水平存在明显差异，这些差异有的来自先天因素，有的受后天因素的影响。身体素质的差异往往影响人对运动的喜好、对运动类型的选择和运动层次的上升空间。

2. 对体育认识的差异

有些人认为体育可以增强体质，提高运动技能，对体育运动很有兴趣。有些人则兴趣不大，只是听说体育运动有利于健康，于是偶尔为之。有些人运动是为了健康，有些人是为了娱乐，有些人则是为了超越自我。对于本身兴趣高的运动者，体育设施的专业性就是选择时重要的考量因素，因为这类人对运动兴趣大，运动层次需求会越来越高，专业性要求也会递增。而对兴趣较低者，通过体育设施的趣味性、简易性增强运动者的兴趣则成为关键。对大多数老年人来说，体育设施是否容易掌握、是否具备趣味性是选择的关键因素。

3. 运动传统的差异

不同地域的运动传统千差万别。有的地区乒乓球运动很普及，有的地区则流行武术等传统体育项目，冰雪运动在东北地区极受欢迎，而水上运动则是长江流域的优势体育项目。配备体育设施时，要充分考虑体育运动的传统和需求，因地制宜，使体育设施发挥出应有的作用。

三、残疾老年人的运动需求

康复健身是残疾人体育的初衷。适当的体育活动，能促进残疾人获得康复，重新参与社会生活。体育运动对残疾人的康复起着积极作用，它可以有效改善残疾人身体各器官、系统的功能，提高机体的能力，最大限度地补偿残疾带给他们的不便，使他们融入社会，增强生活的信心和勇气，逐步走上身心健康发展的道路。因此，在体育设施配备上，应当充分考虑残疾人的健身需求，有利于他们积极参加体育活动，达到促进康复和健康的目标。

残疾人体育设施应当具备以下几个要点：

1. 残疾人体育设施应当更加专业

因为残疾人属于特殊人群，其使用的体育设施应当具备更高的科技性，更符合他们的使用需求。

2. 残疾人体育设施应当更加人性化

残疾人体育设施要避免金属质体和过于坚硬的质体，以免对参加体育活动的残疾人造成意外伤害，降低残疾人参加体育运动的积极性。

3. 残疾人体育设施应当更加有利于康复

很多肢体残疾的人如果不加强锻炼，肌肉很容易萎缩，会进一步加重生活的负担。因此，残疾人体育设施应当有利于康复性，有利于残疾人的健康生活。

第 2 节　老年人体育设施的设置要求

一、体育设施的环境设计与设施布局

1. 科学合理性

体育设施的环境设计与设施布局要达到科学合理，有明确的锻炼目的和理论依据，符合人体运动的基本规律。例如，进行各种健身路径锻炼时，身体各部位的练习要依据一定的顺序进行，遵循由下而上、由上而下或由大关节到小关节、由大肌群到小肌群的顺序进行练习。体育设施的环境设计，应当能使锻炼者身体的各个部位都得到协调锻炼，并使锻炼者的各项身体素质都得到发展。

另外，需要结合所在地域的气候、自然地形、空间形状、建筑和周围环境、地域风貌与传统文化等因素设置，并与体育设施总体的空间布局相结合，合理利用场地的各种区域，科学、合理地设置群众喜爱的体育设施。

2. 设施匹配性

参加锻炼的群体的情况不同，存在年龄、性别、体力、身体状况等方面的差别。因此，在体育设施的环境设计与设施布局上，要针对锻炼者的实际情况进行设计。根据人体身体素质的分类，制定出发展不同身体素质的体育设施环境，使不同类型的锻炼群体能依据自身条件选择适合自己锻炼的设施。

3. 安全可靠性

体育设施的环境设计与设施布局必须安全、可靠，并符合国家规定的一系列安全通用要求和产品安全标准。全面考虑体育设施的配备，必须始终贯彻“安全第一”的宗旨，精心组织，细致检查，严格要求，落到实处。在日常使用时，需制定实施方案、规范操作、建立安全监督机制、并有紧急处置的预案。增加安全防范措施，尽量减少可能造成安全事故的薄弱环节。对容易发生事故的地段或环节，应当设置缓冲、隔离区域，安装软包层、缓冲垫、隔离栏等安全保护装置。

二、体育设施的基本要求

健身训练场所要宽敞，地面要平整。室内通风条件良好，为了排出室内的污浊空气，可安装吸尘器、喷雾器或空调设备，以保持良好的室内空气。室内装饰以浅色调为主，因为浅色调可保障训练者心理平衡。室内应有足够的照明，光线要明亮，光线分布要均匀，避免光线太弱或炫目；一般要求在晚上训练时，眼睛看器械要清楚，不能出现重影。墙壁上可安装镜子，并设有可固定器械的挂钩和挂环等。如果练习健身操的成套动作，还需在训练场地上安装电源，配备录音机和音响设备。

三、体育设施的维护

1. 体育器械的日常保养

（1）定期清洁

体育器械要定期清除灰尘，以保护部件的清洁。每次使用完毕，要使用微湿布对器械外观进行清洗，特别是要对滴有汗渍的部分进行仔细擦拭，有条件的可以再擦拭完毕后，对器械各部分再用水性蜡擦拭一遍，以免脱漆生锈。

（2）定期检查

对体育器械的各部位，应当每天检查一次，查看钢索有无断丝，器械各部件螺钉有无松动，各部件有无摇晃或不稳情形，有无开焊、断裂之处，如有异常现象，应当及时紧固或更换磨损件。

（3）定期维护

对体育器械各部位，根据使用频度定期上润滑油，保证连接处润滑和结构稳定，例如，跑步机在运转约 100 小时后要在跑带和跑板之间涂一次润滑油。为了延长液压杆的使用寿命，应当每月加固一次，使用扳手拧紧液压杆上螺钉，并使用润滑油润滑液压杆。

（4）随时维护

在体育健身设施的使用过程中，要观察或聆听有无不正常现象，如有发现，立即停止使用，及时修理，以免使损害程度扩大。

2. 体育场地的日常保养

不同材质的体育场地的保养方式不一样。

（1）土质场地

土质场地面层材料结构比较松散，吸水过多会导致场地松软，物理性冲击会导致面层损伤。因此，土质场地的日常维护应保持一定的湿度和硬度，保持场地平整和清洁卫生。

（2）水泥场地

水泥场地在维护条件良好的条件下使用寿命较长，但一旦开始破损就会很快发展开来。因此，必须做好预防性、经常性的维护，及时发现破损，采取措施，以保持场地状况完好。

（3）塑胶场地

为了提高塑胶场地的使用年限，保持其性能的稳定和色泽的绚丽多彩，禁止各种机动车辆在上面行驶，以防滴油腐蚀胶面。禁止携带易爆、易燃和腐蚀性物品入内，要保持清洁，避免有害物质的污染。要避免长时间的重压，防止剧烈的机械性冲击和摩擦，以免弹性减弱和变形。另外，随着时间的延长，塑胶表面会老化，场地的各种标志会褪色，因此，使用数年后最好喷一层塑胶液重新描画标志线。

（4）木质场地

进入木质场地的锻炼者必须穿软底鞋，禁止穿皮鞋、高跟鞋和带钉鞋入内。场内严禁吸烟、吐痰和泼水。木质场地需经常涂地板蜡，以保持地板不干裂、不变形，但打蜡容易导致地面太光滑而使锻炼者发生摔跤，所以，打蜡应当视场地的实际情况而定。

（5）人工草坪场地

人工草坪场地要防止明火、黏稠物质、油脂类物质以及物理性冲击，禁止在场地内吸烟和用火作业，禁止携带油脂类、含糖类物质进入场地，禁止任何车辆驶入场地。

（6）天然草坪场地

强酸、强碱类物质，物理冲击，长时间覆盖，病虫害都会对草坪造成伤害。在日常使用中应当禁止携带含糖类饮料进入场地，禁止硬物对草坪的冲击和物品长时间的覆压，禁止除场地机械以外的机动车驶入，避免草坪产生沟痕和车辆漏油对草坪的伤害。

第3节　利用健身路径指导老年人进行体育活动

一、健身路径概述

1. 健身路径的组成

健身路径是指按一定的运动路线将不同的健身器材组合起来，大多设在环境较好的公园、广场、社区和街头。每隔一段距离安装一种运动器械，各器械之间有小路相连，适合广大群众锻炼身体、娱乐和休闲。

组成健身路径的健身器材主要有滑梯、秋千、肋木、攀绳、爬绳、爬杆、软梯、跷跷板、单杠、双杠、天梯、滚筒、平衡桩、柔韧杠、平衡器、仰卧板、伸展器、臂力训练器、压腿训练器、蹬力器、转体训练器、太空漫步机、组合训练器等。通常一条健身路径由上述健身器材中的 10～15 种组合而成。如果器械太少，功能不全，则难以达到全面健身的效果。

健身路径的运动器械旁大多写明器械的名称、锻炼方法、主要功能、注意事项等，部分器械还有动作示意图、锻炼时的热能消耗及评分标准，有利于健身者根据自身的身体状况和体能需求，有选择地进行健身活动。

2. 健身路径的功能

(1) 健身路径对增强人民体质有积极作用

科学合理地使用健身路径，能使健身者身体机能和素质得到提高。配套齐全的器械有利于人的形体健身、增强机能、提高身体素质，对人的上臂、前臂、大腿、小腿、躯干、背部、肩部、腰部、腹部、颈部等的肌肉都有保健作用。

(2) 健身路径能满足不同人群的健身需求

按照科学性、实用性、趣味性、安全性的原则，不同年龄、性别、身体状况的人群可以选择不同的器械进行健身活动，以满足不同年龄层次群众的锻炼需求。

(3) 健身路径缓解健身场所少的问题

健身路径具有占地少、投资少、简单易建、建设时间短等特点，在一定程度上缓解了群众健身场所少的问题，为全面增强人民体质提供了便捷而有效的手段。

二、适合老年人进行体育活动的健身路径器械

1. 臂力训练器

(1) 锻炼功效

锻炼上肢肌群力量和身体耐力。

(2) 使用方法

两人分别站在转轮两侧，以不同用力方向推动转轮边缘，相互较力，锻炼上臂肌肉。也可以一个人在转轮一侧用力转动转轮来增强臂力，如图 9—1 所示。

图 9—1　臂力训练器

(3) 注意事项

1) 使用前检查器材是否牢固安全。

2) 两人较力时，一方不可突然撤力，以免使对方失去平衡造成伤害。

3) 一般的力量锻炼，速度放慢一些，最好双人练习，但应当

彼此配合，任何一方切不可突然加劲或泄力，以免使对方失去平衡而造成伤害。

4）体质较弱或心肺功能较差的人不适合做半分钟以上的快速转动。

2. 腹肌板

（1）锻炼功效

增强腰腹力量与弹性，消除腹部多余脂肪，瘦身塑形。

（2）使用方法

使用者坐在器械上，将腿部放在上横杆上，并用脚背勾牢下横杆，然后双手交叉置于脑后躺在器械上，利用腹部肌肉力量收缩做起，缓慢还原，重复多次练习，如图 9—2 所示。

图 9—2　腹肌板

（3）注意事项

1）向后躺时请缓慢进行，以防碰伤。

2）有严重腰脊椎病的人士慎用。有病理表现的人士应当征得医生同意方可使用，使用时须有家人看护。

3. 健骑机

（1）锻炼功效

可以提高心肺功能和心血管耐受能力，提高上肢、下肢和腰腹肌的力量，改善人体关节的活动性。

（2）上肢训练方法

1）使用者以自然姿势坐在座鞍上，两腿踏住脚蹬，两手正握把手。

2）使用者运动时，两腿不用力，依靠两臂用力将把手拉向自己，使健骑机前轴和座鞍绕主轴产生折叠，直至两腿蹬直，并使身体尽可能伸展。

3）使用者腿、臂放松，在自重作用下使健骑机回到初始位置，多次重复这一动作。

注意：两手握把，与肩同宽，保持挺胸；身体感觉轻松或者微微出汗为宜。

（3）下肢训练方法

1）使用者以自然姿势坐在座鞍上，两脚踏住脚蹬，两手正握把手。

2）使用者运动时两手不用力，仅扶住把手以保持平衡，两脚用力向下蹬脚蹬，使健骑机运动，直至两腿蹬直，以加大腿部的练习负荷。

3）使用者身体放松，回到初始位置，重复这一动作。

注意：身体感觉轻松或者微微出汗为宜。两腿向下蹬脚蹬时，一定要使两腿蹬直后方可放松，这样才能达到锻炼下肢肌肉的效果，如图 9—3 所示。

4. 蹬力器

（1）锻炼功效

增强腿部肌肉力量及下肢的运动能力。

（2）使用方法

使用者坐上座椅，手扶把手，脚蹬档管，以自身为负重量，反复多次蹬，锻炼 5～8 分钟，如图 9—4 所示。

图 9—3　健骑机

图 9—4　蹬力器

（3）注意事项

1）对下肢力量大的健身者来说，蹬力器的负重训练，显得运动量不大，锻炼时间需要适当延长一些，速度稍快一些，效果才会更好一些。蹬踏时快一些，收回时慢一些，也能增强锻炼的效果。

2）练习之前务必检查器械是否牢固安全，蹬伸时腿部用力不可过猛，以免造成膝盖损伤。使用者体重不能超过 100 千克。

5. 划船器

（1）锻炼功效

可以有效增强腿、腰腹、上肢和腰背部的肌肉力量，同时还能改善人体的呼吸循环系统。

（2）使用方法（见图 9—5）

1）使用者坐在坐垫上，两腿略微弯曲，两脚蹬住脚蹬，身体前倾，两手握住桨把，与肩同宽。

2）使用者练习时模拟划船动作，上身向后仰，同时两手用力，将桨把尽力拉向自己。

3）使用者转换为将桨把向前推，同时身体前倾，恢复到起始状态。

（3）注意事项

练习时腰、腹、背肌群要共同用力，通过周而复始的多次练习，才能达到预期目的。恢复起始状态时速度不要过快，应当以身体感觉略累为宜，每周 3～4 次，每次 3～5 组，每组 10～20 次，组间休息 2～3 分钟。

练习时要养成合理深呼吸的习惯，即当身体后仰拉桨时，深吸气；当身体前倾推桨时，深呼气，尤其要避免出现憋气的用力动作。

6. 漫步机

（1）锻炼功效

持续活动可提高人体的有氧运动能力、协调性和平衡性。

（2）使用方法

1）扶杠漫步：使用者手握扶手，脚踏踏板，两脚前后摆动，如图 9—6 所示。

图 9—5　划船器

图 9—6　漫步机

2）不扶杠漫步：使用者两手不扶扶手，脚踏踏板两脚前后自然摆动。

（3）注意事项

1）使用者的体重不能超过器械的限制。

2）摆杆摆动角度不宜过大，摆动范围应当在自己能控制的范围之内。

3）摆杆摆动方向前后 1 米范围内禁止站人。

4）锻炼者注意锻炼顺序，先学会扶杠漫步再学不扶杠漫步。

7. 浪板

（1）锻炼功效

锻炼腰部肌群，增强身体的协调性和柔韧性。

（2）使用方法

使用者手扶两边把手，脚踩踏板，左右摆动，如图 9—7 所示。

（3）注意事项

使用之前务必检查器械是否牢固，荡动时左右 1 米不许有人或者障碍物，荡动幅度不要过大。有病理表现的人士应当征得医生同意方可使用，使用时须有家人看护。若锻炼者在使用过程中感到身体不适，应当立即停止锻炼并咨询医生。

8. 上肢牵引器

（1）锻炼功效

可增强肩带肌群力量，改善肩关节、肘关节的柔韧性与灵活性。

（2）使用方法

使用者双手紧握手柄，左、右手交替向下牵拉绳索，重复动作，如图 9—8 所示。

图 9—7　浪板

图 9—8　上肢牵引器

（3）注意事项

手心向内握住手柄，上下垂直用力拉绳，避免单手拉绳或附中牵拉，用力速度均匀、缓慢，避免斜拉。

三、适合老年人的健身路径锻炼方法

1. 对肩胸部和腹肌的锻炼

（1）准备活动

在肋木做静力性伸展，主要是压腿和压肩，适当活动腰，约 8 分钟。

（2）主要活动

在单杠上做拉伸练习，尽量将身体拉离地面；在压腿器上做下肢的压腿练习；在漫步机上做前后摆动练习，使身体微微出汗，两种或两种以上项目的练习可交叉进行，以自己最高重复次数完成练习，各完成 2～3 组，每周 3～4 次。

（3）放松活动

整理放松 5～6 分钟，可采用更多的静力性伸展练习，以促进有效的恢复。

提示：以上肌力锻炼分别是对肩胸部和腹肌的练习，肌肉收缩时稍快一些，肌肉伸展时稍慢一些。

2. 对腰部和腿部肌肉的伸展性和平衡能力的锻炼

（1）准备活动

漫步机活动 3～5 分钟。

（2）主要活动

大转轮活动 3～5 组，腰部训练器活动 3～5 组。

（3）放松活动

以漫步机活动结束。

提示：以上练习对腰部和腿部肌肉的伸展性和平衡能力有积极影响，可以防止人体运动系统过早衰退。

3. 对腰腿肌肉和韧带力量的锻炼

（1）准备活动

漫步机活动 5 分钟。

（2）主要活动

坐蹬器活动 25×3 组，环形压腿器活动 6 分钟，转体训练器活动 3～5 分钟。

（3）放松活动

以漫步机活动结束。

提示：以上练习主要针对腰腿各肌肉和韧带力量的增强，使肌肉更富有弹性，也可解除慢性腰痛及关节痛等症状，增强心肺功能。

4. 对腰部和腹部柔韧性的锻炼

（1）准备活动

在漫步机上进行。

（2）主要活动

肋木悬垂，立式转腰器活动腰部约 5 分钟，环形压腿器活动。完成次数以本人所能完成最高重复次数的 70%～80%，两种以上练习内容交替各做 2～4 组。

(3) 放松活动

以漫步机活动结束。

提示：以上练习主要针对腹部和腰部，对柔韧性的提高也有帮助。

5. 对各个关节及心肺功能的锻炼

(1) 准备活动

在漫步机上开始。

(2) 主要活动

腰部训练器活动 1～2 组，臂力训练器活动 1～2 组，立式转腰器活动 2～3 组。

(3) 放松活动

以漫步机活动结束。

提示：这套循环练习方法可以根据各自兴趣和体力，重新修改组合练习的内容，完成 2～5 套，该练习对各个关节和肌肉及心肺功能等具有良好的调节作用。

四、老年人进行健身路径锻炼的注意事项

1. 时间安排

早上人体的血液黏稠度较高，影响血流速度。早上的空气是一天中最污浊的，缺少阳光中紫外线的杀菌作用。空腹运动容易导致低血糖的危险，糖尿病患者尤其应当注意。早晨 6：00—8：00 之间，是人一天节律中最低谷的时期，各项机能均处于较低水平。老年人最适宜的活动时间是 9：00—10：00 或 14：00—16：00。

2. 运动服装

(1) 运动衣

选择运动衣时，要遵循运动和休闲兼顾的原则，选择具备吸汗功能的衣服，保暖和排湿功能应当放在首位。健身者只要选择穿上去轻巧、保暖、透气，摸上去手感顺滑、细腻的运动衣即可。运动衣应当选择那些透气性较好的服装材质，如聚丙烯等。尤其在运动内衣的选择上更要注意。

(2) 运动鞋

在健身运动过程中，选择鞋子时，应当注意鞋底要厚、柔软、弹性好，最好能有气垫。最好选略微大一些的鞋子，以穿进去脚趾能弯曲为好。对于健身运动，一般购买 2～3 双普通运动鞋、休闲鞋或者平底宽口鞋即可。

3. 气象条件

(1) 雨天

雨天空气中会产生大量的负离子，雨水净化空气，空气质量比其他天好，注意健身后要及时更换新衣，防止感冒。

（2）风天

风天空气中的悬浮尘埃多，空气质量差。如果风力在 6 级以上，应当取消健身活动。

（3）雪天

雪能覆盖地面上的尘埃和病菌，使空气更清新。在雪中进行健身路径活动，可以陶冶情操，有亲近大自然的感受。但在健身过程和健身路径上，要防滑、防跌倒。

（4）雾霾

雾霾天大气压低，空气中悬浮着小水晶体，小水晶体黏附着大量的细菌、病毒及各种有害物质，因此雾霾天要取消室外健身活动。

4. 安全检查

健身路径的器材集便捷、科学和娱乐为一体而受到群众的喜爱，但由于暴露在室外，日积月累的损耗，如果缺乏必要的维护，一些器材可能会破损，成为群众锻炼的安全隐患。对于健身路径的器材使用必须坚持“安全第一”的原则。

使用健身路径的器材之前，必须对其进行检查，检查器材是否清洁，是否松动、存在裂痕等安全隐患。只有确保健身器材的清洁、完好无损，才能保证使用者能够安全地进行体育锻炼，以达到增进健康、增强体质的良好效果。

小结

在设置公共体育活动设施时，要充分考虑老年人的生理特点和健身需求，选择一些适合老年人使用的体育器械。老年人体育设施的设置要以安全性为第一原则，尽可能选择能够进行多种混合运动的器械，所选器械的运动量要适合老年人的健身需求，并且具备趣味性和简便性，还要适当兼顾残疾老年人的健身需要。

体育设施环境设计和设施布局要具备科学合理性、设施匹配性和安全可靠性。要重视对体育设施的维护、保养，为开展体育活动创造良好的条件。

健身路径作为一种公共体育设施，在老年人体育健身活动中发挥重要的作用。要帮助老年人选择适合自己身体状况和健身需求的健身路径器械，指导老年人掌握正确的使用方法，了解使用注意事项，使老年人能够充分利用健身路径进行体育活动，达到增强体质、促进健康的目标。

思　考　题

1. 选择适合老年人的体育设施需要考虑哪些因素?
2. 如何对体育器材进行日常维护保养?
3. 健身路径具有哪些基本功能?
4. 指导老年人进行健身路径锻炼的注意事项有哪些?

第 10 章

老年人的运动营养指南

学习目标

- ➢ 掌握一般人群和老年人的膳食指南条目
- ➢ 熟悉老年人能量和营养素的建议值
- ➢ 了解素食老年人的营养特点和注意事项
- ➢ 了解患有各种慢性病的老年人的运动营养需求
- ➢ 了解药物与营养素之间的相互作用

决定和影响老年人衰老发生、发展过程的因素很多，其中最关键的两个因素就是营养和运动。人体衰老是不可逆转的发展过程。随着年龄的增加，老年人的器官功能逐渐衰退，容易发生代谢紊乱，导致营养缺乏病和慢性非传染性疾病的危险性增加。合理饮食是身体健康的物质基础，对改善老年人营养状况、增强抵抗力、预防疾病、延年益寿、提高生活质量具有重要作用。

第 1 节　老年人膳食营养的特殊需求

为帮助居民合理选择食物，并进行适量的身体活动，以改善人们的营养和健康状况，减少或预防慢性疾病的发生，提高国民的健康素质，中国营养学会制定了《中国居民膳食指南》。对一般人群的膳食指南包括 10 个条目：

◇ 食物多样，谷类为主，粗细搭配。

◇ 多吃蔬菜水果和薯类。

◇ 每天吃奶类、大豆或其制品。

◇ 常吃适量的鱼、禽、蛋和瘦肉。

◇ 减少烹调油用量，吃清淡少盐膳食。

◇ 食不过量，天天运动，保持健康体重。

◇ 三餐分配要合理，零食要适当。

◇ 每天足量饮水，合理选择饮料。

◇ 如饮酒应当限量。

◇ 吃新鲜卫生的食物。

针对我国老年人生理特点和营养需求，在一般人群膳食指南 10 条的基础上补充以下 4 条内容：

一、食物要粗细搭配、松软、易于消化吸收

随着生活水平的提高，我国居民主食摄入减少，食物加工越来越精细，粗粮摄入减少，油脂及能量摄入过高，导致 B 族维生素、膳食纤维和某些矿物质供给不足、慢性病发病率增加。粗粮中含有丰富的 B 族维生素、膳食纤维、钾、钙、植物化学物质等。老年人消化器官的生理功能有不同程度的减退，咀嚼功能和胃肠蠕动减弱，消化液分泌减少。许多老年人容易发生便秘，患高血压、血脂异常、心脏病、糖尿病的危险性增加。因此，老年人选择食物要粗细搭配，食物的烹制宜松软易于消化吸收，以保证均衡营养，促进健康，预防慢性病。

1. 老年人吃粗粮的好处

（1）粗粮中含有丰富的 B 族维生素和矿物质

B 族维生素包括维生素 B_1、维生素 B_2、维生素 B_{12}、烟酸和泛酸等，在体内主要以辅酶的形式参与三大营养素（碳水化合物、脂肪、蛋白质）的代谢，使这些营养素为机体提供能量，还有增进食欲与消化功能、维护神经系统正常功能等作用。B 族维生素主要集中在谷粒的外层。粗粮的加工一般不追求精细，所以，B 族维生素的含量比细粮高。此外，粗粮中钾、钙和植物化学物质的含量也比较丰富。

（2）粗粮中膳食纤维含量高

膳食纤维进入胃肠道，能吸水膨胀，使肠内容物体积增大，大便变软变松，促进肠道蠕动，起到润便、防治便秘的作用。同时，膳食纤维能缩短粪便通过肠道的时间，使酚、氨和细菌毒素等在肠道内停留的时间缩短。另外，粗粮中膳食纤维多，能量密度较低，可以使摄入能量减少，有利于控制体重，防止肥胖。

(3) 调节血糖

吃粗粮或全谷类食物，餐后血糖变化小于吃精制的米面，血糖指数（GI）比较低，可以延缓糖的吸收，有助于改善糖耐量和糖尿病患者的血糖控制。世界卫生组织（WHO）、联合国粮农组织（FAO）和许多国家的糖尿病协会、营养师协会都推荐糖尿病患者采用高纤维、低血糖指数的粗粮搭配来控制血糖和体重。

(4) 防治心血管疾病

粗粮中含丰富的可溶膳食纤维，可减少肠道对胆固醇的吸收，促进胆汁的排泄，降低血胆固醇水平。同时富含植物化学物（如木酚素、芦丁、类胡萝卜素等），具有抗氧化作用，可降低发生心血管疾病的危险性。

2. 老年人一天需要吃粗粮的量

每天食用85克以上的全谷类食物可以帮助控制体重，减少某些慢性疾病的发病风险。因此，建议老年人每天最好能吃到100克（2两）粗粮或全谷类食物。

3. 老年人的食物宜松软而易于消化

在适合老年人咀嚼功能的前提下，要兼顾食物的色、香、味、形。要注意烹调方法，以蒸、煮、炖、炒为主，避免油腻、腌制、煎、炸、烤的食物。

老年人宜选用的食物包括柔软的米面及其制品，如面包、馒头、麦片、花卷、稠粥、面条、馄饨，细软的蔬菜、水果、豆制品、鸡蛋、牛奶，适量的鱼虾、瘦肉、禽类等。

二、合理安排饮食，提高生活质量

合理安排老年人的饮食，使老年人保持健康的进食心态和愉快的摄食过程。家庭和社会应当从各个方面保证老年人的饮食质量、进餐环境和进食情绪，使老年人得到丰富的食物，保证老年人需要的各种营养素摄入充足，以促进老年人的身心健康、减少疾病、延缓衰老、提高生活质量。

1. 与家人一起进餐

老年人的进餐环境和进食情绪状态十分重要，和家人一起进餐往往比单独进餐具有更多的优点。老年人与家人、同伴一起进餐比单独进餐吃得好，不仅增加对食物的享受和乐趣，还能促进消化液的分泌、增进食欲、促进消化。老年人和家人一起进餐有助于交流感情，了解彼此在生活、身体、工作方面的状况，使老年人享受家庭乐趣，消除孤独，有助于预防老年人心理性疾病的发生。

2. 老年人营养需要的特点

随着年龄的增长，老年人的生理功能减退，会出现不同程度的免疫功能和抗氧化功能降低以及其他健康问题。由于活动量相应减少，消化功能衰退，导致老年人食欲减退，能量摄入降低，必需营养素摄入也相应减少，更容易使老年人的健康和营养状况恶化。

为适应老年人蛋白质合成能力降低、蛋白质利用率低的情况，应当选用优质蛋白质。老年人的胆汁酸减少，酶活性降低，消化脂肪的功能下降，所以摄入的脂肪能量比应当以20%为宜，并且要以植物油为主。老年人的糖耐量较低，胰岛素分泌减少，而且血糖调节功能降低，容易发生高血糖，所以不宜多食用蔗糖。

随着年龄的增长，老年人的骨矿物质不断丢失，骨密度逐渐下降。女性绝经后由于激素水平变化，骨质丢失更严重。另外，老年人的钙吸收能力下降，如果膳食钙的摄入不足，更容易发生骨质疏松和骨折，所以，应当注意钙和维生素 D 的补充。

锌是老年人维持和调节正常免疫功能所必需的；硒可提高机体抗氧化能力，与延缓衰老有关；适量的铬可以使胰岛素充分发挥作用，并且使低密度脂蛋白胆固醇水平降低，高密度脂蛋白胆固醇水平升高。因此，老年人应当注意摄入富含这些微量营养素的食物。

维生素不足与老年人多发病有关。维生素 A 可以减少老年人皮肤干燥和上皮角化。胡萝卜素能清除过氧化物，有预防肺癌功能，增强免疫功能，延迟白内障的发生。维生素 E 有抗氧化作用，能减少体内脂质过氧化物，消除脂褐质，降低血胆固醇浓度。老年人还常见 B 族维生素摄入不足，需要特别注意补充叶酸等 B 族维生素。维生素 C 对老年人有防止血管硬化的作用。因此，老年人应当经常食用富含各类维生素的食物。

三、重视预防营养不良和贫血

随着年龄的增长，老年人会出现不同程度的衰老，包括器官功能减退、基础代谢降低和体成分改变等，并可能存在不同程度和不同类别的慢性疾病。由于生理、心理和社会经济情况的改变，可能使老年人摄取的食物量减少而导致营养不良。另外，随着年龄增长而体力活动减少，并因为牙齿、口腔问题和情绪不佳，可能导致食欲减退，能量摄入降低，必需营养素摄入减少，从而造成营养不良。60 岁以上老年人低体重的发生率是 45～59 岁的中年人 2 倍；贫血患病率远高于中年人群。因此，老年人要重视预防营养不良和贫血。

1. 体重不足对老年人健康的负面影响

老年人营养不良最明显的表现是体重不足。体重不足是长期膳食能量、蛋白质摄入不足的结果，同时也可能伴有其他微量营养素供给不足。体重不足对老年人的健康产生一系列危害。

（1）增加疾病的易感性

体重下降往往伴有体内代谢改变，蛋白质合成减少，出现负氮平衡，抗体合成减少，免疫功能和抵抗力下降，以致增加对疾病的易感性，急性和慢性传染病的发病机会增多。

（2）骨折率上升

在一定范围内，体重与骨密度成正比，体重较轻的人容易骨折；而且身体瘦弱的人在跌倒时缺少脂肪保护，也容易导致骨折。

（3）损伤及外科伤口愈合缓慢

当身体受伤或手术后进行大面积伤口愈合时，需要较多的能量和蛋白质，饮食中往往不能提供全部营养需要。因此，缺乏组织储备的瘦弱者，愈合过程较慢。

（4）容易出现精神神经症状

体重不足的人可能会出现冷淡、易激怒、倦怠、抑郁、神经质、不安或失眠的等精神、神经症状。

（5）某些应激状态的耐受力低下

持续的体力活动、受损伤、环境刺激、饥饿、外科手术等都使人体处于应激状态。正常人可以通过增加激素分泌，调动体内代谢来应对应激状态，而身体消瘦的人则不能很好地应对应激状态。

（6）对寒冷抵抗力下降

身体瘦弱的人体内缺少足够的脂肪来防止身体的过量散热，因而容易出现畏寒症状。

（7）经不起疾病消耗

发烧或患有慢性消耗性疾病时，容易变得更消瘦，身体瘦弱的人因为缺乏脂肪储存而只能使组织蛋白质燃烧以提供能量。

2. 预防老年人营养不良与体重不足的原则

（1）保证充足的食物摄入，提高膳食质量

增加营养丰富、容易消化吸收的食物。选择食物时，更应注意保证奶类、瘦肉、禽类、鱼虾和大豆制品的摄入，按照饮食习惯烹制合乎口味的膳食，以保证能量和优质蛋白质的摄入，使体重维持在正常范围。

（2）适当增加进餐次数

老年人由于胃肠道功能减退，一次进食较多，食物不易消化吸收，可以少量多餐，每天进餐 4～5 次，这样既可以保证需要的能量和营养素，又可以使食物得到充分吸收利用。对于已经出现营养不良或低体重的老年人，更应注意逐步增加食量，使消化系统有适应的过程。

（3）适当服用营养素补充剂

部分老年人由于生理功能的下降和疾病等因素，不能从膳食中摄取足够的营养素，特别是维生素和矿物质，可以适当服用营养素补充剂。

（4）及时治疗原发疾病

老年人支气管炎、肺气肿、肿瘤、心脑血管疾病、胃肠疾病的发病率增加，这些疾病容易导致营养不良。因此，积极治疗原发疾病是改善营养状况的重要措施。

（5）定期称量体重，监测营养不良

体重减轻是老年人营养不良的主要表现。如果体重突然急剧下降，可能是一些重大疾病发生的前兆。因此，老年人应当经常称量体重。

3. 贫血对老年人健康的影响

（1）贫血可使免疫力低下，致机体抵抗力减弱，容易发生感染。

（2）贫血可使神经系统和肌肉缺氧，容易出现疲倦乏力、头晕耳鸣。神情淡漠、记忆力衰退、抑郁等症状和认知功能受损，体能和工作能力降低。

（3）老年人贫血容易对心脏产生不良影响，由于血红蛋白携氧能力减弱，心脏耐缺氧的能力下降，而老年人大多都有不同程度的心血管病基础，可出现心慌、心跳加快，使心脏负荷加重。严重时可导致心律失常、心脏扩大、心力衰竭。

（4）由于血红蛋白量减少，氧气的运送能力减弱，稍微活动或情绪激动可导致血液含氧量进一步降低和二氧化碳含量升高，出现气急、面色苍白、出冷汗等症状。

（5）贫血时消化功能和消化酶分泌减少，可导致食欲不振、恶心、呕吐、腹胀、腹泻等。

（6）贫血可导致血管收缩和肾脏缺氧，使肾功能受损，可出现尿素氮升高，甚至蛋白尿，同时也会加重原有的肾脏疾病。

4. 防治老年人贫血的原则

（1）增加食物摄入

贫血的老年人要增加食物摄入量，增加主食和各种副食品，保证能量、蛋白质、铁、维生素 B_{12}、叶酸等的供给，提供造血的必需原料。

（2）调整膳食结构

一般来说，老年人膳食中动物性食物摄入减少，植物性食物中铁的利用率差。因此，贫血的老年人应当适量增加瘦肉、禽、鱼、动物血和肝的摄入。动物性食品是膳食中铁的良好来源，吸收利用率高，维生素 B 含量丰富。新鲜的水果和绿叶蔬菜，可提供丰富维生素 C 和叶酸，促进铁吸收和红细胞合成。吃饭前后不宜饮用浓茶，以减少其中叶酸等物质对铁吸收的干扰。

（3）选用含铁的强化食物

包括强化铁的酱油、强化铁的面粉和制品等。国内、外研究表明，食物强化是改善人群铁缺乏和缺铁性贫血最经济、最有效的方法。

（4）适当使用营养素补充剂

当无法从膳食中获得充足的营养素时，可以有选择性地使用营养素补充剂，如铁、B 族维生素、维生素C等。

（5）积极治疗原发病

许多贫血的老年人，除了膳食营养素摄入不足以外，还患有其他慢性疾病。这些慢性疾病也可以导致贫血。因此，需要到医院查明病因，积极治疗原发性疾病。

四、多做户外活动，维持健康体重

2002年中国居民营养与健康状况调查结果显示，我国城市居民经常参加锻炼的老年人仅占40%，不锻炼者高达54%。大量研究证实，身体活动不足、能量摄入过多引起的超重和肥胖是高血压、高血脂、糖尿病等慢性非传染性疾病的独立危险因素。适当多做户外活动，在增加身体活动量、维持健康体重的同时，还可以接受充足紫外线照射，有利于体内维生素D合成，预防或推迟骨质疏松症的发生。

第2节　老年人的能量和营养素需求

老年人的营养需求与年轻人不同，不是补足了就行，而是应当根据老年人机体形态和生理功能的特点，除正常提供生理需求之外，要有针对性地进行合理的补充，保证老年人的各种营养素有利于健康、有利于保健、有益于长寿。

一、能量

能量是人体维持生命活动所必需的。由于运动的消耗，在正常代谢过程，人体需要一定数量的能量。食物中的碳水化合物、脂肪和蛋白质是人体最主要的能量来源。这三大营养素广泛存在于各类食物中，动物性食物含有较多的脂肪和蛋白质；植物性食物中的油料作物的籽仁含有丰富的脂肪；谷类中则以碳水化合物为主。大豆除含脂肪外还有丰富的蛋白质；蔬菜水果中含能量比较少。碳水化合物、脂肪和蛋白质三种营养素在代谢中可以相互转化，但彼此不能完全替代，因为它们在人体内还各自有独特的生理功能。

根据中国人的膳食习惯，在摄入的总能量中碳水化合物提供的能量应当占50%～60%，脂肪提供的能量应当占20%～25%，蛋白质提供的能量应当占15%～20%。随着年龄的不断增长，老年人活动量逐渐减少，能量消耗降低，机体内脂肪组织增加，而肌肉组织和脏器功能减退，机体代谢过程明显减慢，基础代谢一般要比青壮年时期降低10%～15%，75岁以上老人可降低20%以上。因此，老年人每天应当适当控制能量摄入。

45 岁以上处于老年前期的人能量供给标准依据劳动情况不同而不同，男性为每日 9 240～12 600 千焦（2 200～3 000 千卡），女性为每日 7 980～10 080 千焦（1 900～2 400 千卡）。60 岁以上老人，男性为每日 8 400～10 500 千焦（2 000～2 500 千卡），女性为每日 7 140～8 820 千焦（1 700～2 100 千卡）。70 岁以上老人，男性为每日 7 560～8 400 千焦（1 800～2 000 千卡），女性为每日 6 720～7 560 千焦（1 600～1 800 千卡）；80 岁以上的老人，男性为每日 6 720 千焦（1 600 千卡），女性为每日 5 880 千焦（1 400 千卡）。

老年人能量供给量是否合适，可通过观察体重变化来衡量。一般可用下列公式粗略计算。体重标准值（千克）＝身高（厘米）－105。

实测体重在上述标准值±10％以内属正常体重，超过 10％为超重，超过 20％则为肥胖，低于 10％为低体重，低于 20％为消瘦，在±5％～±10％范围内为偏高或偏低。流行病学调查资料表明，肥胖、体重超重或低体重、消瘦的老年人各种疾病的发病率明显高于体重正常者。因此，老年人应当设法调整热量摄入，将体重控制在标准范围内，以减少疾病发生。

二、常量营养素

1. 碳水化合物

碳水化合物（糖类）易于消化吸收，是人体最重要的能源物质，能为人体提供大约 70％的能量。老年人胰岛素对血糖的调节作用减弱，糖耐量低，故有血糖升高趋势。而且某些简单的碳水化合物过多摄入，在体内可以转化为甘油三酯，容易诱发高脂血症。因此，老年人应当控制糖果、精致点心的摄入量，一般认为每天摄入蔗糖量不应超过 30～50 克。碳水化合物主要来源为淀粉，大部分可以从粮食、薯类中获取；其次也可以食用一些含糖果多的食物，如各种水果、蜂蜜、果酱等。碳水化合物的摄入量一般应占总能量的 50％～60％。

2. 脂肪

适量的脂肪供给可以改善菜肴风味，促进脂溶性维生素的吸收，供给机体必需的能量，是人体不可缺少的营养素。

脂肪是产生能量比较多的物质。脂肪大部分存在于动物食物中，动物脂肪食物许多含有大量脂肪酸，胆固醇含量也比较高。脂肪摄入过多，尤其是动物性脂肪摄入过多，可以引起肥胖、高脂血症、动脉粥样硬化、冠心病等。因此，老年人脂肪摄入量不宜过多，一般以不超过总能量的 25％为宜。老年人脂肪摄入量一般应当控制在每日每千克体重 1 克以下，除了各种食物中所含的脂肪外，选择食用油时，应当尽量少用动物油脂，而食用豆油、葵花籽油、花生油等植物油。

3. 蛋白质

蛋白质是人体最基本的营养物质。老年人对维持机体氮平衡所需要的蛋白质数量要高于青壮年时期，而且老年人对蛋氨酸、赖氨酸的需求量也高于青壮年。但是，老年人蛋白质的利用率下降。因此，老年人必须补充足够蛋白质，这对维持老年人机体正常代谢、补偿组织消耗的蛋白质、增强机体抵抗力具有重要作用。

中国营养学会推荐老年人每日蛋白质的摄入量应当相当于总能量的15%～20%。蛋白质供给量一般是：60～69岁的老年人，男性每日供给70～80克，女性每日供给60～70克；70～79岁的老年人，男性每日供给65～70克，女性每日供给55～60克；80岁以上的老年人，男性每日供给60克，女性每日供给55克。大致相当于每日每千克体重供给蛋白质1.0～1.5克，而且要求蛋白质供给中有一半来自优质蛋白质，即动物性食品和豆类食品。

三、微量营养素

1. 维生素

（1）维生素C

维生素C是一种具有广泛生理作用的营养素。维生素C能增强机体免疫力，增强机体对传染性疾病的抵抗力，既可用于防治感冒，又具有防癌作用，维持毛细血管的完整（如维生素C缺乏可以引起坏血病，导致牙龈、皮下出血），促进铁的吸收，对缺铁性贫血有辅助治疗作用；具有解毒功能，能拮抗组胺和缓激肽，防止过敏性和结缔组织病的发生；参与脂肪代谢调节，促进血胆固醇转化，使血脂下降。在临床上，维生素C广泛应用于高脂血症、克山病、风湿病、出血性疾病、肝胆疾病、过敏性疾病、结缔组织病、化学性中毒等的治疗。因此，维生素C对老年人保持身体健康和防治疾病十分必要，特别是老年人由于消化吸收功能减退，体内血浆和白细胞内维生素C含量均明显下降，故给老年人补充充足的维生素C更显得重要。我国推荐的老年人每日膳食维生素C供给量为60毫克。老年人应当经常进食足量的新鲜蔬菜及水果。必要时可适量补充维生素C制剂。

（2）维生素A

维生素A能维护上皮组织健康，增强抗病能力，具有抗癌作用，对老年人保持健康十分重要。由于富含维生素A的食物（如动物肝脏，蛋黄，奶油等）同时也是含胆固醇较高的食物，而胆固醇的摄入量对老年人则是需要加以控制的，从而也相应限制了维生素A的摄入。为解决这一矛盾，可选择一些含有胡萝卜素的黄色或绿色蔬菜，因为胡萝卜素在体内可转变成为维生素A。必要时可以补充维生素A制剂。

（3）维生素D

维生素D缺乏可以引起老年性骨质疏松症，妊娠分娩次数较多的老年妇女，因维生素D

缺乏引起骨质疏松症的更为常见。老年人需要含维生素 D 的食物供给量应当高于青壮年时期，我国推荐每日摄入 10 微克（400 国际单位）。由于皮肤中含有维生素 D 的前体物质（7—脱氨胆固醇）经阳光紫外线照射后可以转变为具有生物活性的维生素 D_3，故提倡老年人适当增加一些户外光照时间。这样，一般不会缺乏维生素 D。有些需口服维生素 D 制剂的老年人，需当心因体内排泄较慢，容易发生蓄积中毒的问题，一般应当在医生指导下进行。

（4）维生素 E

脂质过氧化物的产生，能损伤细胞膜，使衰老过程加速发展。维生素 E 是一种有效的抗氧化剂，能减少体内脂质过氧化物的产生，稳定生物膜结构，对机体具有保护作用。根据组织细胞学研究，人体细胞从发生到死亡，大部分细胞可分裂 50 次，每次分裂周期大约 2.4 年，所以人的自然寿命应当为 120 年左右。体外细胞培养试验证明，维生素 E 可以使细胞分裂次数增至 120 次以上，而且使细胞保持比较年轻的状态，因此，认为维生素 E 具有抗衰老、延年益寿的作用。随着年龄的增长，细胞内脂褐质（老年色素）增多，其他组织也会发生脂褐质沉着，维生素 E 能消除脂褐质并改善皮肤弹性。此外，维生素 E 还具有降低血胆固醇浓度、抑制动脉粥样硬化发展的作用，还能增强机体免疫功能，具有抗癌功能。我国推荐老年人维生素 E 每日供给量为 12 毫克。各种植物油是维生素 E 最良好的来源，必要时可以补充维生素 E 制剂。

2. 矿物质

（1）钠

人体钠主要来自食盐中的氯化钠，一般情况下不易发生缺乏。但是钠摄入过多却危害很大。摄食过咸的食物可能因钠在体内过多潴留，导致循环血量增加，容易诱发高血压、心脏病及水肿等疾病。老年人应当控制食盐的摄入量，每天最好控制在 6 克以下，患有高血压、冠心病的老年人则应当把食盐摄入量控制在每天 5 克以下，尽量少食含盐较多的卤制品、咸腌食品。

（2）钙

老年人常常因为胃酸分泌减少，胃功能减退，使钙的吸收减少，加上体内代谢过程中对钙的储存及利用能力下降，常发生钙负平衡的状况。随着年龄的增长，骨组织的重量逐渐减少，大约每 10 年男性骨质可减少 4%，女性可减少 8%～10%，常发生骨质疏松症，特别是高龄老人及分娩次数多的老年妇女中更常见，严重者容易发生骨折。为避免这种情况发生及恶化，老年人每日膳食应当注意摄入一些含钙丰富的食品，如牛奶、大豆及大豆制品、芝麻酱、木耳、海带等，并且经常晒太阳使皮肤中 7—脱氨胆固醇转变为维生素 D_3，以促进钙的吸收利用，必要时还可以口服钙制剂、骨粉和维生素 D 制剂。我国推荐老年人每日膳食钙供给量为 600 毫克。

（3）铁

老年人对铁的吸收利用能力下降，容易发生缺铁性贫血。缺铁是世界性的老年营养问题。而食物铁的吸收率较低且受许多因素影响。植物性食物中铁的吸收率一般低于10%，膳食中的植酸盐、草酸盐的存在以及胃酸缺乏时均可影响铁吸收。动物性食物中的铁一般多为血红素铁，可以直接被人体吸收，吸收率高于植物性食物且影响因素较少，一般吸收率可达20%左右。含铁比较丰富的食物有大豆及其制品、黑豆、豌豆、荠菜、香菜、桂圆、猪肝、肾、乌鱼、虾籽、淡菜、芝麻酱等。此外，炒菜时宜选用铁锅，世界卫生组织出于预防缺铁性贫血的考虑，向世界建议推广应用铁锅。

（4）钾

钾是细胞内液中主要的阳离子，与心肌的正常生理功能关系密切。膳食中应当有足够的钾供给方能满足机体需要。老年人体内含钾量较低，需从膳食中补充。含钾较丰富的食品主要有各类水果和蔬菜。

（5）锌

老年人缺锌时可以导致味觉失灵，严重时可使心肌梗死、慢性肾炎、关节炎等疾病的发病率增高，故老年人应当注意膳食锌的补充。含锌量比较丰富的食物有瘦肉、鱼类、豆类及小麦，尤其是麸皮中含量较高，所以膳食不宜过于精细。必要时也可以补充锌制剂。

（6）氟

氟是人体必需的微量元素之一。饮食中氟的摄入不足，易导致龋齿，对老年人则容易导致发生骨质疏松症。氟在粮食及蔬菜中含量不高，许多地区饮水中含量也很低，但茶叶中含氟量比较高，故提倡老年人适当饮茶，可以减少老年人骨质疏松症的发病。

（7）铬

铬是体内葡萄糖耐量因子的重要组成部分，与葡萄糖耐量有关，还能降低血胆固醇，提高高密度脂蛋白，有利于防治动脉粥样硬化，故老年人应当注意膳食铬的补充，含铬丰富的食物有啤酒、粗制糖、黑胡椒、瘦肉等。

（8）硒

硒与心肌代谢有关，缺硒会引起心肌损害及使某些肿瘤发病率增加。老年人对硒的补给不容忽视，含硒量相对丰富的食品有瘦肉、干豆等。

四、水

水是生命之源，是人类赖以生存和发展最重要的物质基础。水是构成人体的重要物质，人体组成的65%左右是水，没有水就没有生命。水是维持体内循环的物质基础，体内的水分为细胞外液和细胞内液。人体通过细胞外液和细胞内液循环传送营养，通过循环带走体内废料。老年人细胞内液量相对减少，体内的水分不足，故老年人应当养成饮水习惯，每日摄水量应当在 2 000 毫升左右。在膳食安排上，应当适当增加一些汤、羹类食物。正确的饮水方法应当是少量多次。清晨适量饮点开水，有利于刺激食欲、促进循环。

第 3 节　素食老年人的运动营养问题

随着营养过剩导致的高血压、冠心病、糖尿病、高脂血症、肥胖症等“富贵病”发病率的增高，为了追求健康，素食的老年人明显增多。这在一定程度上对预防“富贵病”起着积极作用。但是，由于某些营养素（如脂肪、维生素 B_{12}、铁等）较难从素食中获得，素食老年人在日常生活和体育锻炼中一定要注意营养均衡，以免对健康造成严重危害。

一、素食老年人的营养特点

素食者是指不食用肉类、鱼类、禽类及其副产品的人。素食者根据避免动物制品的程度的不同可以分为三类：半素食者、乳—蛋素食者和绝对素食者。半素食者是指食用畜类及其制品以外的食物的人；相对素食者（比例最高）是指食用鸡蛋和/或牛奶及其制品的人；绝对素食者是指只吃谷类、蔬菜、水果的人。一般来说，半素食者与相对素食者的营养比较充足、合理，因为他们能够从鸡蛋和奶制品中摄入优质的蛋白质。但是由于缺乏动物性食物，他们通常会缺乏矿物质。而绝对素食者的营养比相对素食者更加匮乏，他们不但缺乏矿物质，而且缺乏优质蛋白质。

膳食营养是维持生命的重要因素之一。素食老年人因长期素食会导致某些营养素缺乏，脂肪和蛋白质数量和质量明显的不足，摄入的营养素之间不平衡，引发组织器官功能和内环境稳定性的改变，代谢率降低，腺体分泌机能减弱，消化吸收功能、心血管功能均降低，生命体征受到影响，出现全身性营养不良问题。如何选择合理膳食，保障平衡的饮食，提供机体所需要的营养物质，对增强素食老年人身体健康起着十分重要的作用。

1. 能量

素食具有低脂、低能量密度、高膳食纤维和高碳水化合物的膳食特点，使膳食摄入的总能量减少。因此，素食者一般都比杂食者瘦，不易发生肥胖、高血压、冠心病。对于素食者中某些生理代谢需求较高的人群（如体育锻炼者等），必须提高膳食的食物总量才能确保摄入充足的营养素和能量。如果因饭量有限，摄入不足，特别容易造成能量不良的问题。

2. 碳水化合物

素食者为了保持机体能量平衡，膳食中常含有较多的碳水化合物，餐后血糖容易出现较高峰值。血糖控制不佳的素食者，应当注意碳水化合物的摄入。

3. 蛋白质

蛋白质是肌肉生长、激素合成、脑细胞发育、机体调节、免疫等生理过程中必不可少的营养成分。植物性蛋白质多数为不完全蛋白；因此，多数素食者的膳食中会出现蛋白质摄入不足，从而引起人体的氮元素缺乏，体内蛋白合成减少，出现多种生理改变。长期素食容易出现消瘦、贫血、性功能低下、反应迟缓、抵抗力降低等，老年人长期素食还会提高患阿尔茨海默病的概率。

4. 脂肪

素食是低脂膳食，常含有更高比例的多不饱和脂肪酸。素食者血浆胆固醇通常较低，可以提高 HDL/LDL 比值，减少血小板聚集和血栓形成，有效地控制动脉粥样硬化的发生。低脂饮食对控制糖尿病有利，并减少心血管并发症的发生，可以减少糖尿病的死亡率。

5. 膳食纤维

适量的膳食纤维摄入可刺激肠蠕动，能够有效防治便秘。同时，膳食纤维还有防治高血脂、胆石症、结肠癌以及降血糖等作用。素食中含有大量膳食纤维，所以素食者发生高血脂、高血压、糖尿病等慢性病的概率较低。另外，高纤维膳食会使人体大量摄入草酸或植酸，从而降低矿物质的生物利用率和减少维生素的摄入，容易出现相应的缺乏症。

6. 矿物质

素食中的高膳食纤维会降低矿物质的利用率，特别是钙、铁、钾等丢失增多。同时素食中的某些微量元素不容易吸收，影响骨骼的发育。一般乳—蛋素食者不会缺乏矿物质，而回避蛋、乳及乳制品的绝对素食者则很容易导致缺乏矿物质。因此，绝对素食者有必要补充钙、铁的营养补充剂。同时摄取大量的钙，会抑制身体对铁的吸收。建议分餐补充。

7. 维生素

素食中常缺乏脂溶性维生素，长期素食会造成身体脂溶性维生素 A、维生素 D、维生素 E、维生素 K 缺乏，从而导致维生素营养不良、抵抗力下降、衰老进程过快等。维生素 C 可以促进铁的吸收利用率，对预防素食者贫血有重要意义。对参加锻炼的素食者来说，经常需要口服脂溶性维生素制剂，为防止脂溶性维生素蓄积中毒，一般应在医生指导下服用。

二、素食对老年人健康的影响

老年人营养需要有一定的特殊性。从营养学观点看，长期素食会导致人体摄入的三大营养素不足，脂肪、蛋白质和碳水化合物出现不平衡。长期素食的老年人摄入蛋白质的来源主要是米饭、粥、面食、素菜、咸菜等，这类食物中蛋白质的质量差。老年人平时不注意吃蛋白质质量高的豆类食物及其制品就会发生蛋白质不足。动物和植物蛋白质长期不足是引起消化道肿瘤的一个危险因素。在临床观察中患有脑卒中病人的蛋白质摄入量比正常人低。因此，老年人适当增加蛋白质是很有必要的。蛋白质摄入过少或不足是长期素食带来的营养危害和膳食比例失调而导致的不良后果，对老年人身体健康非常不利。老年人以素食和植物性食物为主，而一般植物性食物中核黄素含量都比较少，长期素食就会引起核黄素缺乏，引起老年人慢性全身虚弱，视力模糊、疲劳、口角炎、舌炎或地图舌等。

三、素食老年人的营养补充

研究表明，长期食素而不参加运动的人，会产生骨质疏松、骨小梁明显减少，间距增大，骨吸收孔明显，髓腔扩大，说明骨的立体网面受损，正常结构疏松、断裂，多见微骨折。参加体育锻炼时，机体对营养素的需求增加，为保证锻炼期间的营养需要，素食老年人应当遵循以下营养要求。

1. 能量供给以维持体重为原则，平衡膳食

素食老年人的能量摄入较少，进行体育锻炼时应当注意能量物质的摄入，以免发生低体重。由于素食属于低脂膳食，所以膳食中需要依靠足够的碳水化合物来满足能量需求。以全麦面包、胚芽面包、糙米等复杂碳水化合物为主的膳食更适宜机体需要。坚果类食品含丰富不饱和脂肪酸等，可以补充机体所需的能量。

2. 食物多样化，保证蛋白质摄入

素食老年人必须通过不同来源的蛋白质的互补来满足蛋白质的需要，因此素食的食物种类要求更丰富多样。豆类（如黄豆、毛豆、绿豆，或豆腐等豆类加工品）含丰富的蛋白质，可以补充因未摄食肉类而缺乏的蛋白质成分。

3. 保证矿物质、维生素需求

素食老年人在锻炼中，为了保证铁、硒等矿物质的吸收和利用，应当合理搭配膳食。选择含铁较多的食物（如豆制品、绿色蔬菜、全麦面包等）。同时搭配以富含维生素 C 的食品，更有利于机体对铁的吸收。坚果类多富含硒，适量摄入可以满足机体对硒的需求。黑木耳、芝麻酱等富含微量元素的辅助食品也应当适量增加。

素食老年人容易缺乏脂溶性维生素，应当注意相应补充。以植物油烹调膳食，以保证维生素 E 等脂溶性维生素的吸收。增加日光下活动，促进维生素 D 的合成利用。补充复合维生素应当在医生指导下服用，以免中毒。

4. 少饮茶与咖啡

素食老年人应当尽量避免饮用茶和咖啡等饮料，因为它们会阻碍机体对矿物质的吸收，建议最好在餐后1小时后再饮用茶和咖啡。

总之，素食老年人一般应当做到以下几点：一是要合理搭配，摄取得当，如将谷类、豆类、根茎类、叶菜类均衡摄取，人体所需蛋白质和各种物质便不致缺乏。二是要因地制宜，因人、因时食素，为确使人体营养均衡，可以根据自身的体质健康状况，补充所需的营养物质。肠胃功能较差的老年人，可以多食用紫椰菜；骨骼不好的老年人，应当多吃苹果、菠菜，多喝牛奶；蛋白质缺乏的老年人，可以多食用花生、杏仁等核仁类食物。

第4节 患有慢性病的老年人的运动营养

一、患有高血压的老年人的运动营养

1. 控制能量，保持正常体重

患有高血压的老年人应当控制能量摄入，以保持正常体重。可以根据锻炼强度而定，建议每千克体重供给25～30千卡的能量或更低一些。

2. 能量物质合理供给

患有高血压的老年人应当减少动物脂肪和胆固醇的摄入。脂肪占总能量摄入的25%以下，多摄入不饱和脂肪，胆固醇小于300毫克/天，对高血压的防治有积极意义。蛋黄、肥肉、动物内脏、鱼籽和带鱼等高脂、高胆固醇食物尽量少吃，多吃新鲜水果、蔬菜。

患有高血压的老年人适当摄入蛋白质，保证蛋白质提供能量占总能量摄入的10%～15%，应有1/3以上的优质蛋白质（如瘦肉、鱼、乳、蛋、豆制品等）。血尿素升高的老年人应当限制蛋白质的摄入总量，以免肾脏负荷过重，血压升高。

患有高血压的老年人应当减少高碳水化合物（高糖）食物的摄入，防止暴饮暴食，勿过度饥饿等，以防止进食后诱发胰岛素分泌增加而导致高血压。

3. 摄入含钾、钙、镁高的食物

低钾、低钙、低镁也是高血压发病因素之一。新鲜食物含钾高，而人工食品一般含钾低。因此，患有高血压的老年人应当多进食新鲜蔬菜和水果，少吃盐腌制品。在高钠饮食中加入钙，或多吃一些含钙的食物，血压会有所降低。多吃含镁的食物（如坚果、大豆、豌豆、谷物、海产品、深绿色蔬菜和牛奶等），也可以降低血压。

4. 饮食宜清淡

饮食清淡有利于降低血压。患有高血压的老年人应当多食用豆类、胡萝卜、芹菜、海带、紫菜、冬瓜、丝瓜、白木耳、食用菌、花生、葵花籽、芝麻、核桃、香蕉、柚子、苹果等。少食一些高脂肪、高胆固醇的食品（如蛋黄、奶油、猪肝、猪脑等）。

5. 戒烟、限制饮酒

尼古丁可以迅速增加动脉血压。吸烟者的恶性高血压和蛛网膜下腔出血的发病率较高，冠心病和猝死的危险性可增加 1 倍以上。吸烟还会降低某些降压药物的疗效。经常饮酒并使体内酒精含量超过一定浓度后可以导致血压升高。因此，提倡戒烟和限制饮酒（每日饮酒最多不可超过 50 毫升）。

6. 低盐饮食

日常食物中，钠的摄入量已足够维系人体对钠的需要，食盐只应作为一种调味品。每日平均摄入盐量超过 16 克，可能是高血压患者较多的原因之一。对于患有高血压的老年人，仅仅降低盐类摄入量是不够的，应当从饮食中把盐类完全除去。仔细阅读食品包装说明，避免含有“盐”“苏打”“钠”或带有“钠”标志的食品。而对于无高血压的老年人，每天食盐的摄取量应当限制在 5 克以内。

二、患有糖尿病的老年人的运动营养

1. 限制总能量摄入

合理控制能量摄入是患有糖尿病的老年人首要的营养原则。体育锻炼造成能量消耗增加，食欲增强，为了避免过高的餐后血糖，应当控制能量摄入总量。根据年龄、性别、身高、体重、血糖，以及有无并发症等病理生理情况和其运动强度、活动量大小等因素计算总能量的供给量，总能量应当以能满足生理需要，维持理想体重低限为宜。体重低于标准值 10%以上的消瘦者和患有其他消耗性疾病的老年人，应当酌情增加能量摄入；超重和肥胖的老年人需要酌情减少能量摄入。超重 20%以上的老年人应当给予 1200 千卡/天的低能量饮食，使其体重逐渐下降，要求每周下降 0.5 千克，当体重达到接近标准体重±5%时，再重新计算能量供给量。

2. 保证能量物质合理的供给比例

（1）碳水化合物

患有糖尿病的老年人应当保证碳水化合物摄入量，有助于提高胰岛素的敏感性，刺激糖的利用，减少肝脏葡萄糖的产生和改善葡萄糖耐量。超量摄入碳水化合物会加重胰岛负担，摄入不足又会引起酮血症。碳水化合物适宜供给应当占总能量的 50%～65%，以复杂碳水化合物为主。因为复杂碳水化合物吸收速率较慢，血糖指数低于精制糖。一般每日碳水化合物摄入量为 200～350 克，限制蜂蜜、糖浆等简单糖（单糖、双糖）制品或甜点。锻炼初始时应当严格控制碳水化合物的摄入量在每日 200 克，症状改善后可以逐渐增加至 200～350

克，并根据血糖、尿糖和用药情况随时调整。

（2）脂肪

患有糖尿病的老年人应当限制脂肪摄入，占总能量的20%～25%。饱和脂肪酸不宜过多，多不饱和脂肪酸、单不饱和脂肪酸与饱和脂肪酸比值为1∶1∶0.8。一般每日摄入脂肪量为45～55克，其中胆固醇摄入每天小于300毫克，同时患高脂血症的老年人每日摄入胆固醇应当小于200毫克。因此，患有糖尿病的老年人应当避免摄入富含胆固醇的食物，如动物脑和肝、肾、肠等内脏，还有鱼籽、虾籽、蛋黄等。

（3）蛋白质

患有糖尿病的老年人应当适当增加蛋白质的摄入量，因糖尿病患者糖异生作用增强，蛋白质消耗增加，容易出现负氮平衡。蛋白质提供能量占总能量的10%～15%，每日每千克体重可以摄入1.2～1.5克。糖尿病伴肝肾功能不全时，应当根据功能损害程度限制蛋白质摄入，膳食中应当有1/3以上的蛋白质为优质蛋白质（如瘦肉、鱼、乳、蛋、豆制品等）。

3. 增加膳食纤维、矿物质、维生素摄入

可溶性膳食纤维有助于患有糖尿病的老年人的血糖控制，同时还具有降血脂作用。不溶性膳食纤维有间接缓解餐后血糖升高和减肥的作用。一般建议每日摄入20～35克膳食纤维。

患有糖尿病的老年人因主食和水果摄入量的限制，容易发生维生素和矿物质的缺乏。因此，应当供给足量的维生素和矿物质，适量补充含B族维生素、维生素C、维生素A、维生素E，以及钙、硒、铬、锌等无机盐和微量元素丰富的食物。

4. 控制钠和酒精摄入

患有糖尿病的老年人常伴有高血压等疾病，应当选择低钠饮食，食盐不宜高于6克。酒精容易引起患有糖尿病的老年人发生低血糖，而且含有较高能量，建议患有糖尿病的老年人禁酒；若伴有胰腺炎、高血脂、神经疾病和肾病时应当绝对禁酒。如饮酒，主食量应减少。

5. 合理安排餐次，预防低血糖

患有糖尿病的老年人应当根据饮食习惯分配餐次，而且定时、定量。可以按早餐、午餐、晚餐各占1/3，或按1∶2∶2的比例分配，切忌暴饮暴食或不食。在总能量范围内适当增加餐次，两餐之间进行加餐，有利于改善糖耐量并可预防低血糖的发生。使用胰岛素或降糖药物的老年人，在锻炼时为了预防低血糖，可以在锻炼前加餐。锻炼中可以随身携带含糖食品，如出现头晕、眼花、无力等低血糖反应，少量服用补充血糖。

6. 锻炼前多饮水，锻炼后饮食应清淡

适当增多饮水可避免血液浓缩，血糖升高，并预防脱水。清淡饮食以植物性食物为主，含纤维素较多，有利于能量摄入控制，并降低钠的摄入。大蒜、仙人掌、芦荟、苦瓜内的某些活性物质能不同程度地降低空腹血糖。患有糖尿病的老年人在膳食中可适量增加摄入这些食物。

三、患有骨质疏松症的老年人的运动营养

1. 供给充足的蛋白质

蛋白质是组成骨基质的原料，可增加钙的吸收和储存，对防止和延缓骨质疏松症有利。奶中的乳白蛋白、骨头里的骨白蛋白、核桃中的核白蛋白、蛋类的白蛋白，都含有弹性蛋白和胶原蛋白，维生素 C 则对胶原合成有利。因此，患有骨质疏松症的老年人应当摄入充足的蛋白质与维生素。不应摄入过多动物性蛋白，以免使体液酸化，增加钙的排泄。

2. 多食用含钙、磷的食品

除饮食补充外，患有骨质疏松症的老年人可以适当补充钙剂，但是要注意钙的结合形式。碳酸钙吸收较差，乳酸钙的含量很低。只有膳食中的钙与蛋白质结合后，才能被机体充分利用，所以更提倡膳食中补钙。患有骨质疏松症的老年人应当适当摄入磷，以保证每天 1.0～1.5 克的摄入量，但是不能摄入过多。钙/磷比例以 1.5∶1～2∶1 为宜。含钙、磷高的食物有牛奶、鱼类、虾蟹、青菜、乳制品等。

患有骨质疏松症的老年人应当限制饮酒、戒烟，少喝咖啡、浓茶、碳酸饮料，避免对钙、磷吸收的影响。

3. 注意补充维生素 D

患有骨质疏松症的老年人应当适当增加日光浴，可增强钙的吸收能力。同时，应当增加富含维生素 D 的膳食。含维生素 D 的食物有沙丁鱼、鳜鱼、青鱼、牛奶、鸡蛋等，也可以加用适量的鱼肝油，同时必须注意不能过量摄入。

4. 注意烹调方法

一些蔬菜（如菠菜、苋菜等）含有较多的草酸，影响钙的吸收。如果将这些菜在沸水中焯一下，滤去水再烹调，可以减少部分草酸。谷类中含有植酸酶，可以分解植酸盐，释放出游离钙和磷，增加钙、磷的利用率。

第 5 节　药物与营养的相互作用

一、利尿剂

富钾食物（如土豆等）若与速尿、噻嗪类利尿药合用，因补充了钾盐，可增强药物疗效并降低不良反应。进食咸菜、腌鱼等高钠食物，可影响利尿药的疗效。利尿剂不同，与食物

相互作用也不同，某些利尿剂引起钾、钙和镁的流失，而氨苯蝶啶（“钾保持”利尿剂）阻碍肾的钾排泄，可引起高血钾症，钾过度可导致心跳异常和心悸。使用氨苯蝶啶时，要避免食用富含钾的食物（如香蕉、柑橘、绿叶蔬菜等）或含钾的盐替代用品。

二、安定药/精神兴奋药

酒精与安定类/精神兴奋剂合用，可能使药物的作用增强，甚至出现毒副作用。

三、强心甙

进食含钙多的食物，能增加强心甙对心脏的作用，容易增加药物毒性反应。

四、抗惊厥药

抗惊厥药（如苯巴比妥、苯妥英钠等）及镇静药（如导眠能等）等是药酶的诱导剂，可激活药酶，干扰维生素 D 的代谢，使其分解，使血清钙、磷水平下降，钾、镁、锌排出加快，钙在体内的储存量减少。

五、水杨酸盐

水杨酸盐（如阿司匹林等）药物刺激胃，最好与食物或牛奶同时服用。避免或限制酒精的使用，因为长期饮酒可增加肝损伤或胃出血的风险。假如每天饮酒 3 次或 4 次，服用这些药物之前要告知医生或药师。最好服用阿司匹林肠溶片，相对于常规的阿司匹林可以降低胃出血的风险。

六、皮质类固醇

糖皮质激素能增加肝糖原分解，使血糖升高，故使用糖皮质激素时，应当限制糖的摄入量，以低糖饮食为好。

七、抗酸药

抗酸药（如碳酸氢钠、胃舒平等）不宜与辛辣食物或佐料同服，因为这类食物能促进胃酸分泌，从而减弱抗酸药的疗效。

八、泻药

老年人常用的缓泻药（如液状石蜡等）可以溶解胡萝卜素和脂溶性维生素，使肠蠕动加快，减少营养素的吸收。

小结

合理饮食是老年人保持身体健康的物质基础。与年轻人相比，老年人的营养需求具有一些特殊性。在一般人群膳食指南 10 条的基础上，老年人的膳食指南需补充以下 4 个方面的内容。①食物要粗细搭配、松软、易于消化吸收。②合理安排饮食，提高生活质量。③重视预防营养不良和贫血。④多做户外活动，维持健康体重。

随着年龄的不断增长，老年人活动量逐渐减少，能量消耗降低，机体代谢过程明显减慢，为了能量平衡，老年人应当适当控制能量摄入。在保证碳水化合物（糖类）摄入充足的情况下，老年人应当控制糖果、精致点心的摄入量。老年人脂肪摄入量不宜过多，食用油的选择应当尽量少用动物油脂。老年人必须补充足够蛋白质，这对维持老年人机体正常代谢、补偿组织蛋白消耗增强机体抵抗力具有重要作用。

维生素和矿物质是人体必需的微量营养素。维生素是维持人体生命过程所必需的小分子有机化合物，必须从食物中才能获得。老年人容易发生维生素不足或缺乏，必要时可以额外补充，但要防止补充过量。矿物质是人体内重要的结构和功能成分。老年人容易缺乏的矿物质包括钙、铁、锌、硒等，必要时可以额外进行补充。老年人要特别限制钠的摄入量，有利于预防和控制高血压。

长期素食的老年人可能会导致营养缺乏和不平衡，出现营养不良，并可能引发与营养相关的疾病。素食的老年人应当尽量做到合理搭配、均衡摄取食物，以保证营养均衡，以免对健康造成危害。

很多慢性病与体力活动不足以及营养不合理有关。提高体力活动水平与合理营养相结合，对于防治和减轻慢性病是有效的。患有高血压、糖尿病和骨质疏松症等慢性病的老年人，在进行体育活动期间，需要注意营养均衡。

患有慢性疾病的老年人，需要服用一些药物。某些药物与营养素之间会产生相互作用。一方面，服用某些药物可能会导致一些微量营养素流失，造成营养素缺乏。另一方面，过多摄入某些营养素会降低药效或增加药物的不良反应。

思　考　题

1. 一般人群膳食指南包括哪 10 个条目？
2. 简述老年人膳食的特殊要求。

3. 为什么老年人应当适当控制能量摄入？

4. 如何防治老年人贫血？

5. 如何保证素食老年人做到平衡膳食？

第11章 老年人体育活动的组织、管理与实施

学习目标

- 了解老年人体育活动的相关法律法规
- 了解老年人体育的相关组织机构
- 掌握老年人体育活动的组织原则
- 了解不同老年人参加体育活动的基本特征
- 掌握指导老年人进行体育活动的实施方法

老年人体育活动指导师通过各种内容和方式的体育指导，为老年人提供多元化、规范化的科学健身服务，需要对所从事的体育指导工作有全面了解，紧密围绕老年人体育指导工作的目的和任务，根据老年人体育健身活动的需求，采取各种适宜的工作方式，开展各种内容的老年人体育活动指导服务。

了解老年人体育活动的相关法律法规的主要内容，可以进一步加深对国家关于老年体育工作的各项法律法规及方针政策的理解。了解老年人体育活动相关组织机构的主要职能，可以进一步加深对国家和相关部门对老年人体育的规划方向、指导原则、管理办法和监督内容的理解。掌握老年人体育活动的组织原则、活动内容和实施方法，可以进一步提高指导各类老年人进行各种体育活动的专业技能，以及策划、组织、管理各类老年人参加体育活动的业务能力，提高工作的规范性、科学性和主动性。

第1节 老年人体育活动的相关法律法规

随着老年人体育活动需求的不断增强，以及体育活动促进老年人健康的特殊作用不断显

现，在国家颁布的有关体育、民政、医药卫生和残疾人工作的相关政策法规里，有很多关于老年人体育活动管理与服务的论述。

一、《中华人民共和国体育法》

《中华人民共和国体育法》（1995）明确提出，全社会应当关心、支持老年人、残疾人参加体育活动。各级人民政府应当采取措施，为老年人、残疾人参加体育活动提供方便。公共体育设施应当向社会开放，方便群众开展体育活动，对学生、老年人、残疾人实行优惠办法，提高体育设施的利用率。老年人的体育权利得到了体育法的特殊保护。

二、《公共文化体育设施条例》

《公共文化体育设施条例》（2003）要求在公共体育设施的使用上，为老年人提供便利和优惠。需要收取费用的公共文化体育设施管理单位，应根据设施的功能、特点对学生、老年人、残疾人等免费或者优惠开放。

三、《全民健身计划（2011—2015）》

在《全民健身计划（2011—2015）》（2011）中多次提到老年人体育。

在目标任务里，分别提到提高老年人、残疾人参加体育锻炼人数比例；要求市（地）、县（区）普遍建有体育总会、单项体育协会、行业体育协会及老年人、残疾人、少数民族、农民、学生等体育协会；鼓励研发推广适宜青少年、老年人、残疾人健身的便于进入家庭的健身设备器材。

在工作措施里，强调重视发展老年人体育，要求建立健全老年人体育协会、体育健身俱乐部、体育健身团队；广泛开展经常性的老年人体育健身活动，办好老年人体育健身大会；不断创新适合老年人特点的体育健身项目和方法；公共体育设施对老年人参加体育活动提供便利和优惠；老年人教育机构开设体育课程，老年人活动中心设置适合老年人体育活动的设施，社区服务兼顾老年人体育健身服务；鼓励、支持社会组织和个人兴办老年人体育服务机构和体育健身设施。

在保障措施里，提出公共体育设施应当根据其功能、特点向公众开放，并在一定时间和范围内，对学生、老年人和残疾人优惠或者免费开放。

四、《中华人民共和国老年人权益保障法》

在《中华人民共和国老年人权益保障法》（2013）中也多次提到老年人体育，要求地方各级人民政府和有关部门、基层群众性自治组织，应当将养老服务设施纳入城乡社区配套设施建设规划，建立适应老年人需要的生活服务、文化体育活动、日间照料、疾病护理与康复等服务设施和网点，就近为老年人提供服务；各级人民政府和有关部门在财政、税费、土地、融资等方面采取措施，鼓励、扶持企事业单位、社会组织或者个人兴办、运营养老、老年人日间照料、老年文化体育活动等设施。

在社会优抚方面，要求博物馆、美术馆、科技馆、纪念馆、公共图书馆、文化馆、影剧院、体育场馆、公园、旅游景点等场所，应当对老年人免费或者优惠开放。

在建设宜居环境方面，要求各级人民政府在制定城乡规划时，应当根据人口老龄化发展趋势、老年人口分布和老年人的特点，统筹考虑适合老年人的公共基础设施、生活服务设施、医疗卫生设施和文化体育设施建设。

在参与社会发展方面，提出国家和社会采取措施，开展适合老年人的群众性文化、体育、娱乐活动，丰富老年人的精神文化生活。

此外，还多次提到老年人康复或保健的服务目标和要求，里面也有许多体育形态或内容的参与或服务。

五、《中国老龄事业发展“十二五”规划》

《中国老龄事业发展“十二五”规划》(2011) 把增加老年文化、教育和体育健身活动设施，进一步扩大各级各类老年大学（学校）办学规模作为主要发展目标之一。

一项主要的任务就是加强老年体育健身工作。在城乡建设、旧城改造和社区建设中，要安排老年体育健身活动场所。加强老年体育组织建设，积极组织老年人参加全民健身活动。使经常参加体育健身的老年人达到50％以上。

此外，各省（直辖市）、地区或县（市）积极根据地方现实情况，配套出台了各项有关老年人或体育工作的政策制度，进一步提高了体育在老年人服务或养老事业中的地位和作用；一些有关医疗、文化或社区建设方面的政策文件中，虽然没有出现老年人体育的字词，但是有关老年人健身、老年人文体娱乐或老年人社会融入等方面的内容或目标，都有体育行业的技能保障或形态参与。

六、《中共中央、国务院关于加强老龄工作的决定》

《中共中央、国务院关于加强老龄工作的决定》(2000) 要求充分认识加强老龄工作的重大意义，强调党和人民政府历来十分关心老年人。新中国建立后，特别是改革开放以来，国家颁布实施了一系列维护老年人权益的法律法规和政策，加强了尊老爱幼思想教育，初步建立了养老、医疗等社会保障制度，老年福利、卫生、文化、教育、体育等事业有了一定的发展，老年人的生活水平和生活质量不断提高。在今后一个时期我国老龄事业发展的主要目标中提到，逐步建立比较完善的以老年福利、生活照料、医疗保健、体育健身、文化教育和法律服务为主要内容的老年服务体系；在发展老年服务业中提到，各级文化、体育、广播电视等部门和工会、妇联等群众团体要进一步加强老年文化体育工作，发展老年文化体育事业。

七、《国务院关于加快发展养老服务业的若干意见》

《国务院关于加快发展养老服务业的若干意见》（2013）在总体要求中的发展目标里提出，以老年生活照料、老年产品用品、老年健康服务、老年体育健身、老年文化娱乐、老年金融服务、老年旅游等为主的养老服务业全面发展，养老服务业增加值在服务业中的比重显著提升，全国机构养老、居家社区生活照料和护理等服务提供1 000万个以上就业岗位。

在主要任务中统筹规划发展城市养老服务设施里提出，各地要发挥社区公共服务设施的养老服务功能，加强社区养老服务设施与社区服务中心（服务站）及社区卫生、文化、体育等设施的功能衔接，提高使用率，发挥综合效益。

在大力发展居家养老服务网络中提出，发展老年人文体娱乐服务。地方政府要支持社区利用社区公共服务设施和社会场所组织开展适合老年人的群众性文化体育娱乐活动，并发挥群众组织和个人积极性。鼓励专业养老机构利用自身资源优势，培训和指导社区养老服务组织和人员。

在繁荣养老服务消费市场中提出，各地要积极发展养老服务业，引导养老服务企业和机构优先满足老年人基本服务需求，鼓励和引导相关行业积极拓展适合老年人特点的文化娱乐、体育健身、休闲旅游、健康服务、精神慰藉、法律服务等服务，加强残障老年人专业化服务。将老年人体育与养老服务业的发展结合起来。

八、《关于加快推进健康与养老服务工程建设的通知》

《关于加快推进健康与养老服务工程建设的通知》（2014）由国家发改委、民政部、卫计委、体育总局等10部门联合发文，目的是加快推进健康服务体系、养老服务体系和体育健身设施建设。通知中多处同时出现“医疗、养老、体育”的字词，在健康与养老服务工程建设意义、原则和政策措施等方面将三者联系在一起。但是，同时又分别对医疗服务体系、养老服务体系和体育健身设施服务体系的建设目标、任务和要求做了具体说明。在体育健身设施服务方面，重点强调到2020年，每个行政村都有适合老年人的农民体育健身设施。

九、《国务院关于加快发展体育产业促进体育消费的若干意见》

《国务院关于加快发展体育产业促进体育消费的若干意见》（2014）中将全民健身上升为国家战略，倡导树立文明健康的生活方式，推进健康关口前移，延长健康寿命，提高生活品质，激发群众参与体育活动的热情，促进体育产业与养老服务产业的融合。强调加强体育运动指导，发挥体育锻炼在疾病防治以及健康促进等方面的积极作用。提出要大力发展运动医学和康复医学，积极研发运动康复技术，鼓励社会资本开办康体、体质测定和运动康复等各类机构，提倡开展健身咨询服务，鼓励开发适合老年人特点的休闲运动项目。

第 2 节　老年人体育活动的相关组织机构

老年人体育的组织机构主要包括政府机构和相关协会。老年人体育管理工作一般存在于体育行政机关或体育单项协会中。此外，一些有关老年人工作的政府部门或协会，也兼有老年人体育指导或服务管理的职能。

一、全国老龄工作委员会

全国老龄工作委员会是国务院主管全国老龄工作的高层议事协调机构，下设办公室，办公室设在民政部。事业发展部为全国老龄工作委员会内设机构之一，主要职责是承担为老服务体系建设和老龄产业发展的调查研究；协同有关部门研究为老服务和老龄产业规划、政策建议及相关规范；协调有关部门研究为老服务和老龄产业发展及其市场监督；组织协调相关部门开展为老服务活动和从业人员培训工作。老年人体育是为老服务活动的重要组成，也是老龄工作的重点之一。

二、国家体育总局

国家体育总局是我国体育工作的最高管理机关，主要职责是研究制定体育工作的政策法规和发展规划并监督实施，推行全民健身计划，指导并开展群众性体育活动，实施国家体育锻炼标准，开展国民体质监测；负责全国性体育社团的资格审查，等等。体育总局中有关老年人体育工作的管理部门主要是群众体育司和社会体育指导中心。

1. 群众体育司

群众体育司的主要职责是拟订群众体育工作的有关方针规划和政策；推行全民健身计划；推动建立和完善全民健身服务体系，指导群众体育组织建设、健身场地设施建设，指导协调开展群众性体育活动；指导协调全国体育大会的组织工作，协助有关部门举办全国性群众体育运动会；指导和推动各类人群的全民健身工作，协调推动全民健身志愿服务工作；指导和推动农村体育、城市体育及其他社会体育的发展；等等。

老年人是群众体育最重要的组成之一，也是农村体育和城市体育的主要参与者，更是全民健身计划的主要服务对象。群众体育司的相关政策和制度的制定和颁布都要充分考虑老年人的身心特点，有效针对老年人开展各类体育活动。

2. 社会体育指导中心

社会体育指导中心的主要任务是根据国家的体育方针、政策、法规，全面管理和指导全国社会体育指导员、老年人、企业职工等人群体育活动；全面管理和指导全国轮滑、健身健美、龙舟、舞龙舞狮、信鸽、钓鱼、风筝、体育舞蹈、拔河、飞镖、门球、木球、毽球、大力士、健身秧歌、健身腰鼓、桌式足球、荷球项目以及其他新开展和发掘整理的社会（休闲）体育活动和项目的发展，并推动上述人群体育运动和项目的普及与提高，并通过开展多种经营，积累发展资金。

社会体育指导中心既是老年人体育活动的具体指导部门，又是老年人喜闻乐见的体育项目（如门球、毽球、健身秧歌、健身腰鼓等）的管理和指导组织，在老年人体育事业发展中起着至关重要的作用。

此外，国家体育总局下设的健身气功管理中心、棋牌运动管理中心和各项目管理中心中的部分业务也涉及老年人相关体育需求，对老年人各种运动项目的普及和提高起着重要的推动作用。

三、中华全国体育总会

中华全国体育总会是全国群众性的体育组织，是党和政府联系体育工作者的纽带，是依法成立的非营利性的社团法人。全国体总的宗旨是联系、团结运动员和体育工作者，努力发展体育事业，普及群众体育运动，提高全民族的身体素质；不断提高运动技术水平，攀登世界体育高峰；促进社会主义物质文明和精神文明建设，为建设有中国特色的社会主义服务。中华全国总会包括各类国家级体育单项协会，其中很多都与老年人体育相关，具有代表性的有中国老年人体育协会和中国健身气功协会。

1. 中国老年人体育协会

中国老年人体育协会是联系、团结广大老年人的群众性体育社会团体，是为老年人开展体育健身活动、增进老年人健康服务的非营利性社会组织，是中华全国体育总会的单位成员。在各级政府和体育、民政部门的领导、监督下，与老龄工作委员会等有关部门和组织共同开展为老年人服务的工作。

2. 中国健身气功协会

中国健身气功协会是从事健身气功推广、普及和研究的全国性群众体育社会团体，属于非营利性社会组织，是中华全国体育总会的团体成员，也是体育行政部门联系群众的桥梁和纽带。中国健身气功协会由各省、自治区、直辖市健身气功协会，各行业体协、高等院校体协、其他具有合法地位的健身气功社团组织以及热爱健身气功事业的人士组成。

此外，中华全国体育总会还包括一些非奥运项目的单项协会，如象棋协会、围棋协会、门球协会、桥牌协会、钓鱼协会等。

四、中国残疾人联合会

中国残疾人联合会是由中国各类残疾人代表和残疾人工作者组成的全国性残疾人事业团体，代表残疾人的共同利益，维护残疾人的合法权益，团结教育残疾人，为残疾人服务；承担政府委托的任务，开展残疾人工作；动员社会力量，发展残疾人事业。残疾老年人是一个数量众多、特性突出、特别困难的社会群体，是社会保障和公共服务的重点人群。中国残疾人联合会指导老年残疾人体育活动的部门主要是体育部和三大残疾人体育组织。

1. 中国残疾人联合会体育部

中国残疾人联合会体育部的主要职责是研究拟定残疾人体育工作的政策法规和发展规划并监督实施；指导并开展残疾人群众性体育活动，协助配合有关部门和单位承办重大国际残疾人体育赛事；指导中国残疾人联合会主办、主管的体育机构的业务工作。

2. 中国残疾人体育协会

中国残疾人体育协会是为截肢者、脑瘫患者、脊髓损伤者和视力残疾人设立的体育组织，是由各省、自治区、直辖市及计划单列市肢体残疾人、视力残疾人体育组织自愿组成的非营利性群众体育社会团体。

3. 中国聋人体育协会

中国聋人体育协会是聋人的体育组织，是由各省、自治区、直辖市及计划单列市聋人体育组织自愿组成的非营利性群众体育社会团体。

4. 中国弱智人体育协会

中国弱智人体育协会是专门为智商在 70 以下的智力残疾人设立的体育组织，是由各省、自治区、直辖市以及计划单列市弱智人体育组织自愿组成的非营利性群众体育社会团体。

三大残疾人体育协会的职责主要是认真贯彻《中华人民共和国残疾人保障法》《中华人民共和国体育法》和国家体育工作的方针、政策，动员、组织和指导肢体残疾人、视力残疾人、聋人和弱智人开展体育活动；协助有关部门开展特教学校（班）校园体育、福利单位及社区肢体残疾人、视力残疾人、聋人和弱智人健身活动；组织、管理、培训肢体残疾人、视力残疾人、聋人和弱智人运动员和残奥工作人员，有计划地部署和发展残疾人、聋人和弱智人体育训练基地，举办全国综合性和单项残疾人体育赛事；组织参加举办国际残疾人、聋人和弱智人体育比赛，开展国际交流；协同有关部门组织开展残疾人、聋人和弱智人体育科学研究，提供残疾人、聋人和弱智人体育专项用品、用具标准，组织开发、研制残疾人体育器材；对会员单位进行业务指导；总结交流经验，表彰先进等。

五、地方老年人体育相关部门

根据国家在老年人体育相关职能方面的部门配置，在各省（市）、地区（区）、县市（街道）和村镇（社区）的行政机构或社会组织中，均有承担老年人体育相关工作职能的部门或协会。

1. 各级行政机关

（1）省（自治区、直辖市）体育局群众体育处

省（自治区、直辖市）体育局群众体育处主要负责制订本省（自治区、直辖市）群众体育工作的发展规划和有关制度，负责实施国家体育锻炼标准，组织、指导国民体质测定工作；指导、协调本省（自治区、直辖市）各部门、行业、社会团体实施《全民健身计划纲要》；指导和推动体育及学校体育、职工体育、农村体育等社会体育的发展；负责全省（自治区、直辖市）群众体育先进的评比表彰工作和社会体育指导员等级审批工作；会同有关部门指导、协调全省（自治区、直辖市）级及参加全国性的大中学生、职工、农民、少数民族、残疾人等体育竞赛。

（2）县（区）体育局群众体育科（股）

在县（区）级地区，有些体育局独立挂牌，还有一些与教育、文化或艺术合在一起，出现了县（区）级教育体育局、文化体育局等机构。在县（区）级体育行政机关均设有群众体育科（股），负责本地区群众体育活动组织和指导工作，以及群众体育人才队伍和场地器材的规划与建设任务，并承担上级单位或本级政府交办的其他任务。

（3）城市街道办事处文化体育科

城市街道办事处是区政府的派出机构，代表区政府依据法律法规的规定对街道辖区行使政府管理职能。街道办事处一般没有独立专门负责群众体育工作的部门，更没有专门负责老年人体育服务工作的组织，群众体育工作多与民政、卫生、文化或艺术工作和在一起，由文化体育科、社会事务管理科负责管理；还有一些街道建有体育（或文化体育）中心，群众体育活动的组织和指导直接由中心负责。

（4）乡村或社区群众体育管理机构

成熟的乡村或社区在村委会或居委会（业委会）的领导下，一般设有专门负责文化体育工作的组织或人员，而群众体育工作与教育、文化、卫生或民政工作高度融合在一起。

随着群众体育需求的不断扩大，在体育系统或街道办事处的支持和推动下，各级社会体育管理中心不断涌现，中心依托自身场地器材和专业体育指导人员的优势，主动承接政府与

民众体育需求的纽带任务，在赛事组织、技能指导、场地器材供应和专业人员输出等方面发挥着重要作用。各类老年人体育需求也是社会体育管理中心重点解决的任务之一，社会体育管理中心更是指导社区老年人体育工作的重要力量。

2. 各种社会组织

在中华全国体育总会的影响和指导下，各类省市级、地区级和区县级的单项体育社团集合了各类具有体育特长或兴趣的老年群体，经常性地开展各种体育活动；在乡村和社区层面，由老年人自发形成的文体类社会团体，通过团体内部自我管理和服务，定期开展专项体育活动，实现了老年群体老有所乐和老有所为的愿望，通过成员内部技术切磋、互相帮扶和对外竞赛与表演，更实现了老年人社会融入和自我实现的目的。

在社区老年人群体中间，普遍存在小规模的体育兴趣团体，这些团体绝大部分没有相关资质和组织建制，如社区象棋、太极拳、广场舞，乡村麻将、顶牛兴趣小组等。这些组织是老年群体最主要的体育参与的载体，也是政府老年人体育管理和服务的终端，由于组织的非正规性、灵活性、隐蔽性和短时性，很难监控和指导，但却是老年群体体育需求最真实的表达。这些组织与正规单项体育社团缺乏必要的业务联系，除了技术发展和指导得不到正规服务外，群体中间也较容易渗入一些不良邪恶思想和伪健康观念。因此，社会单项体育社团的民众化教育普及意义和作用不仅仅在于项目的推广和老年人健康的维护，对整个国家的安全稳定和社会和谐也发挥着重要作用。

第 3 节　老年人体育活动的组织原则和活动内容

一、老年人体育活动的组织原则

1. 自愿原则

自愿原则也称为自由原则，是在自己愿意、自己情愿、自己乐意的情况下，主动、有意地所作所为。

2. 安全原则

组织老年人参加体育活动一定要注意安全，提高警惕，加强防范，坚持安全第一的原则。

3. 健康原则

老年人参加体育活动的目的主要是保持或获得健康，健康原则也是老年人选择体育活动的标准。

4. 因人而异原则

老年人的身体状况和心理状态千差万别，在体育活动的组织过程中要充分了解和掌握每一位老年人的健康程度，并尽量根据每个人的情况采取不同的组织形式、活动内容和要求。

5. 循序渐进原则

老年人的肌肉、骨骼和神经功能弱化和退化明显，在体育活动的组织过程中要充分考虑活动内容的强度、时间和技术复杂程度，并留出热身准备活动和放松运动的时间，充分设计活动强度的渐进性、科学性和适宜性。

6. 针对性原则

老年人普遍喜欢动作缓慢、强度不大、技术精炼和操作简单的体育项目，在活动组织过程中要有针对性地选择体育项目和内容，科学合理的设计活动程序。

二、组织老年人开展体育竞赛

我国老年人大型体育竞赛主要是由国家体育总局或各级地方政府、体育局主办，中华全国体育总会、单项体育协会或地方体育总会、单项体育协会负责承办，相关企事业单位协办或赞助而举办。而街道、社区、乡村举办的各类老年人体育竞赛的组织和管理一般比较灵活。

1. 老年人体育竞赛的组织原则

老年人体育竞赛的基本原则是安全第一、健康第一、友谊第一、风格第一。在所有老年人竞赛在组织过程中还应当遵守以下原则。

（1）老年人体育竞赛的前期筹备工作原则

1）选择竞技性和技术难度小、健身性和娱乐性强的体育项目。大多数老年人参加体育比赛以健身和娱乐需求为主，重在参与过程和经历，在项目的设计上要避免一些技术难度高、竞技性强的体育内容，以愉悦身心、增进健康为主。

2）选择符合老年人身心特点的体育项目。由于老年人的神经系统、心血管系统及运动器官的功能都在减退，而且更容易产生疲劳，而疲劳一旦产生后消除又比较慢。因此，要提倡多组织那些对抗性不太强、运动量不大，又富有游戏性和趣味性的运动项目进行比赛。

3）根据老年人认知水平和身体状况，适当调整竞赛规则和办法。组织老年人的体育比赛，比赛时间不宜太长，每天的比赛不能安排得太密；根据老年人的体力，对竞赛规则可做些修改，例如，五局三胜制可改为三局二胜制；在比赛中如感身体不适，可以休息几分钟再参赛，也允许弃权或退出比赛。

4）老年人的体育比赛宜多搞小型的、本地区的比赛，少搞大型的、跨地区的甚至全国性的比赛。

5）要做好各种突发事件的应急预案。老年人的体育竞赛必须有医务人员和相关药品、设备和器材在场。

6）做好各类人群的培训工作。对组织人员、裁判员、志愿者和服务人员做好专业技能和基本礼仪培训。

(2) 老年人体育竞赛的组织实施原则

1）裁判工作要做到公平、公正、公开；如果发现场地器材有不符合标准或不安全的因素时，应当终止比赛；要让参赛的老年人正确对待胜负；比赛要量力而行，不可出过头力；比赛紧张时还需缓和赛场气氛，避免不利于健康的激烈对抗。

2）在解答老年人问题时，语速要缓慢、言语要和善、举止要得体。

3）合理控制比赛进程，尽量不提前、不拖延比赛结束时间。

4）人员分工要合理，彼此照应、互相补台，各种联络、汇报和交流渠道清晰、快捷、畅通。

5）要做好比赛之外的饮食、住宿、休闲娱乐和交通出行等服务工作。

(3) 老年人体育竞赛的后期总结原则

1）要利用多种形式（如访谈、问卷调查等）获取老年人对组织工作和竞赛的评价反馈，检验活动目标的达成效果。

2）要做好各项物品、器材和场地的清理与归位。

3）要做好各类人员的送往。

4）要做好后续宣传、结算、总结、汇报和经验交流工作。

2. 老年人体育竞赛的内容

在老年人群中开展比较广泛的体育竞赛项目有门球、乒乓球、钓鱼、飞镖、象棋、围棋、太极拳和各类趣味项目。

(1) 门球比赛

门球运动是一项两队，每队 5 人（共 10 名队员）进行比赛、每名队员各有自球、独立击球又相互合作的体育运动。

规则规定依次使球通过球门，撞击终点柱，完成比赛。比赛时，两队各 5 个球，一方红球，一方白球，从 1 号到 10 号交替击红、白球。队员每人 1 球，称为自球，球号和队员号一致，也就是击球员在开球区首次击球过一门时的序号，其余的球为他球。如果击球员成功将球击过一门，称为通过第一门，该球员可再次击球，过二门、三门同样如此。此外，如果球成功通过第三门后撞柱，与该球号对应的队员结束比赛。

在击球时，如果自球触及他球，称为撞击。如果自球和被撞他球停在比赛线内，击球员需用脚踩住自球，并将他球与自球贴靠，然后用球槌击打自球，利用冲击力把他球震出，称为闪击。无论是成功击球过门还是闪击，击球员都得到一次续击权。

每球按顺序每通过一个球门获得 1 分，撞柱获得 2 分，完成一场比赛该号队员共得 5 分。以比赛结束时每队队员所得分值相加来判定胜负，总得分多者为胜。

（2）乒乓球比赛

乒乓球运动在我国老年人群中普及度非常好，从简单的二人竞赛，到城市社区联赛；从各系统老年竞赛，到全国群众乒乓球比赛，乒乓球比赛已经成为我国老年人群体育竞赛最主要的形式之一。具体的竞赛规则和技巧根据竞赛水平和竞赛老年人群特点，可以略有调整。主要的比赛形式可以分为男子单打、女子单打、男子双打、女子双打、混合双打和团体比赛。

（3）老年人趣味运动会

老年人趣味运动会是老年人喜闻乐见的一种趣味性体育竞赛形式，在社区、街道、企事业单位或乡村普及率较高。老年趣味运动会一般会根据老年人年龄阶段分为低龄老人和高龄老人组，并分别设计不同个人或集体项目，吸引更多老年人参加。项目的设计主要以低强度、小运动量和纯竞技体育项目改良为主，如夹玻璃球、赶猪跑、定点投篮、套圈等。

三、组织老年人开展体育项目展示与表演

老年人体育项目展示与表演是指老年人群体为了展示自我运动健身风貌和良好身体状态，表达追求健康乐观、积极向上的生活态度，而进行的体育技术或运动技能的展示。

1. 老年人体育项目展示与表演的特点

（1）大型体育表演经常伴随着大型活动或庆典而进行。

（2）表演的形式以集体项目为主。

（3）表演项目的运动强度一般较小，运动技能比较简单。

（4）体育表演经常与文艺表演联系在一起。

2. 大型老年人体育项目展示与表演的原则

大型老年人体育项目展示与表演在前期筹备、执行和总结工作过程中要遵循以下原则。

（1）系统性、综合性和协调性原则

大型老年人体育项目展示与表演活动的策划是使活动各部分和各要素系统化的过程。因此，策划时要从整体出发，使各环节、各部分、各层次相互制约和相互作用，有序进行。大型活动集环境、资源、资金、人力和潜力于一体，受多种因素的制约和干扰，需要计划清楚该系统的诸要素及诸要素之间的关系，从经济效益、社会效益和环境效益三者综合统一的角度，根据大型活动的主题、举办活动地的现实条件和未来发展的情况，动态地进行策划，以

确定在活动举办中不同阶段的主题、目标、规模和手段。

此外，要体现老年人在活动过程中的主体地位，将老年人身心特点和节目特色与活动主题相联系，并以此为中心辐射观众、媒体和社会，体现出老年人在节目展示过程中表现出的精神、气质和象征与当地文化和环境的协调一致。

（2）参与性原则

由于大型老年人体育项目展示与表演活动参与者的需求正向多样化、高层次的方向发展，因而将贸易、展览、会议与举办地的自然风光、名胜古迹、文化娱乐、购物等有机组合在一起，使大型活动更为丰富多彩，已经成为一种趋势。参与性的活动能给参与者一种体验，而这种体验正是大型活动参与者所追求的。老年人体育项目的展示表演除了满足表演者自我实现和自我展示的需求外，更能吸引和带动更多老年人参与到运动健身队伍行列；参与性还体现在老年表演人群对活动策划、组织过程的意见表达和行动参与。

（3）市场化原则

市场化原则是要走出政府出钱包办的旧模式，把举办大型老年人体育项目展示与表演活动和会展当成一个产业来经营。这样，策划大型活动时就不仅要根据市场的需求来开发大型活动的产品和服务，而且要在调查现有市场的需求和发展趋势的基础上找出消费的亮点，开发适合市场发展趋势的需求并具有前瞻性的大型活动产品和服务，来引导市场的需求和消费。这样策划出来的大型活动产品和服务就能受到市场的欢迎，并具有旺盛的生命力。从相关调查结果来看，无论是老年人体育表演还是老年人体育竞赛或健身活动，经费紧张是普遍存在的问题，也是制约老年人体育事业发展的关键因素之一。市场化是解决经费问题的最主要手段之一。因此，老年人体育表演更需要运用竞赛赞助方法争取更多社会资金的支持。

（4）针对性原则

大型老年人体育项目展示与表演活动一定要坚持针对性原则，即大型活动要针对大型活动的市场定位和参与对象来策划。这样策划出来的活动主题、内容和形式、产品价格和服务，就更会受到大型活动参与者的欢迎，更会增强大型活动的吸引力，因而大型活动成功的可能性也就越大。

（5）创新独特性原则

成功举办一项大型老年人体育项目展示与表演活动，应当充分满足市场的需要，更重要的一点就是活动各方面的创新独特性。这种特色反映在举办地的自然环境、人文历史、民俗风情或者大型活动各项主题活动的内容、形式上等诸多方面。如今大型活动已经在各地普遍开展，如何利用好各项优势，迎合广大大型活动的参与者求新探奇的心态，尽力在大型活动的每个方面出奇招、新招，已经成为大型活动策划人员所面临的主要问题之一。尽管老年人体育项目展示与表演，由于演出人员技能水平和演出技巧方面，相比年轻人逊色不少，但这丝毫不影响表演的创新独特展示。

(6) 可操作性原则

大型老年人体育项目展示与表演活动要遵循可操作性原则，要从实际情况出发，按照一定的程序，制定出最佳方案，以取得经济效益、社会效益、环境效益的统一。经济指标必须符合大型活动参与者的消费能力和市场的消费水平，实施途径也必须切实可行，策划的内容和形式必须既具有前瞻性和吸引力，也不脱离实际，具有可操作性。活动设计要充分考虑表演者的实际情况，以老年人现有的成熟体育节目为主，尽量不采用现编现造、危险系数和技术难度较高的节目。

(7) 持续发展原则

持续发展原则体现在策划一场大型老年人体育项目展示与表演活动不仅仅是一场活动，眼光要放得长远，在一次活动结束后要进行可持续性研究。分析这一活动是否有继续举办下去的条件和市场，争取多办出一些规模大、影响范围广的大型活动。大型老年人体育项目展示与表演活动一般要引领和带动当地老年人健身娱乐热情和参与度，让更多的老人动起来，享受运动展示带来的益处和乐趣。

(8) 宣传原则

对于一项大型老年人体育项目展示与表演活动的宣传应当分为活动前宣传、活动中宣传和活动后宣传，必须保证宣传在时间上的完整性，确保这项活动给予广大参与者的印象的连贯性。在媒体选择上要具有一定的技巧，针对本次大型活动的目标市场，谨慎选择对本次宣传有利的有效媒体，在宣传的频率上也要加以注意。在大型活动举办期间，活动组织者要善于挖掘活动中的亮点，可以邀请媒体到活动现场进行现场采访，也可以将活动过程中发生的一些趣事透露给广大市民，借着媒体的宣传力度和在媒体上的曝光率让广大市民了解正在进行的活动，并且能够参与其中。在大型活动的具体活动安排上可以结合时事，或者是最近发生的重大事件，例如，活动期间正值九九重阳节，可以利用这个“节中节”邀请一些老年艺术家和孤老院的老年人一起来到活动现场联欢。

3. 小型老年人体育项目展示与表演的原则

小型老年人体育项目展示与表演活动多以自发形式为主，参加表演者既是表演的成员，又是活动的组织者，一般以公益演出、自我娱乐和健身交友目的为主，最主要的代表形式就是人们耳熟能详、随处可见的各类广场舞。

这类表演在组织过程中要体现的原则主要是自发自愿、不扰民、不破坏、不伤风败俗、科学有度、健康发展等。

4. 老年人体育项目展示与表演的内容

老年人体育项目展示与表演主要由老年传统体育项目类、老年舞蹈类、老年体操类和老年人体育技能展示类等组成。具有代表性的有练太极拳、扭秧歌、舞龙、跳交谊舞、练柔力球、打腰鼓、抖空竹、跳健身操等集体项目。

四、开展老年人体育咨询与知识培训

开展老年人体育咨询与知识培训活动，首先要帮助体弱、残疾的老年人掌握如何运用体育方法来治疗、恢复和科学健身，急性运动损伤的处理方法，遇到突发事情如何急救，患有慢性运动损伤如何治疗等。其次要帮助老年人掌握如何做到合理膳食、平衡营养、自我保健，熟悉按摩的手法及使用范围，怎样消除疲劳，如何安排活动量及进行医务监督等。最后要根据老年人的身体、心理特点，合理开展一些集游戏、健身、娱乐为一体的体育活动，使老年人摆脱孤独感、忧郁感，实现自我价值。

1. 老年人体育咨询与知识培训的基本原则

（1）对待老年人的提问要做到态度和蔼、语速缓慢、解答清晰、语言简洁。

（2）掌握并讲解运动科学促进老年人健康或疾病康复的原理、技能和方法。

（3）根据每一位老年人自身的状况进行问题解答。

（4）运用老年人能接受的语言风格和思维习惯解答问题、培训知识。

（5）进行咨询对象的跟踪调查与解答。

2. 老年人体育咨询或培训的内容

老年人体育咨询与知识培训一般围绕体育健身、体育保健、体育康复、体育心理治疗、休闲体育和体育技能等几个方面进行。咨询或培训的内容主要如下。

（1）体育治疗自身疾病的原理和方法

老年人关注体育的健身效果，尤其患有慢性疾病的高龄老年人，希望通过体育运动去除疾病，甚至迫切需要运用体育运动恢复生理功能和生活技能，对体育保健的原理和方法需求旺盛。

（2）体育强身健体的原理和方法

随着老年人健身意识不断增强，通过体育增强自身体质、保持健康、提高生命力的需求在老年人身上不断增强，而生活质量的提升和生活保障的提高，也让老年人更多地关注自己的身体。

（3）体育技能掌握和提高的方法

运动技能对任何练习者都有强大吸引力，老年人也不例外，体育技能不断提升也是长期进行运动项目练习的老年人非常关心的问题。而掌握一项新技术也逐渐成为老年人融入社会和增强自信的体现和行动目标。

（4）体育赛事信息和休闲体育相关内容

对于一些老年人来说，他们与中年朋友一样，喜欢欣赏精彩的体育比赛，关心体育明星，等等；而随着老年人休闲时间的延长，经济条件和生活水平保障充足，体育类休闲娱乐逐渐成为他们生活的一部分。

五、开展组织老年人体育活动指导

很多老年人热衷于体育锻炼，但是由于缺乏科学指导，很多人锻炼比较盲目，做一些不太适合自己年龄和身体状况的运动，可能会发生一些运动损伤，亟待得到科学健身指导。

1. 老年人体育活动指导的组织类别与形式

开展老年人体育活动健身指导，根据指导对象、内容和目标的不同，可分为如下类别。

（1）体育保健类的体育活动指导

体育保健类的体育指导主要为满足老年人科学健身或疾病康复的目的，设计适宜老年人操作的运动种类、强度、时间和频率，在医务检查和监督下进行。指导师需根据老年人医学检查的资料（包括运动试验和体质测量），按其健康、体力以及心血管功能状况，制定运动种类、运动强度、运动时间及运动频率，提出运动中的注意事项，是指导老年人有目的、有计划和科学地锻炼的一种方法。

体育保健类的体育活动指导主要用于医院、康复机构或养老机构专业干预老年人的健康或疾病康复，对场地设备、器材、指导人员的要求比较高，适合个人或小规模的专业性指导。

（2）技能传授类的体育活动指导

技能传授类的体育活动指导，普遍存在于普通民众中间。在街道社区、公园空场、家庭或养老机构，处处可见老年人运动技能传授的身影，主要过程是通过示范、讲解和纠错过程，帮助服务对象尽快掌握相关项目的运动技能，并最终获得自主化演练的结果。

技能传授类的体育活动指导形式可分为四种形式：一对一技能指导、一对多技能指导、多对多技能指导、视频指导。

（3）表演展示类的体育活动指导

表演展示类的体育活动指导，主要指为了实现一些老年人群体参加某类节目表演或自我展示的目的，由专人负责对他们进行技能指导、队伍编排和整体效果包装等指导工作。表演展示类健身指导是在一对多技能指导的基础上，进行队伍人员分工编排、配合和展示等工作，从而实现队伍整体观赏或视听效果；表演展示类健身指导要求老年人不仅要快速准确掌握教练传授的运动技能，而且要学会一定的舞台展示技巧，同时要做到与同伴的密切配合与顺畅衔接，对老年人的综合身心素质要求较高。

表演展示类健身指导的形式主要由个人技能指导、群体技能指导、群体动作或位移调动、整体舞台技巧指导等几部分组成。

2. 老年人体育活动指导的主要内容

根据老年人体育活动健身指导类别和形式的不同，指导内容可分为以下几种。

(1) 体现运动种类、强度、时间与频率的运动指导内容，以及用于热身或放松的体育项目

这些运动项目包括健步走、游泳、骑自行车、做广播体操、身体拉伸、力量练习、协调性练习等。这些内容主要用于体育保健类活动指方案的制定与指导。组织者在指导老年人进行这些项目练习时，主要考虑老年人在实际锻炼过程中的时间、强度、频率等运动指标，以及心率、呼吸、面容变化等生理指标，不太考虑运动技术。

(2) 运动技能较复杂的大众运动项目

这些运动项目包括太极拳、太极剑、柔力球、空竹、毽球、健身气功等。对于这些项目的指导，就是通过运动技能的传授，使老年人掌握相关运动技能，达到自我能够较正确练习的目的。技能指导是老年人参与这些项目的必经之路，也是老年人享受运动真正乐趣的快速捷径。

(3) 运动技能较简单、休闲特征明显的运动项目

这些运动项目包括登山、野营、户外骑行、钓鱼、划船等。这些活动的健身指导主要体现在参与的动员和集体享受的过程中。组织者只要把老年人拉到这个运动队伍里，引导他们主动、愉快地参与这些项目，以达到健身指导的目的。

(4) 具有表演和展示效果的健身项目

这些运动项目包括木兰扇、健身秧歌、广场舞、自编群体舞等。这些内容很多与文化、艺术，甚至是爱国教育、主题节庆相结合，从而起到自我健身与社会服务共同发展的作用。

第 4 节　老年人体育活动的组织实施

一、城镇社区老年人体育活动的组织实施

社区体育是指以基层微型社区为区域范围，以辖区的自然环境和体育设施为物质基础，以全体社区成员为主体，以满足社区成员的体育要求，增进社区感情为主要目的，就地、就近开展的区域性体育活动。我国社区体育的主要形式是街道社区体协和晨、晚练体育活动点。老年人是城镇社区体育参与和服务的最主要对象，也是城镇社区体育的最重要代表。

1. 城镇社区老年人体育活动的基本特征

（1）健身性与娱乐性

老年人在社区范围进行的体育运动主要围绕着健身和娱乐两个主题和需求而开展，这也是社区体育吸引老年人的最主要方面。此外，社区体育还有交友和自我实现等多重特征。

（2）活动范围的区域性

无论是参与人员的构成、活动场地设施，还是管理、指导、经费筹措等，都是在社区所属的区域范围及周边进行。这也是老年人的身体特征和社会属性的原因造成的。

（3）参与人数多、规模大

随着全民健身普及程度的逐渐加深，老年人社区体育的规模和人数逐渐扩大，街头巷尾、公园社区，到处可见参与各种健身活动的老年人，有些地区规模十分庞大，场面十分壮观。

（4）活动内容以传统体育项目为主

参加体育锻炼的大多数老年人主要选择的内容是散步、太极拳、健身气功、健身操、健身路径、广场舞、自我保健按摩（借助器材或树木等）、乒乓球、羽毛球等传统体育活动项目。

（5）活动场地设施的公益性

老年人在参与社区体育的场地选择方面，主要去一些公共场地，在参与社区体育运动方面，绝大部分没有经费投人，这也造成了社区体育参与的不稳定。

（6）社区体育噪声扰民问题升级为社会问题

广场舞扰民已经成为各地社区管理和社会矛盾的问题之一，有的甚至上升为治安问题或暴力事件，需要加以规范和正确引导，使大众健身与社会生活和谐发展。

2. 城镇社区老年人体育活动的组织原则

针对社区老年人体育活动的特征，相关管理和服务组织或人员在组织开展或现场指导各类老年人体育活动时应当遵循一定的原则。

（1）立足社区，因地制宜开展各类体育活动

社区老年人体育是某一特定区域、特定人群内的群众体育活动，其目的是满足该区域内成员的体育需要。因此，在设计与组织时，必然要立足于这个前提，根据老年人的需求、场地设施的条件、经费等实际情况，因地制宜地确定体育活动的计划，有序、有针对性地开展社区体育工作。

（2）立足老年人，因人而异开展有针对性的体育项目

社区老年人体育要充分考虑老年人身体特征。在项目设计和现场组织工作中，要有针对性地选择运动强度、运动时间、技能要求和趣味程度与老年人身体状况相符合的体育项目；

在组织过程中，除了尽量满足老年人的个体需求外，更要注重危险的防控、预警和处理。

（3）量力而行，注重科学性和实效性

社区老年人体育的设计和选择，要充分考虑社区承载程度和社区体育资源现状，在组织和实施过程中，既要遵循社区活动的组织程序，又要注重体育运动的科学性；在效果预估和评价方面，要实事求是地反映体育活动对老年参与者身心健康的促进效果。

（4）创新筹措机制，积极争取多方资源支持

资金和人力资源缺乏是制约社区老年人体育发展的最主要因素之一。管理部门要积极争取驻区单位、社区商铺、社会组织或个人精英的各种支持，创新外界组织或个人参与社区体育活动的形式，以社区老年人体育活动为平台，以扩大活动规模、提高活动质量、拓展活动影响范围、升华活动意义为抓手，努力实现多方合作共赢和长久化。

3. 城镇社区老年人体育活动的主要内容

社区老年人体育活动的内容，根据活动形式和参与方式的不同，可分为个人项目、集体项目和综合项目三大类。

（1）个人项目

个人项目主要指老年人个体或家庭自发开展的各类体育活动，这种活动不受场地、器材和组织要求的限制，具有很大的随意性和不规律性，具有较大的个体差异，如散步、健步走、太极拳、健身气功、伸展牵拉练习、自我按摩等。

（2）集体项目

老年人在参与这类体育活动时，常以群体练习或技能展示为主要形式，有些是在协会或社团的组织下进行，具有一定的组织关系，但从整体来看，比较松散和非正规，如广场舞、集体太极拳、球队、棋牌队等。

（3）综合项目

这类体育活动主要指由街道社区或企事业单位组织的大型体育活动，如社区老年人趣味运动会、联欢会、节庆主题活动等。

二、企事业单位老年人体育活动的组织实施

企事业单位的体育活动是提高职工身体、思想素质与劳动生产力的重要手段，是体现单位文化内涵的有效载体，也是建立社会主义物质文明和精神文明的重要内容和手段。老年人在企事业单位主要来自两方面，一是单位系统内尚未达到退休年龄的中老年人，二是退休后还在单位发挥作用的老年人。他们一般不是单位体育的主力军，但在单位体育活动过程中发挥传递文化、稳定队伍的重要作用。

1. 企事业单位老年人体育活动的基本特征

（1）企事业单位体育活动的组织机制

企事业单位老年人体育已经从计划经济时代的单位全盘组织和控制逐渐过渡到老年人体育的社会化。但在社会转型时期，由于企事业单位对内部体育及相关资源的垄断性、单位职工身体素质的不断下滑和内部工会组织服务功能的不断加强，以及单位领导和职工的体育需求，企事业单位体育还保持较旺盛的生命力。老年人也成为继续受益的群体。

（2）企事业单位老年人体育的群体性与政治性

企事业单位老年人体育的资源供给主要来自单位经费预算，体育活动过程中必须要体现出单位的利益和目的要求，这些直接影响老年人体育的指向性。因此，企事业单位老年人体育除了满足体育健身和娱乐的公共属性外，更多地体现出团结职工、凝心聚力、热爱单位的作用和意义，群体性和政治性成为企事业单位体育的主要特征。

（3）企事业单位老年人体育的交叉性和稳定性

企事业单位老年人体育一般与青年人、中年人体育交叉在一起，尤其是中等或小型单位，老年人体育是与中、青年人体育混为一体的。体育场地、资金、人员和管理都由单位负责。因此，企事业单位老年人体育活动在时间、地点和项目上都比较稳定和持久。

2. 企事业单位老年人体育活动的组织原则

企事业单位老年人体育一般都由工会进行组织，遵循以下几个主要原则。

（1）要体现单位的利益和要求

企事业单位老年人体育一般属于单位的一项工作内容，具有单位任务的各种属性和特征。

（2）要有一定的组织性、纪律性和规范性

企事业单位老年人在体育活动过程中代表单位的形象，要体现单位的要求和宣传目的。

（3）组织过程中充分利用工会等行政和单位社团组织的力量

企事业单位老年人体育受工会领导，工会下面一般都有工会小组、小队和业务骨干；单位的各类体育协会是工会体育工作的良好支撑。

3. 企事业单位老年人体育活动的主要内容

企事业单位老年人体育活动的内容主要以群体形式出现，主要有三个方向。

（1）与中青年项目一致

中青年比较喜闻乐见的体育项目，也是企事业单位老年人体育的主要参与内容，如篮球、乒乓球、羽毛球、跑步等。

（2）继承计划经济时代单位体育项目

计划经济时代老年人年轻时形成的体育习惯和观念，有些依然存在于企事业单位老年人身上，如广播体操、交谊舞、扭秧歌等。

（3）当前老年人主要开展的集体项目

当前老年人主要的开展的集体项目，也已经进入企事业单位老年人体育序列，如门球、太极拳、趣味项目等。

三、农村老年人体育活动的组织实施

农村体育是指在县及县以下广大农村开展的，以农民为主要参加对象，以增强体质、丰富社会文化生活、促进社会主义物质文明和精神文明建设为主要目的群众性体育活动。农村老年人依然是农村体育的主要参与者。

1. 农村老年人体育活动的基本特征

（1）农村老年人体育活动的地域性和民族性

我国幅员辽阔，广大农村地形、地貌和民族差异明显，农民在固有土地上，长期繁衍生息、交流互动，老年人体育凸显出了强烈的地域性和民族性。例如，东北地区农村老年人群体中流行扭秧歌、二人转，南方沿海地区盛行划龙舟、舞狮，西南民族地区有射弩、摔跤、毽球、蹴球、竹竿舞等。

（2）农村老年人体育活动的自发性和季节性

农村的体育活动一般都是自发组织进行的，是一种纯粹的、自下而上的组织结构，受行政影响较小。农村体育受天气、农忙的影响较大，具有很强的季节性。例如，东北地区冬天漫长而严寒，老年人大部分时间待在屋内，聊天、打麻将、表演或观赏二人转成为主要的活动内容，室外体育健身活动受到很大限制。

（3）农村老年人体育活动的劳动性和传统性

农村老年人的传统体育项目大多产生于农业耕种和农暇娱乐过程中，故劳动属性明显；而农村老年人口口相传、师徒传递等形式，更使一些年代久远、历史丰富的传统体育项目得以保留。

2. 农村老年人体育活动的组织原则

农村老年人体育组织者主要是村级负责文化生活的部门或人员，有些是老年人的志愿服务。农村老年人体育的组织具有较强的自发性、民间性和随意性，组织过程要遵守以下原则。

（1）要充分考虑和融入当地农村地域文化、风土人情和人文特征，调动老年人的积极参与性。

（2）要充分调动农村体育业务骨干和爱好者的积极性与主动性。

（3）要与老年人生活、娱乐和健康需求相联系。

3. 农村老年人体育活动的主要内容

农村老年人体育活动融入农村体育之中，主要分为以下几类。

（1）民族、民间特色体育项目

例如，朝鲜族的荡秋千，蒙古族的赛马、摔跤，江南地区的舞狮、赛龙舟、抖空竹，苏北地区的霸王鞭等。这些极富民族特色或地方特色的民间体育项目，是农村体育最富生命力的表现形式。

（2）球类体育项目

篮球、乒乓球、羽毛球、门球等球类项目在农村有相当的普及度，深受农村老年人的喜爱。

（3）武术运动

武术也是在农村较受群众欢迎和喜爱的体育项目，成为农村老年人强身健体的形式之一。农村涌现了一批武术之乡，如河北沧州、河南陈家沟、福建石狮、江苏沛县等。

（4）健身、健脑、休闲类体育活动

农村体育包含一些健身类体育内容，如跳绳、踢毽子、拔河等；还有钓鱼、棋牌等休闲娱乐类内容；农村老年人对中国象棋和麻将表现出异乎寻常的热爱。

四、养老机构老年人体育活动的组织实施

养老机构老年人的体育活动主要指在养老机构中入住的老人基于生理、生活、健康、娱乐和交流等需求开展的各类体育活动。

1. 养老机构老年人体育活动的基本特征

（1）具有一定的专业性和目标性

养老机构中老年人体育是作为机构养老的任务来开展的，由于养老机构中具备老年人体育的专门设施、人员、资金和项目，以及老年人服务群体，所以，养老机构老年人体育活动的开展具有一定的专业性；养老服务依托在体育活动上的特定任务要求，也成为养老机构老年人体育目标性的条件，无论是休闲娱乐的棋牌类活动，还是用在治疗慢性疾病上的体育活动，在实施过程中都有一定的目标指向。

（2）与老年人生活和生理照料相结合

养老机构对老年人的各项服务都是以满足老年人生理和生活需求为出发点的，而老年人体育在健康促进、功能恢复方面的特征，符合机构养老的需求，在实施过程中也更多体现为老年人生活和生理照料与功能恢复的功能作用。

（3）具有程序性和严谨性

养老机构对老年人的体育干预，尤其是用于健康照护或功能恢复的项目，是医疗性运动的一种主要形式，属于医疗体育的范围。在实施过程中要求具有十分严格的程序性和严谨

性。例如，对患有骨质疏松症的老年人开展的五禽戏练习，需要对身体状况、运动强度、运动时间、运动频率和运动效果等方面的科学评定。

2. 养老机构老年人体育活动的组织原则

（1）组织工作设计的科学性和针对性

养老机构的老年人体育干预项目设计要符合科学规律，针对老年人身心需求组织开展。每一项体育活动都有目标指引，针对老年人的一项或几项需求。

（2）实施的监控和实效性

养老机构老年人体育活动的开展都要接受养老机构或医疗护理的全程监控，防止老年人出现各种意外，而且实施结果要有一定的效果，真正体现为老年人健康服务的作用。

（3）活动的长期性和稳定性

养老机构老年人体育工作一般作为日常护理任务中的一项，需要长期保持并不断提升，才能发挥体育服务老年人健康的效果，而稳定的资源供给也是保证效果的前提。

（4）技术的创新性和功能的拓展性

养老机构老年人体育活动的设计和实施还处于初级阶段，老年人体育的功能和作用还远远没有发挥出来，这需要体育服务老年人的技术不断完善和提升，更需要组织过程不断拓展和创新，实现体育养老的全覆盖。

3. 养老机构老年人体育活动的主要内容

根据老年人需求和体育活动功能的不同，养老机构老年人体育活动的内容可分为休闲娱乐类、增强体质类、辅助治疗类和功能恢复类。

（1）休闲娱乐类的体育活动

休闲娱乐类的体育活动是指养老机构专门为老年人休闲和娱乐开设的体育项目，主要包括棋牌类活动、球类活动、各种游戏、旅游踏青等。

（2）增强体质类的体育活动

增强体质类的体育活动是指养老机构专门为所有老人开展的普适性体育项目，主要包括太极拳、八段锦、健身气功等。

（3）辅助治疗类的体育活动

辅助治疗类的体育活动是指养老机构专门针对患有不同慢性疾病的老年人，利用特定的体育运动，配合药物辅助治疗疾病，提高老年人健康的体育项目，主要包括慢跑、快走、医疗体操、太极拳、健身气功等。

（4）功能恢复类的体育活动

功能恢复类的体育活动是指养老机构专门针对不同功能失常的老年人进行的运动康复项目，主要包括各种运动疗法。

小结

国家和各级行政主管部门发布的与老年人体育活动相关的法律法规及各项方针政策，是从事老年人体育活动指导的法律依据和根本保障。老年人体育活动相关组织机构对老年人体育的规划、指导、管理和监督在老年人体育活动管理中发挥着主导作用。

老年体育活动指导师通过宣传和普及体育健身知识、传授体育健身技能、组织开展群众体育活动，可以提高老年人的体育健身意识，普及科学健身文化，促进健康生活方式的形成，提高老年人的健康水平，提高老年人体育活动的科学化水平。

思　考　题

1. 简述《全民健身计划（2011—2015）》中有关老年人体育的工作任务、工作措施和保障措施。

2. 老年人体育活动的组织原则有哪些？

3. 如何组织老年人开展体育竞赛和展示表演活动？

4. 养老机构老年人体育活动的主要内容有哪些？

附录 1　国家体育锻炼标准

关于印发《国家体育锻炼标准施行办法》的通知

各省、自治区、直辖市、新疆生产建设兵团体育局、教育厅（教委、教育局）、总工会：

为构建全民健身公共服务体系，激发广大人民群众参加体育锻炼的积极性和主动性，不断增强体育意识，提高全民族的身体素质，根据《中华人民共和国体育法》《全民健身条例》，已对《国家体育锻炼标准施行办法》进行修订。

现将修订后的《国家体育锻炼标准施行办法》印发给你们。

体育总局　教育部　全国总工会

2013 年 12 月 16 日

国家体育锻炼标准施行办法

第一章　总　则

第一条　为激发公民参加体育锻炼的积极性和主动性，提高身体素质，根据《中华人民共和国体育法》和《全民健身条例》，制定本办法。

第二条　本办法规定的《国家体育锻炼标准》（附件）（以下简称《锻炼标准》）是以检验公民体育锻炼效果、评价身体素质为目的，以测验达标为手段的评价体系。

第三条　实施《锻炼标准》是一项基本体育制度，由有关部门负责，在国家机关、企业事业单位、学校、社区、乡村和有关组织中全面开展。

第四条　鼓励和提倡公民在积极参加体育锻炼的基础上定期参加《锻炼标准》测验，争取达到标准并不断提高。

第五条　有关部门和单位可以根据实际情况制定实施特定人群的体育锻炼标准和施行办法，并报国家体育总局备案。

教育部负责制定、实施学校学生体育锻炼标准和施行办法。

全国性单项体育协会可以制定单项体育锻炼标准，报国家体育总局备案。

第二章　标准内容

第六条　《锻炼标准》适用于6～69周岁的健康公民，按年龄分为儿童、少年、青年、壮年和老年五个组别，每个组别分男、女两类人群。

第七条　《锻炼标准》包括年龄分组、测验项目、评级标准、评分标准和测验细则五部分。

第八条　《锻炼标准》的测验项目涵盖人体的力量、速度、耐力、灵敏、柔韧五类素质。

第九条　《锻炼标准》的评级标准分为优秀、良好、及格和不及格四个等级。

第三章　组织管理

第十条　国家体育总局负责全国的《锻炼标准》实施工作。

县级以上地方人民政府体育主管部门负责本行政区域内的《锻炼标准》实施工作。

第十一条 全国总工会和全国性人群体育协会负责本系统的《锻炼标准》实施工作。

第十二条 负责《锻炼标准》实施工作的部门和单位应当根据本办法和实际情况制定《锻炼标准》实施细则。

第十三条 负责《锻炼标准》实施工作的部门和单位应当将《锻炼标准》实施工作所需经费纳入预算，广泛宣传实施《锻炼标准》的目的、意义，并利用信息化手段定期收集和反馈实施《锻炼标准》的有关情况。

第十四条 县级以上地方人民政府教育主管部门负责本行政区域内学校学生体育锻炼标准实施工作。

第十五条 全国性单项体育协会应当将实施《锻炼标准》纳入工作计划，并与普及推广体育项目相结合。

第四章 测验达标

第十六条 国家机关、企业事业单位和有关组织应当发动、组织本单位人员开展《锻炼标准》测验达标活动，并与工间（前）操和业余健身活动、运动会、体质测定等结合起来。

第十七条 基层文化体育组织、居民委员会和村民委员会应当组织居民开展《锻炼标准》测验达标活动，并与全民健身活动结合起来。

第十八条 组织开展《锻炼标准》测验达标活动的单位应当严格按照《锻炼标准》的测验细则进行，保证安全、科学、准确。

第十九条 组织开展《锻炼标准》测验达标活动的单位应当选拔培训并发挥本单位人员的作用，有条件的可以聘请体育专业人员、体育骨干和社会体育指导员，培养建立达标测验人员队伍。

第二十条 鼓励社会体育指导员掌握《锻炼标准》测验方法，并以志愿服务的形式协助有关单位组织开展《锻炼标准》测验达标活动。

第二十一条 学校应当组织学生按照教育部制定的学校学生体育锻炼标准开展测验达标活动。

第五章 鼓励措施

第二十二条 对参加测验达到优秀、良好和及格等级者发给相应等级的奖章、证书。

国家体育总局负责设计制作《锻炼标准》的标识和奖章、证书，并制定奖章、证书的颁发办法。

第二十三条 负责实施《锻炼标准》和组织开展达标测验活动的部门和单位可以使用《锻炼标准》标识制作其他形式的奖品，但不得以此赢利。

第二十四条 鼓励对身体素质有特殊要求的部门和单位将《锻炼标准》测验达标结果作为招工、人员素质评价、保险等工作的参考依据。

第二十五条 各级人民政府体育、教育主管部门应当将《锻炼标准》的实施情况作为考核下级部门工作业绩的指标。

第二十六条 负责《锻炼标准》实施工作的部门和单位对成绩显著的单位和个人给予表彰。设立表彰项目应当按照规定办理。

第六章 附 则

第二十七条 本办法自公布之日起施行。1989 年 12 月 9 日经国务院批准，原国家体委 1990 年 1 月 6 日发布的《国家体育锻炼标准施行办法》同时废止。

国家体育锻炼标准（节选）

一、年龄分组

5. 老年组（60～69 岁，每 5 岁一个年龄组）

二、测验项目

分五类，每人每类选测一项（老年组五项均测）。

老年组（60～69 岁）测验项目

项目类别	测验项目
一类	
二类	3 000 米快走
三类	1 分钟仰卧举腿、掷实心球
四类	曲线托球跑
五类	坐位体前屈

三、评级标准

等级	总分数
优秀	400（含）以上
良好	320～399
及格	200～319
不及格	199（含）以下

四、评分标准

男子老年组 60～64 岁测验项目评分表

得分	测验项目				
	1 分钟仰卧举腿（个）	掷实心球（米）	曲线托球跑（秒）	3 000 米快走（分秒）	坐位体前屈（厘米）
100	≥45	≥9.5	≤18.0	≤26′00″	≥17.0
95	44	9.3	18.8	26′50″	15.7

续表

得分	测验项目				
	1 分钟仰卧举腿（个）	掷实心球（米）	曲线托球跑（秒）	3 000 米快走（分秒）	坐位体前屈（厘米）
90	43	9.1	19.6	27′40″	14.4
85	41	8.9	20.4	28′30″	13.1
80	39	8.7	21.2	29′20″	11.8
75	37	8.5	22.0	30′10″	10.5
70	35	8.3	22.8	31′00″	9.2
65	33	8.1	23.6	31′50″	7.9
60	31	7.9	24.4	32′40″	6.6
55	29	7.6	25.2	33′30″	5.3
50	27	7.3	26.0	34′20″	4.0
45	25	7.0	26.8	35′10″	2.7
40	23	6.7	27.6	36′00″	1.4
35	21	6.4	28.4	37′00″	0.1
30	19	6.1	29.2	38′00″	−1.2
25	17	5.8	30.0	39′00″	−2.5
20	15	5.5	30.8	40′00″	−3.8
15	13	5.2	31.6	41′00″	−5.1
10	11	4.9	32.4	42′00″	−6.4
5	9	4.6	33.2	43′00″	−7.7
0	≤8	≤4.5	≥33.3	≥43′01″	≤−7.8

女子老年组 60～64 岁测验项目评分表

得分	测验项目				
	1 分钟仰卧举腿（个）	掷实心球（米）	曲线托球跑（秒）	3 000 米快走（分秒）	坐位体前屈（厘米）
100	≥43	≥6.5	≤18.5	≤28′00″	≥19.0
95	42	6.3	19.3	28′50″	18.0
90	41	6.1	20.1	29′40″	17.0
85	39	5.9	20.9	30′30″	15.7
80	37	5.7	21.7	31′20″	14.3
75	35	5.5	22.5	32′10″	12.9
70	33	5.3	23.3	33′00″	11.5
65	31	5.1	24.1	33′50″	10.1

续表

得分	测验项目				
	1分钟仰卧举腿（个）	掷实心球（米）	曲线托球跑（秒）	3 000米快走（分秒）	坐位体前屈（厘米）
60	29	4.9	24.9	34′40″	8.7
55	27	4.6	25.7	35′30″	7.3
50	25	4.3	26.5	36′20″	5.9
45	23	4.0	27.3	37′10″	4.5
40	21	3.7	28.1	38′00″	3.1
35	19	3.4	28.9	39′00″	1.7
30	17	3.1	29.7	40′00″	0.3
25	15	2.8	30.5	41′00″	−1.1
20	13	2.5	31.3	42′00″	−2.5
15	11	2.2	32.1	43′00″	−3.9
10	9	1.9	32.9	44′00″	−5.3
5	7	1.6	33.7	45′00″	−6.7
0	≤6	≤1.5	≥33.8	≥45′01″	≤−6.8

男子老年组65～69岁测验项目评分表

得分	测验项目				
	1分钟仰卧举腿（个）	掷实心球（米）	曲线托球跑（秒）	3 000米快走（分秒）	坐位体前屈（厘米）
100	≥44	≥9.0	≤20	≤27′00″	≥15.5
95	43	8.8	20.8	27′50″	14.4
90	42	8.6	21.6	28′40″	13.2
85	40	8.4	22.4	29′30″	11.8
80	38	8.2	23.2	30′20″	10.4
75	36	8.0	24.0	31′10″	9.0
70	34	7.8	24.8	32′00″	7.6
65	32	7.6	25.6	32′50″	6.2
60	30	7.4	26.4	33′40″	4.8
55	28	7.1	27.2	34′30″	3.4
50	26	6.8	28.0	35′20″	2.0
45	24	6.5	28.8	36′10″	0.6
40	22	6.2	29.6	37′00″	−0.4
35	20	5.9	30.4	38′00″	−1.8
30	18	5.6	31.2	39′00″	−3.2

续表

得分	测验项目				
	1分钟仰卧举腿（个）	掷实心球（米）	曲线托球跑（秒）	3 000米快走（分秒）	坐位体前屈（厘米）
25	16	5.3	32.0	40′00″	−4.6
20	14	5.0	32.8	41′00″	−6.0
15	12	4.7	33.6	42′00″	−7.4
10	10	4.4	34.4	43′00″	−8.8
5	8	4.1	35.2	44′00″	−10.2
0	≤7	≤4.0	≥35.3	≥44′01″	≤−10.3

女子老年组65～69岁测验项目评分表

得分	测验项目				
	1分钟仰卧举腿（个）	掷实心球（米）	曲线托球跑（秒）	3 000米快走（分秒）	坐位体前屈（厘米）
100	≥42	≥6.0	≤20.5	≤29′00″	≥17.5
95	41	5.8	21.3	29′50″	16.3
90	40	5.6	22.1	30′40″	15.0
85	38	5.4	22.9	31′30″	13.7
80	36	5.2	23.7	32′20″	12.4
75	34	5.0	24.5	33′10″	11.0
70	32	4.8	25.3	34′00″	9.6
65	30	4.6	26.1	34′50″	8.2
60	28	4.4	26.9	35′40″	6.8
55	26	4.1	27.7	36′30″	5.4
50	24	3.8	28.5	37′20″	4.0
45	22	3.5	29.3	38′10″	2.6
40	20	3.2	30.1	39′00″	1.2
35	18	2.9	30.9	40′00″	−0.2
30	16	2.6	31.7	41′00″	−1.6
25	14	2.3	32.5	42′00″	−3.0
20	12	2.0	33.3	43′00″	−4.4
15	10	1.7	34.1	44′00″	−5.8
10	8	1.4	34.9	45′00″	−7.2
5	6	1.1	35.7	46′00″	−8.6
0	≤5	≤1.0	≥35.8	≥46′01″	≤−8.7

五、测验细则（节选）

2. 二类测验项目

（3）3 000 米快走

场地器材：标准田径场或地面平整、线路清晰的跑道（丈量准确长度），秒表，号码布，发令旗或发令哨。

测验方法：受测者佩戴号码布，15 人左右一组（不得少于 5 人），听到或看到开始信号后大步快走，测验员开始计时，受测者躯干到终点时停表。

成绩记录：以秒为单位，取整数，非“0”进“1”。

注意事项：受测者快走时双脚不得同时离地，不得有跑的动作。

3. 三类测验项目

（1）掷实心球

场地器材：20 米长的平地一块（在投掷区划一条投掷线），实心球（1 千克），量程在 30 米以上的皮尺。

测验方法：受测者两脚平行或前后站在投掷线后，面对出球方向，膝关节微屈，双手持实心球举过头顶，用力将球投出。每人投掷 3 次。

成绩记录：丈量投掷线后沿至实心球着地点后沿之间的垂直距离，以米为单位，四舍五入取一位小数，取最好成绩。

注意事项：受测者投掷时不得助跑，投掷后脚不得越线。

（3）1 分钟仰卧举腿

场地器材：垫子，秒表，50 厘米高双柱标杆（两柱皮筋相连，置于垫侧）。

测验方法：受测者仰卧于垫子上，两腿并拢伸直，两臂置于身体两侧，测验员发出开始信号并计时，受测者做收腹、直抬腿动作，两腿碰到皮筋后还原成开始姿势为完成一次，听到结束信号后停止测验。

成绩记录：记录受测者 1 分钟完成的次数。

注意事项：受测者动作不符合要求时不计数。

4. 四类测验项目

（1）曲线托球跑

场地器材：在一块平坦地面上画一条长 12 米的直线，平均分成 3 段，以每段长度为直径画三个相切圆，秒表，发令旗或发令哨，乒乓球拍，网球。

测验方法：受测者手握乒乓球拍，拍上放一个网球，站在起点线后，听到或看到开始信号后，受测者依次沿圆弧进行“S”形往返跑动，测验员开始计时，受测者躯干回到起点时停表。

成绩记录：以秒为单位，取一位小数，第二位小数非“0”进“1”。

注意事项：受测者不能将球拍依靠身体或用手护球，途中掉球，需捡起再跑，如球远离测验场地，需重新测验。

5. 五类测验项目

坐位体前屈

场地器材：坐位体前屈测试计。

测试方法：受测者坐在地上，两腿伸直，两脚平蹬测试板，脚跟并拢，脚尖自然分开，上体前屈，用双手中指指尖推动游标平滑前进，直到不能推动为止，测试两次。

成绩记录：以厘米为单位，取小数点后一位，取最好成绩。

注意事项：受测者应当匀速向前推动游标，两脚不得弯曲，不得突然发力。

附录 2 国民体质测定标准（老年人部分）

关于印发《国民体质测定标准施行办法》的通知

体群字〔2003〕69 号

各省、自治区、直辖市体育局、教育厅（教委）、民委、民政厅（局）、劳动局、农业厅（局）、卫生厅（局）、工商局、总工会、共青团、妇联：

现将《国民体质测定标准施行办法》印发给你们，请在国民体质测定工作中遵照执行。

体育总局

教育部

国家民委

民政部

劳动保障部

农业部

卫生部

工商总局

全国总工会

团中央

全国妇联

2003 年 7 月 4 日

国民体质测定标准施行办法

第一条 为推动和规范《国民体质测定标准》（以下简称《标准》）的施行工作，指导国民科学健身，促进全民健身活动的开展，提高全民族的身体素质，根据《中华人民共和国体育法》和《全民健身计划纲要》等有关规定，制定本办法。

第二条 《标准》适用于3～69周岁国民个体的形态、机能和身体素质的测试与评定，按年龄分为幼儿、青少年、成年人和老年人四个部分，其中青少年标准为《学生体质健康标准》。

第三条 施行《标准》坚持科学、规范、安全、便民的原则。

第四条 提倡国民在经常参加体育锻炼的基础上，定期按照《标准》进行体质测定。

健康状况不适合参加体质测定的可不进行体质测定。

第五条 国务院体育行政部门主管全国的《标准》施行工作。地方各级体育行政部门主管本行政区域内的《标准》施行工作。

国务院教育行政部门负责在全国各级各类学校施行《学生体质健康标准》工作。

国务院卫生、民政、劳动保障、农业、民族等部门和工会、共青团妇联等社会团体在各自的职责范围内负责施行《标准》工作。

第六条 各级体育行政部门应当将施行《标准》与开展国民体质监测结合进行；扶持建立体质测定站；培训体质测定人员；划拨用于施行《标准》的专项经费；收集并统计分析施行《标准》的信息资料。

第七条 各级国民体质监测中心应当将施行《标准》作为工作职责。

体育教学、科研等单位应当做好施行《标准》的科研、培训和指导工作。

第八条 城市街道办事处应当将施行《标准》作为社区建设的内容，全国城市体育先进社区和有条件的社区应当建立体质测定站，发挥居民委员会等社区基层组织的作用，为居民提供体质测定服务。

第九条 县、乡镇应当将施行《标准》作为农村体育工作的重要内容，与农村医疗卫生工作结合，创造条件建立体质测定站，为农民提供体质测定服务。

第十条 机关、企业事业单位和社会团体应当有组织、有制度地开展体质测定工作。

第十一条 体质测定站应当具备以下基本条件：

（一）有培训合格的体质测定人员；

（二）有符合体质测试项目要求的器材和场地；

（三）有对伤害事故及时救护的条件；

（四）有测试数据处理及健身指导的设备和人员。

第十二条　开展体质测定应当严格按照《标准》规范操作，为受试者提供测定结果并给予科学健身指导；保存测定数据和资料；对受试者的测定结果保密。

第十三条　从事营利性体质测定服务的，应当向当地工商行政管理部门办理登记注册并接受其指导、监督和管理。

第十四条　对体质有特殊要求的部门和单位可将《标准》作为招生、招工、保险等体质考核的参考依据。

第十五条　各级体育、教育行政部门及有关部门应当对在《标准》施行工作中做出显著成绩的单位和个人予以表彰奖励。

第十六条　《标准》由国务院体育行政部门负责制定，其中青少年部分由国务院教育行政部门负责制定。

第十七条　有关部门和地方可参照《标准》制定适用于特定人群或地区的体质测定标准。

第十八条　本办法自2003年7月4日起施行。

《国民体质测定标准》(老年人部分)

第一部分 适用对象的分组与测试指标

一、适用对象的分组

1. 分组和年龄范围

《国民体质测定标准》(老年人部分)的适用对象为60～69周岁的中国老年人，按年龄、性别分组，每5岁为一组。男女共计4个组别。

2. 年龄计算方法

测试时已过当年生日者：年龄＝测试年－出生年

测试时未过当年生日者：年龄＝测试年－出生年－1

二、测试指标

测试指标包括身体形态、机能和素质三类（见附表1）。

附表1 测试指标

类别	测试指标
身体形态	身高
	体重
机能	肺活量
素质	握力
	坐位体前屈
	选择反应时
	闭眼单脚站立

第二部分 测 试 方 法

受试者测试前应当保持安静状态，不要从事剧烈体力活动，着运动服和运动鞋参加测试。

一、身体形态指标

1. 身高

反映人体骨骼纵向生长水平。

使用身高计测试，精度为0.1厘米。

测试时，受试者赤脚、呈立正姿势站在身高计的底板上（躯干挺直，上肢自然下垂，脚跟并拢，脚尖分开约60°），脚跟、骶骨部及两肩胛间与身高计的立柱接触，头部正直，两眼平视前方，耳屏上缘与眼眶下缘最低点呈水平（见附图1）。记录以厘米为单位，保留小数点后一位。

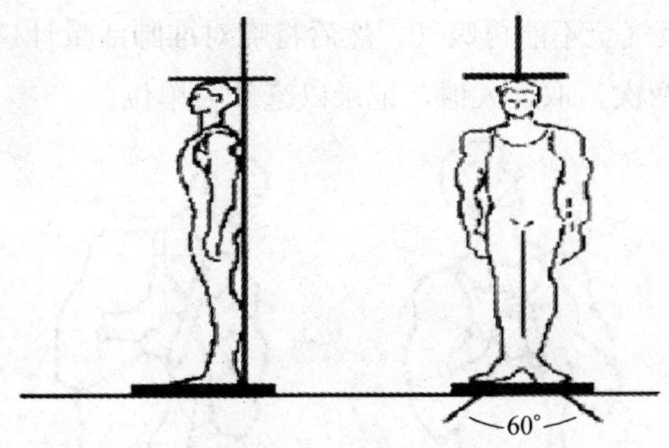

附图1 身高测量

2. 体重

反映人体发育程度和营养状况。

使用体重秤测试，精度为0.1千克。

测试时，受试者自然站在体重秤中央，站稳后，读取数据（见附图2）。记录以千克为单位，保留小数点后一位。

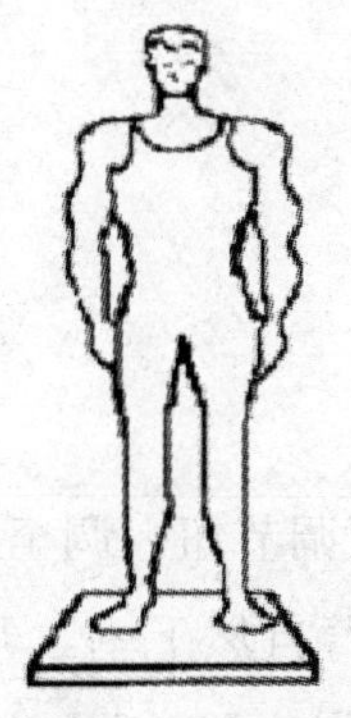

附图2 体重测量

注意事项：

测试时，受试者尽量减少着装。

上、下体重秤时，动作要轻缓。

二、机能指标

1. 肺活量

反映人体肺的容积和扩张能力。

使用肺活量计测试。电子式肺活量计精度为 1 毫升，翻转式肺活量计精度为 20 毫升，桶式肺活量计精度为 50 毫升。

测试时，受试者深吸气至不能再吸气，然后将嘴对准肺活量计口嘴做深呼气，直至呼尽为止（见附图 3）。测试两次，取最大值，记录以毫升为单位。

附图 3　肺活量测试

注意事项：

呼气不可过猛，防止漏气。

不得二次吸气。

肺活量计口嘴应当严格消毒。

三、素质指标

1. 握力

反映人体前臂和手部肌肉力量。

使用握力计测试。

测试时，受试者转动握力计的握距调节钮，调至适宜握距，然后用有力手持握力度，身体直立，两脚自然分开（同肩宽），两臂自然下垂，开始测试时，用最大力紧握上下两个握柄（见附图 4）。测试两次，取最大值，记录以千克为单位，保留小数点后一位。

注意事项：

附图4　握力测试

用力时，禁止摆臂、下蹲或将握力计接触身体。

如果受试者分不出有力手，双手各测试两次。

2. 坐位体前屈

反映人体柔韧性。

使用坐位体前屈测试仪测试。

测试时，受试者坐在垫上，双腿伸直，脚跟并拢，脚尖自然分开，全脚掌蹬在测试仪平板上；然后掌心向下，双臂并拢平伸，上体前屈，用双手中指指尖推动游标平滑前移，直至不能移动为止（见附图5）。测试两次，取最大值，记录以厘米为单位，保留小数点后一位。

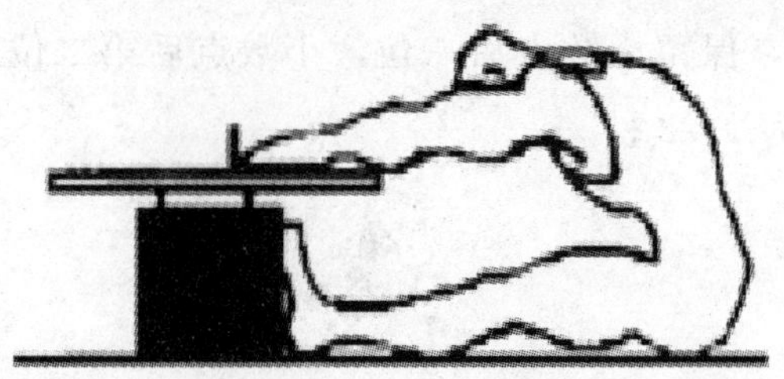

附图5　坐位体前屈测试

注意事项：

测试前，受试者应当做准备活动，以防肌肉拉伤。

测试时，膝关节不得弯曲，不得有突然前振的动作。

记录时，正确填写正负号。

3. 选择反应时

反映人体神经与肌肉系统的协调性和快速反应能力。

使用反应时测试仪测试。

测试时，受试者中指按住“启动键”，等待信号发出，当任意信号键发出信号时（声、光同时发出），以最快速度去按该键；信号消失后，中指再次按住“启动键”，等待下一个信号发出，共有 5 次信号。受试者完成第五次信号应答后，所有信号键都会同时发出光和声，表示测试结束（见附图 6）。测试两次，取最好成绩，记录以秒为单位，保留小数点后两位。

附图 6　选择反应时测试

注意事项：

测试时，受试者不得用力拍击信号键。

4. 闭眼单脚站立

反映人体平衡能力。

使用秒表测试。

测试时，受试者自然站立，闭眼，当听到“开始”口令后，抬起任意一只脚，同时测试员开表计时。当受试者撑脚移动或抬起着地时，测试员停表（见附图 7）。测试两次，取最好成绩，记录以秒为单位，保留小数点后一位，小数点后第二位按“非零进一”的原则进位，例如，10.11 秒记录为 10.2 秒。

附图 7　单脚站立测试

注意事项：

测试时，注意安全保护。

第三部分　评 定 标 准

一、评定方法与标准

采用单项评分和综合评级（见附表 2）进行评定。

附表 2　　综合评级标准

等级	得分
一级（优秀）	>23 分
二级（良好）	21～23 分
三级（合格）	15～20 分
四级（不合格）	<15 分

单项评分包括身高标准体重评分（见附表 3、附表 4）和其他单项指标评分（见附表 5、附表 6），采用 5 分制。

综合评级是根据受试者各单项得分之和确定，共分四个等级：一级（优秀）、二级（良好）、三级（合格）、四级（不合格）。任意一项指标无分者，不进行综合评级。

二、身高标准体重评分标准

附表 3　　60～69 岁老年人身高标准体重评分表（男）

身高段（厘米）	体重（千克）				
	1 分	3 分	5 分	3 分	1 分
140.0～140.9	<33.9	33.9～35.6	35.7～53.2	53.3～56.9	>56.9
141.0～141.9	<34.5	34.5～36.3	36.4～53.9	54.0～57.4	>57.4
142.0～142.9	<35.1	35.1～37.1	37.2～54.5	54.6～58.0	>58.0
143.0～143.9	<35.7	35.7～37.9	38.0～55.1	55.2～58.6	>58.6
144.0～144.9	<36.3	36.3～38.7	38.8～55.8	55.9～59.3	>59.3
145.0～145.9	<36.9	36.9～39.5	39.6～56.4	56.5～60.0	>60.0
146.0～146.9	<37.5	37.5～40.3	40.4～57.0	57.1～60.6	>60.6
147.0～147.9	<38.1	38.1～41.1	41.2～57.6	57.7～61.2	>61.2
148.0～148.9	<38.8	38.8～41.9	42.0～58.2	58.3～61.9	>61.9
149.0～149.9	<39.5	39.5～42.7	42.8～58.8	58.9～62.5	>62.5
150.0～150.9	<40.1	40.1～43.5	43.6～59.4	59.5～63.4	>63.4
151.0～151.9	<40.7	40.7～44.2	44.3～60.1	60.2～64.0	>64.0
152.0～152.9	<41.3	41.3～44.9	45.0～60.6	60.7～64.8	>64.8
153.0～153.9	<41.9	41.9～45.6	45.7～61.2	61.3～65.7	>65.7

续表

身高段（厘米）	体重（千克）				
	1分	3分	5分	3分	1分
154.0～154.9	＜42.5	42.5～46.4	46.5～61.8	61.9～66.7	＞66.7
155.0～155.9	＜43.1	43.1～47.2	47.3～62.5	62.6～67.6	＞67.6
156.0～156.9	＜43.7	43.7～48.1	48.2～63.3	63.4～68.6	＞68.6
157.0～157.9	＜44.3	44.3～49.0	49.1～64.1	64.2～69.6	＞69.6
158.0～158.9	＜44.9	44.9～49.9	50.0～64.9	65.0～70.4	＞70.4
159.0～159.9	＜45.5	45.5～50.7	50.8～65.7	65.8～71.3	＞71.3
160.0～160.9	＜46.2	46.2～51.6	51.7～66.6	66.7～72.0	＞72.0
161.0～161.9	＜46.9	46.9～52.7	52.8～67.4	67.5～72.9	＞72.9
162.0～162.9	＜47.6	47.6～53.7	53.8～68.3	68.4～73.7	＞73.7
163.0～163.9	＜48.4	48.4～54.8	54.9～69.2	69.3～74.6	＞74.6
164.0～164.9	＜49.5	49.5～55.7	55.8～70.0	70.1～75.6	＞75.6
165.0～165.9	＜50.4	50.4～56.7	56.8～71.0	71.1～76.6	＞76.6
166.0～166.9	＜51.2	51.2～57.6	57.7～72.2	72.3～77.6	＞77.6
167.0～167.9	＜52.0	52.0～58.4	58.5～73.3	73.4～78.6	＞78.6
168.0～168.9	＜52.8	52.8～59.2	59.3～73.9	74.0～79.7	＞79.7
169.0～169.9	＜53.6	53.6～60.1	60.2～75.5	75.6～80.7	＞80.7
170.0～170.9	＜54.4	54.4～60.9	61.0～76.5	76.6～81.8	＞81.8
171.0～171.9	＜55.1	55.1～61.7	61.8～77.5	77.6～82.8	＞82.8
172.0～172.9	＜55.7	55.7～62.4	62.5～78.5	78.6～83.8	＞83.8
173.0～173.9	＜56.4	56.4～63.1	63.2～79.5	79.6～84.7	＞84.7
174.0～174.9	＜57.1	57.1～63.8	63.9～80.4	80.5～85.7	＞85.7
175.0～175.9	＜57.9	57.9～64.6	64.7～81.5	81.6～86.7	＞86.7
176.0～176.9	＜58.7	58.7～65.4	65.5～82.4	82.5～87.6	＞87.6
177.0～177.9	＜59.4	59.4～66.2	66.3～83.3	83.4～88.6	＞88.6
178.0～178.9	＜60.1	60.1～67.1	67.2～84.3	84.4～89.5	＞89.5
179.0～179.9	＜60.7	60.7～68.0	68.1～85.2	85.3～90.5	＞90.5
180.0～180.9	＜61.4	61.4～68.7	68.8～86.1	86.2～91.3	＞91.3
181.0～181.9	＜62.1	62.1～69.5	69.6～87.0	87.1～92.1	＞92.1
182.0～182.9	＜62.8	62.8～70.3	70.4～88.0	88.1～92.9	＞92.9
183.0～183.9	＜63.5	63.5～71.2	71.3～88.9	89.0～93.6	＞93.6
184.0～184.9	＜64.1	64.1～72.1	72.2～89.9	90.0～94.4	＞94.4
185.0～185.9	＜64.7	64.7～72.9	73.0～90.8	90.9～95.3	＞95.3
186.0～186.9	＜65.3	65.3～73.6	73.7～91.8	91.9～96.1	＞96.1
187.0～187.9	＜66.0	66.0～74.4	74.5～92.7	92.8～96.8	＞96.8

附表4　　60～69岁老年人身高标准体重评分表（女）

身高段（厘米）	体重（千克）				
	1分	3分	5分	3分	1分
135.0～135.9	<32.4	32.4～34.6	34.7～52.4	52.5～55.3	>55.3
136.0～136.9	<33.0	33.0～35.2	35.3～52.9	53.0～55.9	>55.9
137.0～137.9	<33.6	33.6～35.8	35.9～53.5	53.6～56.6	>56.6
138.0～138.9	<34.3	34.3～36.4	36.5～54.1	54.2～57.2	>57.2
139.0～139.9	<34.9	34.9～37.1	37.2～54.7	54.8～58.0	>58.0
140.0～140.9	<35.4	35.4～38.1	38.2～55.4	55.5～58.8	>58.8
141.0～141.9	<36.0	36.0～38.6	38.7～56.1	56.2～59.5	>59.5
142.0～142.9	<36.6	36.6～39.7	39.8～56.7	56.8～60.1	>60.1
143.0～143.9	<37.2	37.2～40.4	40.5～57.3	57.4～60.7	>60.7
144.0～144.9	<37.8	37.8～41.2	41.3～58.0	58.1～61.3	>61.3
145.0～145.9	<38.4	38.4～42.0	42.1～58.6	58.7～61.9	>61.9
146.0～146.9	<39.0	39.0～42.8	42.9～59.1	59.2～62.5	>62.5
147.0～147.9	<39.6	39.6～43.6	43.7～59.8	59.9～63.2	>63.2
148.0～148.9	<40.3	40.3～44.4	44.5～60.4	60.5～63.9	>63.9
149.0～149.9	<41.0	41.0～45.2	45.3～61.0	61.1～64.5	>64.5
150.0～150.9	<41.6	41.6～46.0	46.1～61.6	61.7～65.2	>65.2
151.0～151.9	<42.2	42.2～46.7	46.8～62.3	62.4～65.9	>65.9
152.0～152.9	<42.8	42.8～47.4	47.5～62.8	62.9～66.8	>66.8
153.0～153.9	<43.4	43.4～48.1	48.2～63.4	63.5～67.7	>67.7
154.0～154.9	<44.0	44.0～48.9	49.0～64.0	64.1～68.7	>68.7
155.0～155.9	<44.6	44.6～49.7	49.8～64.7	64.8～69.7	>69.7
156.0～156.9	<45.2	45.2～50.6	50.7～65.5	65.6～70.6	>70.6
157.0～157.9	<45.8	45.8～51.5	51.6～66.3	66.4～71.5	>71.5
158.0～158.9	<46.4	46.4～52.4	52.5～67.1	67.2～72.3	>72.3
159.0～159.9	<47.0	47.0～53.3	53.4～67.9	68.0～73.3	>73.3
160.0～160.9	<47.6	47.6～54.2	54.3～68.8	68.9～74.1	>74.1
161.0～161.9	<48.3	48.3～55.1	55.2～69.6	69.7～74.9	>74.9
162.0～162.9	<49.1	49.1～56.1	56.2～70.5	70.6～75.8	>75.8
163.0～163.9	<49.9	49.9～57.0	57.1～71.4	71.5～76.7	>76.7
164.0～164.9	<50.9	50.9～57.9	58.0～72.2	72.3～77.6	>77.6
165.0～165.9	<51.7	51.7～58.8	58.9～73.2	73.3～78.6	>78.6
166.0～166.9	<52.6	52.6～59.9	60.0～74.4	74.5～79.6	>79.6
167.0～167.9	<53.4	53.4～60.8	60.9～75.5	75.6～80.6	>80.6

续表

身高段（厘米）	体重（千克）				
	1分	3分	5分	3分	1分
168.0～168.9	＜54.2	54.2～61.6	61.7～76.6	76.7～81.7	＞81.7
169.0～169.9	＜55.0	55.0～62.5	62.6～77.7	77.8～82.7	＞82.7
170.0～170.9	＜55.8	55.8～63.3	63.4～78.7	78.8～83.8	＞83.8
171.0～171.9	＜56.5	56.5～64.1	64.2～79.7	79.8～84.8	＞84.8
172.0～172.9	＜57.2	57.2～64.8	64.9～80.7	80.8～85.8	＞85.8
173.0～173.9	＜57.9	57.9～65.6	65.7～81.7	81.8～86.7	＞86.7
174.0～174.9	＜58.6	58.6～66.2	66.3～82.7	82.8～87.7	＞87.7
175.0～175.9	＜59.4	59.4～67.0	6731～83.7	83.8～88.6	＞88.6
176.0～176.9	＜60.2	60.2～67.8	67.9～84.6	84.7～89.6	＞89.6
177.0～177.9	＜61.0	61.0～68.6	68.7～85.5	85.6～90.7	＞90.7
178.0～178.9	＜61.7	61.7～69.5	69.6～86.5	86.6～91.6	＞91.6
179.0～179.9	＜62.4	62.4～70.3	70.4～87.5	87.6～92.5	＞92.5
180.0～180.9	＜63.1	63.1～71.0	71.1～88.3	88.4～93.4	＞93.4

三、其他单项指标评分标准

附表5　60～64岁老年人其他单项指标评分表

测试指标	1分	2分	3分	4分	5分
	男性				
肺活量（毫升）	1 400～1 827	1 828～2 425	2 426～2 939	2 940～3 499	＞3 499
握力（千克）	21.5～26.9	27.0～34.4	34.5～40.4	40.5～47.5	＞47.5
坐位体前屈（厘米）	－12.6～－7.8	－7.7～0.9	1.0～6.7	6.8～13.1	＞13.1
选择反应时（秒）	1.40～1.01	1.00～0.77	0.76～0.63	0.62～0.51	＜0.51
闭眼单脚站立（秒）	1～3	4～6	7～14	15～48	＞48
	女性				
肺活量（毫升）	955～1 219	1 220～1 684	1 685～2 069	2 070～2 552	＞2 552
握力（千克）	14.9～17.1	17.2～21.4	21.5～25.5	25.6～30.4	＞30.4
坐位体前屈（厘米）	－7.5～－2.0	－1.9～5.2	5.3～11.3	11.4～17.7	＞17.7
选择反应时（秒）	1.46～1.14	1.13～0.84	0.83～0.67	0.66～0.55	＜0.55
闭眼单脚站立（秒）	1～2	3～5	6～12	13～40	＞40

附表 6　　65～69 岁老年人其他单项指标评分表

测试指标		1 分	2 分	3 分	4 分	5 分
				男性		
肺活量	（毫升）	1 255～1 660	1 661～2 229	2 230～2 749	2 750～3 334	>3 334
握力	（千克）	21.0～24.9	25.0～32.0	32.1～38.1	38.2～44.8	>44.8
坐位体前屈	（厘米）	−13.6～−9.4	−9.3～−1.6	−1.5～4.6	4.7～11.7	>11.7
选择反应时	（秒）	1.45～1.11	1.10～0.81	0.80～0.66	0.65～0.54	<0.54
闭眼单脚站立	（秒）	1～2	3～5	6～12	13～40	>40
				女性		
肺活量	（毫升）	895～1 104	1 105～1 559	1 560～1 964	1 965～2 454	>2 454
握力	（千克）	13.8～16.2	16.3～20.3	20.4～24.3	24.4～29.7	>29.7
坐位体前屈	（厘米）	−8.2～−3.1	−3.0～4.0	4.1～10.0	10.1～16.4	>16.4
选择反应时	（秒）	1.63～1.22	1.21～0.89	0.88～0.69	0.68～0.57	<0.57
闭眼单脚站立	（秒）	1～2	3～4	5～10	11～35	>35

附录3　老年人的身体活动指导

《中国成人身体活动指南（试行）》

中华人民共和国卫生部疾病预防控制局（2011）

老年阶段，身体各方面功能经历着退行性变化，运动锻炼的最大益处是可以延缓这一过程。老年阶段常伴随各种慢性疾病，运动锻炼也是辅助治疗和康复的重要手段。

基于目前有关老年人身体活动量与健康效益的证据，同时考虑多数老年人身体活动的耐受能力，老年人的身体活动推荐量与一般成人基本一致。但是由于进入老年阶段后，不同个体衰老的进程快慢不一，病患情况也各不相同，因而运动能力的高低也不同。因此对老年人的身体活动指导更需结合个体的条件，强调以相对强度来控制体力负荷。此外老年人是发生运动伤害的高危人群，更需采取相应的防范和保护措施。

一、目标

老年人身体活动的目标包括：改善心肺和血管功能，提高摄取和利用氧的能力；保持肌肉力量、延缓肌肉量和骨量丢失的速度；减少身体脂肪的蓄积和控制体重增加；降低跌倒发生的风险；调节心理平衡，减慢认知能力的退化，提高生活自理能力和生活质量；防治慢性病。

二、内容

1. 有氧运动

参加步行等传统有氧运动的同时，鼓励老年人参加日常生活中的身体活动，如园艺、旅游、家务劳动、娱乐等。对于高龄及体质差的老年人，不需强调锻炼一定要达到中等强度，应当鼓励老年人靠运动的积累作用和长期坚持产生综合的健康效应。

2. 抗阻力活动

健康老年人可通过徒手或采用哑铃、沙袋、弹力橡皮带和拉力器等抗阻力活动增加肌力。对体弱或伴有骨质疏松症，以及腹部脂肪堆积者，还可采用弹力橡皮带进行腰背肌、腹肌、臀肌和四肢等肌肉的练习。阻力训练的动作可分组进行，每组的动作不宜过多、阻力不宜过大，中间休息时间长短根据体力情况确定。进行上述运动时，应当以大肌群运动为主，抗阻力活动过程中用力应当适度、避免憋气，以控制血压升高的幅度，预防发生心脑血管意外。一般每周应当做两次肌力训练，也可隔天进行。

3. 功能性身体活动

有氧运动、肌力锻炼、关节柔韧性、身体平衡和协调性练习都可以作为功能性活动的内容，如广播操、韵律操和专门编排的体操等均含有上肢、下肢、肩、臀和躯干部及关节屈伸练习。各种家务劳动、舞蹈、太极拳等也包含功能性活动的成分。

三、活动量

1. 强度

老年人身体健康状况和运动能力的个体差异较大，计划身体活动强度宜量力而行。对于体质较好的老年人，可适当增加运动强度，以获得更多的健康效益。

2. 时间

老年人有更多的时间从事运动锻炼，建议每天进行 30～60 分钟中等强度的身体活动。如果身体条件允许，可进行更长时间的锻炼。如进行大强度的锻炼，时间可以减半。老年人的身体活动时间也可以 10 分钟分段累计。

3. 频度

老年人的运动频度与一般人的推荐一致，即鼓励每天都进行一些身体活动，并根据个人身体情况、天气条件和环境等调整活动的内容。

四、注意事项

1. 老年人参加运动期间，应当定期做医学检查和随访。在患有慢性病且病情不稳定的情况下，应当与医生一起制定运动处方。

2. 感觉和记忆力下降的老年人，应当反复实践掌握动作的要领，老年人宜参加个人熟悉并有兴趣的运动项目。为老年人编排的锻炼程序和体操，应当注意动作简单，便于学习和记忆。

3. 老年人应当学会识别过度运动的症状。运动中，体位不宜变换太快，以免发生体位性低血压。运动指导者应当注意避免老年人在健身运动中的伤害。

4. 对体质较弱和适应能力较差的老年人，应当慎重调整运动计划，延长准备和整理活动的时间。

5. 合并有骨质疏松症和下肢骨关节病的老年人，不宜进行高冲击性的活动，如跳绳、跳高和举重等。

6. 老年人在服用某些药物时，应当注意药物对运动反应的影响。如美托洛尔和阿替洛尔等，会抑制运动中心率的增加。

附录 4　推荐的人群身体活动量（65 岁及以上年龄组）

《关于身体活动有益健康的全球建议》

世界卫生组织（2010）

一、目标人群

本部分的建议适用于 65 岁及以上的健康人群，同时也适合该年龄组的慢性非传染性疾病患者。患有特殊疾病（如心血管疾病和糖尿病）的患者，在计划达到对老年人的建议身体活动量之前，需要采取特别的预防措施并寻求医学咨询。

本建议适用于所有老年人（不分性别、人种、民族或收入水平）。但是针对不同人群时，身体活动建议的信息沟通策略、传播方式和内容可以有所区别，以期达到最佳效果。

本建议也适用于有残疾的老年人，但可能需要根据他们的运动能力和特定的健康风险或身体受限情况对"建议"进行个体化调整。

二、科学证据概述

关于心肺健康、肌肉力量、代谢功能健康和骨骼健康的相关性和剂量反应模式的文献综述是在对美国 CDC 文献综述（2008）、Warburton 等（2007 和 2009）的证据综述和 Bauman 等（2005）的综述以及 Paterson 等（2007，2009）的系统综述进行评估的基础上完成的。

有充分证据表明，规律进行身体活动对 18～64 岁和 65 岁及以上人群都可以获得重要和广泛的健康效益。在某些情况，老年人获得健康效益的证据极为充分，因为在老年人中常见的是缺乏身体活动。这有利于对身体活动在该年龄组是否有保护作用进行观察性研究。总之，结论性证据显示中等强度和高强度身体活动在上述两个年龄组成人中均可产生相似的健康效益。

有关 65 岁及以上人群总的证据显示，与身体活动较少的个体相比较，积极进行身体活动的人其全因死亡率，冠心病、高血压、脑卒中、Ⅱ型糖尿病、结肠癌、乳腺癌患病率均较低，具有较高水平的心肺和肌肉健康、更健康的体重和体成分，所显示的生物指标状况也更有利于预防心血管疾病和Ⅱ型糖尿病，更有利于增进骨骼健康。

已经在老年人（无论其是否患有慢性非传染性疾病）观察到这些健康效益。因此，缺乏身体活动的65岁及以上老年人（包括慢性非传染性疾病患者），很有可能通过增加身体活动获得健康效益。即使不能增加到身体活动指南所要求的水平，也应当尽可能达到个人能力或健康状况所允许的水平。目前身体活动未达到"建议"水平的老年人，应当设定逐渐增加身体活动的目标，先从增加中等强度身体活动的持续时间和频度开始，之后再考虑增加强度至高强度身体活动。

此外，有充分证据显示保持身体活动与较高水平的功能性健康相关，即减少跌倒的风险和有更好的认知功能。观察性研究的证据显示，规律进行身体活动的中年人和老年人发生中等程度和严重的运动功能受限或社会交往能力受限的风险减少。对于已有运动功能受限的老年人，有相当一致的证据显示规律进行身体活动是安全的，并有改善运动功能的有益效果。然而，目前还几乎没有实验性证据表明运动功能受限的老年人参加身体活动可以保持社会交往能力或预防残疾。用于制订与健康状况所致活动受限有关的身体活动建议的文献综述有美国CDC文献综述（2008）、Paterson（2007）的系统综述、Patterson和Warburton（2009）的系统综述。有关抑郁症和认知功能下降的剂量反应模式的文献综述源于美国CDC文献综述（2008）。

对于活动能力较差的老年人，一致的证据显示规律的身体活动是安全的，并可以减少近30%的跌倒风险。就预防跌倒而言，大多数证据支持每周3次平衡能力训练和中等强度肌肉力量活动的模式。对于无跌倒风险的成人和老年人，目前没有证据表明有计划的身体活动可以减少其跌倒的风险。与该年龄组人群保持或改善那些有跌倒风险的老年人的平衡能力相关的文献证据有Paterson（2007）的系统综述和Patterson和Warburton（2009）的系统综述。

三、建议

65岁及以上老年人的身体活动包括在日常生活、家庭和社区中的休闲时间活动、交通往来（如步行或骑车）、职业活动（如仍从事工作）、家务劳动、玩耍、游戏、体育运动或有计划的锻炼。

指南小组回顾了上述引用文献并提出如下建议，目的是为了增进心肺和肌肉健康，骨骼和功能性健康，减少慢性非传染性疾病、抑郁症和认知功能下降的风险。具体建议如下：

1. 老年人每周至少150分钟中等强度有氧身体活动，或每周至少75分钟的高强度有氧身体活动或中等和高强度两种活动相当量的组合。

2. 有氧活动应当每次至少持续10分钟。

3. 为获得更多的健康效益，老年人应当增加有氧活动量，达到每周300分钟中等强度或每周150分钟高强度有氧或动，或中等和高强度两种活动相当量的组合。

4. 活动能力较差的老年人每周至少应当有3天进行提高平衡能力和预防跌倒的活动。

5. 每周至少应当有2天进行大肌群参与的强壮肌肉活动。

6. 因健康状况不能达到所建议的身体活动水平的老人，应当尽可能在能力和条件允许的情况下积极进行身体活动。

四、对所提建议的解析和提出建议的理由

尽管18～64岁和65岁及以上两个年龄组人群的上述建议有相似之处，各国在采用和实施时仍应当加以区分。促进和帮助老年人有规律地进行身体活动特别重要，因为这一年龄组人群的身体活动常常是最少的。促进老年人身体活动并不强调达到较高的活动量或进行高强度身体活动。但是，老年人的健康状况和能力差异很大，有些老年人有能力、有规律地进行大活动量的中等和高强度身体活动。

基于大量高质量的研究，结论性的科学证据显示，65岁及以上年龄组人群中，相对于缺乏身体活动者，积极进行身体活动者具有较高的心肺健康水平、一些失能性疾病的风险较低，也较少发生各种慢性非传染性疾病。

运动能力较低的个体（如体质差者），为获得健康效益需进行的身体活动强度和数量低于身体活动水平较高且体质较好的个体。由于成人的运动能力随年龄增长而趋于下降，老年人的运动能力通常低于年龄较轻者。因此，老年人需要有身体活动计划，相对于体质好的人而言，该计划的绝对强度和数量较低，但相对强度和数量是相似的。这一点在习惯于久坐不动的静态生活方式的个体开始身体活动计划时尤为重要。

正如18～64岁年龄组成人一样，老年人有多种方法可以累计达到每周150分钟身体活动的目标。累计的概念指将一周内分散进行的多次较短时间的身体活动的各次持续时间累加，达到每周150分钟身体活动目标，如每周5次、每次30分钟中等强度身体活动。

值得注意的是，这里所建议的中等强度至高强度身体活动是相对于个体进行这类身体活动的能力而言的。

急性健康效应生物医学指标的证据表明了每周规律进行身体活动的效益（如每周5次或更多），且有可能鼓励将身体活动融入日常生活方式，如步行或骑自行车。

上述所列建议适用于下列健康状况：心肺健康（冠心病、心血管疾病、脑卒中和高血压）、代谢功能健康（糖尿病和肥胖）、骨骼健康和骨质疏松、乳腺癌和结肠癌，以及预防跌倒、抑郁症和认知功能下降。

预防慢性非传染性疾病的有效身体活动量因疾病的不同而有所差异。现有证据还不足以针对每一种疾病提出针对性的身体活动建议，但就上述总的健康效应而言，证据已十分充分。

增加身体活动量（如每周多于 150 分钟）可获得更多的健康效益。但有证据提示，每周进行超过 300 分钟的中等强度身体活动所获得的边际效益会减少，并增加发生伤害的风险。

采纳这些建议的成本很低，花费主要用于根据各国具体状况对建议内容进行调整、信息沟通、交流和传播等工作。但是要使促进达到所建议的身体活动水平的综合性策略得以实施，还需进一步的资源投入。

这些建议适合中低收入国家。但是国家主管部门需要对内容进行适当调整，转化成适合本国文化特征的形式，在其他因素中，还需要考虑如何确定和适应最主要的人群身体活动类别（如休闲时间、职业或交通等身体活动）。

总之，积极进行身体活动和执行上述建议所获得的健康效益远大于可能发生的危害。与身体活动有关的不良事件如骨骼肌肉系统的损伤等虽然很常见，但通常程度较轻，特别是中等强度身体活动（如步行）更是如此。而通过逐渐增加身体活动量可以显著减少发生不良事件的风险，尤其是对缺乏活动的成人更是如此。与短期内迅速增加至同样的最终身体活动水平相比，连续、少量增加身体活动量，并在每次增量后经过一段适应期，可较少发生肌肉骨骼损伤。就突发性心脏不良事件而言，似乎身体活动强度对其的负面影响更大，而不是频度或持续时间。选择低风险的身体活动、进行任何活动都多加小心，这样可以将不良事件的发生频度和严重程度降到最低，同时最大限度地获得规律进行身体活动的健康效益。

需要注意的是，对于那些身体活动水平较高的人群，国家身体活动指南不应当提出鼓励其降低现有身体活动水平的目标。

参考文献

[1] 国家体育总局群众体育司，国家体育总局社会体育指导中心. 社会体育指导员技术等级培训教材（三级）. 北京：高等教育出版社，2012.

[2] 国家体育总局群众体育司，国家体育总局社会体育指导中心. 社会体育指导员技术等级培训教材（二级）. 北京：高等教育出版社，2012.

[3] 国家体育总局群众体育司，国家体育总局社会体育指导中心. 社会体育指导员技术等级培训教材（一级）. 北京：高等教育出版社，2012.

[4] 国家体育总局群众体育司，国家体育总局社会体育指导中心. 社会体育指导员技术等级培训教材（国家级）. 北京：高等教育出版社，2012.

[5] 中国残联体育部. 残疾人体育健身指导员培训教材（试用本）. 北京：华夏出版社，2012.

[6] 中华人民共和国卫生部疾病预防控制局. 中国成人身体活动指南（试行）. 北京：人民卫生出版社，2011.

[7] 国家体育总局. 国民体质测定标准手册（老年人部分）. 北京：人民体育出版社，2003.

[8] 北京市西城区体育局，北京市西城区体育科学研究所. 社区常见健身路径锻炼方法标准化教程. 北京：北京体育大学出版社，2013.

[9] 国家体育总局. 2010 年国民体质监测报告. 北京：人民体育出版社，2011.

[10] 国家体育总局. 运动健身指南. 北京：人民体育出版社，2011.

[11] 国家体育总局. 高血压人群健身指南. 北京：人民体育出版社，2011.

[12] 国家体育总局. 血脂异常人群健身指南. 北京：人民体育出版社，2011.

[13] 国家体育总局. 糖尿病人群健身指南. 北京：人民体育出版社，2013.

[14] 国家体育总局. 运动健身的能量消耗. 北京：人民体育出版社，2013.

[15] 国家体育总局. 全民健身路径锻炼指南. 北京：人民体育出版社，2013.

[16] 国家体育总局. 功能性健身方法——激活你的身体. 北京：人民体育出版社，2013.

[17] 中国营养学会. 中国居民膳食指南. 拉萨：西藏人民出版社，2010.

[18] 中国营养学会老年营养分会. 中国老年人膳食指南（2010）. 济南：山东美术出版社，2010.

[19] 中国残疾人体育协会. 残疾人体育基本知识导读. 北京：华夏出版社，2006.

[20] 中国残疾人体育协会. 残疾体育研究. 北京：北京体育大学出版社，2004.

[21] 荣湘江，陈雪丽. 老年康复评定. 北京：人民体育出版社，2014.

[22] 张玉芹，陈雪丽. 老年综合征的预防与康复. 北京：人民体育出版社，2014.

[23] 王琳. 体育保健学理论与实践. 北京：高等教育出版社，2013.

[24] 李红娟. 体力活动与健康促进. 北京：北京体育大学出版社，2012.

[25] 高维纬. 体育保健学. 北京：北京体育大学出版社，2011.

[26] 王琳，王安利. 实用运动医务监督. 北京：北京体育大学出版社，2010.

[27] 杨则宜，焦颖. 健康老年运动营养指南. 北京：人民体育出版社，2010.

[28] 鲍其美，潘绍伟. 社会体育指导员农村体育实用手册. 北京：人民体育出版社，2010.

[29] 李卫平. 国民体质健康科技指导手册. 北京：人民体育出版社，2009.

[30] 谢军. 社区体育工作理论与实务. 北京：北京体育大学出版社，2008.

[31] 李洪滋. 运动与健康（第二版）. 北京：化学工业出版社，2008.

[32] 李洁，陈仁伟. 人体运动能力检测与评定. 北京：人民体育出版社，2005.

[33] 陆一帆，梁林，方子龙. 健康与住宅——健康社区中体育规划的理论与实践. 北京：北京体育大学出版社，2004.

[34] 王凯珍，李相如. 社区体育. 北京：人民体育出版社，2004.

[35] 王瑞元. 运动生理学. 北京：人民体育出版社，2002.

[36] Wojtek J Chodzko－Zajko. ACSM's Exercise for Older Adults. Baltimore：Wolters Kluwer Lippincott & Wilkins，2014.

[37] Elizabeth Best－Martini，Kim A Jones－DiGenova. Exercise for Frail Elders－2nd Edition. Champaign：Human Kenetics，2014.

[38] Roberta E Rikli，C Jessie Jones. Senior Fitness Test Manual－2nd Edition. Champaign：Human Kenetics，2013.

[39] American College of Sports Medicine. ACSM's Resource Manual for Exercise Testing and Exercise Prescription－7th edition. Baltimore：Wolters Kluwer Lippincott & Wilkins，2013.

[40] Jonathan Bean. Strength and Power Training：A Guide for Older Adults（Harvard Medical School Special Health Reports）. Cambridge：Harvard Health Publications，2013.

[41] American College of Sports Medicine. ACSM's Guidelines for Exercise Testing and Prescription－9th Edition. Baltimore：Wolters Kluwer Lippincott & Wilkins，2013.

[42] Joseph Signorile. Bending the Aging Curve：The Complete Exercise Guide for Older Adults. Champaign：Human Kenetics，2011.

[43] Thomas R Baechle. Fitness Professional's Guide to Strength Training Older Adults－2nd Edition. Champaign：Human Kenetics，2010.

[44] Kay A van Norman. Exercise and Wellness for Older Adults－2nd Edition：Practical Programming Strategies. Champaign：Human Kenetics，2010.

[45] World Health Organization. Global Recommendations on Physical Activity for Health. Geneva：WHO Press，2010.

[46] Steven Jonas，Edward M Phillips. ACSM's Exercise is Medicine：A Clinician's Guide to Exercise

Prescription. Baltimore: Wolters Kluwer Lippincott & Wilkins, 2009.

[47] American College of Sports Medicine. ACSM's Exercise Management for Persons with Chronic Diseases and Disabilities—3rd Edition. Champaign: Human Kenetics, 2009.

[48] Sean Richardson. Overtraining Athletes: Personal Journeys in Sport. Champaign: Human Kenetics, 2008.

[49] John P Buckley. Exercise Physiology in Special Population. New York: Churchill Livingstone Elsevier, 2008.

[50] U. S. Department of Health and Human Services. 2008 Physical Activity Guidelines for Americans. www. health. gov/paguidelines, 2008.

[51] American College of Sports Medicine, Chodzko—Zajko WJ, Proctor DN, et al. American College of Sports Medicine position stand. Exercise and physical activity for older adults. Med Sci Sports Exerc, 2009, 41 (7): 1510—1530.

[52] Taylor D. Physical activity is medicine for older adults. Postgrad Med J, 2014, 90 (1059): 26—32.

[53] Fleg JL. Aerobic exercise in the elderly: a key to successful aging. Discov Med, 2012, 13 (70): 223—228.

[54] Archer T. Influence of physical exercise on traumatic brain injury deficits: scaffolding effect. Neurotox Res, 2012, 21 (4): 418—434.

[55] Pawlowski J, Dixon—Ibarra A, Driver S. Review of the status of physical activity research for individuals with traumatic brain injury. Arch Phys Med Rehabil, 2013, 94 (6): 1184—1189.

[56] Chu LW, Tam S, Wong RL, et al. Bioavailable testosterone predicts a lower risk of Alzheimer's disease in older men. J Alzheimers Dis, 2010, 21 (4): 1335—1345.

[57] Bennell KL, Hinman RS. A review of the clinical evidence for exercise in osteoarthritis of the hip and knee. J Sci Med Sport, 2011, 14 (1): 4—9.

[58] Lange AK, Vanwanseele B, Singh MAF. Strength training for treatment of osteoarthritis of the knee: a systematic review. Arthritis Rheum, 2008, 59 (10): 1488—1494.

[59] Morton AR, Fitch KD. Australian Association for Exercise and Sports Science position statement on exercise and asthma. J Sci Med Sport, 2011, 14 (4): 312—316.

[60] Hayes SC, Spence RR, Galvão DA, et al. Australian Association for Exercise and Sport Science position stand: optimising cancer outcomes through exercise. J Sci Med Sport, 2009, 12 (4): 428—434.

[61] Schmitz KH, Courneya KS, Matthews C, et al. American College of Sports Medicine roundtable on exercise guidelines for cancer survivors. Med Sci Sports Exer, 2010, 42 (7): 1409—1426.

[62] Wienbergen H, Hambrecht R. Physical exercise and its effects on coronary artery disease. Curr Opin Pharmacol, 2013, 13 (2): 218—225.

[63] Selig S, Levinger I, Williams A, et al. Exercise and Sports Science Australia position statement on

exercise training and chronic heart failure. J Sci Med Sport, 2010, 13 (3): 288—294.

[64] Toelle B, Xuan W, Bird T, et al. Respiratory symptoms and illness in older Australians: The Burden of Obstructive Lung Disease (BOLD) study. Med J Aust, 2013, 198 (3): 144—148.

[65] Mammen G, Faulkner G. Physical activity and the prevention of depression: a systematic review of prospective studies. Am J Prev Med, 2013, 45 (5): 649—657.

[66] Stanton R, Reaburn P. Exercise and the treatment of depression: a review of the exercise program variables. J Sci Med Sport, 2013, 17 (2): 117—182.

[67] Garber CE, Blissmer B, Deschenes MR, et al. Quantity and quality of exercise for developing and maintaining cardiorespiratory, musculoskeletal, and neuromotor fitness in apparently healthy adults: guidance for prescribing exercise. Med Sci Sport Exerc, 2011, 43 (7): 1334—1359.

[68] Hordern MD, Dunstan DW, Prins JB, et al. Exercise prescription for patients with type 2 diabetes and pre—diabetes: a position statement from Exercise and Sport Science Australia. J Sci Med Sport, 2012, 15 (1): 25—31.

[69] Tonkin A, Barter P, Best J, et al. National Heart Foundation of Australia and the Cardiac Society of Australia and New Zealand: position statement on lipid management—2005. Heart Lung Circ, 2005, 14 (4): 275—291.

[70] Kelley GA, Kelley KS, Franklin B. Aerobic exercise and lipids and lipoproteins in patients with cardiovascular disease: a meta—analysis of randomized controlled trials. J Cardiopulm Rehabil, 2006, 26 (3): 131—139.

[71] Sherrington C, Whitney JC, Lord SR, et al. Effective exercise for the prevention of falls: a systematic review and meta—analysis. J Am Geriatr Soc, 2008, 56 (12): 2234—2243.

[72] Walker BF, Muller R, Grant WD. Low back pain in Australian adults: prevalence and associated disability. J Manipulative Physiol Ther, 2004, 27 (4): 238—244.

[73] MacDonald D, Moseley LG, Hodges PW. People with recurrent low back pain respond differently to trunk loading despite remission from symptoms. Spine, 2010, 35 (7): 818—824.

[74] Alberti KGMM, Eckel RH, Grundy SM, et al. Harmonizing the metabolic syndrome: a joint interim statement of the International Diabetes Federation Taskforce on Epidemiology and Prevention; National Heart, Lung, and Blood Institute; American Heart Association; World Heart Federation; International Atherosclerosis Society; and International Association for the Study of Obesity. Circulation, 2009, 120 (16): 1640—1645.

[75] Kay SJ, Fiatarone Singh MA. The influence of physical activity on abdominal fat: a systematic review of the literature. Obes Rev, 2006, 7 (2): 183—200.

[76] Bin Ismail I, Keating S, Baker MK et al. A systematic review and meta—analysis of the effect of aerobic versus resistance exercise training on visceral fat. Obes Rev, 2012, 13 (1): 68—91.

[77] Marwick TH, Hordern MD, Miller T, et al. Exercise training for type 2 diabetes mellitus impact

on cardiovascular risk：a scientific statement from the American Heart Association. Circulation，2009，119（25）：3244—3262.

[78] Dalgas U，Stenager E. Exercise and disease progression in multiple sclerosis；can exercise slow down the progression of multiple sclerosis? Ther Adv Neurol Disord，2012，5（2）：81—95.

[79] Dalgas U，Stenager E，Ingemann—Hansen T. Multiple sclerosis and physical exercise：recommendations for the application of resistance—，endurance— and combined training. Mult Scler，2008，14（1）：35—53.

[80] Kelley GA，Kelley KS，Kohrt WM. Effects of ground and joint reaction force exercise on lumbar spine and femoral neck bone mineral density in postmenopausal women：a meta—analysis of randomized controlled trials. BMC Musculoskelet Disord，2012，13：177.

[81] Kelley GA，Kelley KS，Kohrt WM. Exercise and bone mineral density in men：a meta—analysis of randomized controlled trials. Bone，2013，53（1）：103—111.

[82] Ahlskog JE. Does vigorous exercise have a neuroprotective effect in Parkinson disease? Neurology，2011，77（3）：288—294.

[83] Archer T，Fredriksson A，Johansson B. Exercise alleviates Parkinsonism：clinical and laboratory evidence. Acta Neurol Scand，2011，123（2）：73—84.

[84] Hass CJ，Buckley TA，Pitsikoulis C，et al. Progressive resistance training improves gait initiation in individuals with Parkinson's disease. Gait & Posture，2012，35（4）：669—673.

[85] Ginis KA，Hicks AL，Latimer AE，et al. The development of evidence—informed physical activity guidelines for adults with spinal cord injury. Spinal cord，2011，49（11）：1088—1096.

[86] Billinger SA，Arena R，Bernhardt J，et al. Physical activity and exercise recommendations for stroke survivors：a statement for healthcare professionals from the American Heart Association/American Stroke Association. Stroke，2014，45（8）：2532—2553.

[87] Satariano WA，Guralnik JM，Jackson RJ，et al. Mobility and aging：new directions for public health action. Am J Public Health，2012，102（8）：1508—1515.

[88] Montero—Fernández N，Serra—Rexach JA. Role of exercise on sarcopenia in the elderly. Eur J Phys Rehabil Med，2013，49（1）：131—143.

后记

老年人参加体育活动是延缓衰老、防治某些疾病、提高生活质量的重要途径。《第三次全国群众体育现状调查报告》（2007）的数据表明，随着年龄的增长，我国不参加体育锻炼的人数逐渐增加，70 岁以上的人群参加体育锻炼的比例最低。科学地引导老年人培养体育理念、学习体育知识、参加体育锻炼，健康快乐生活是当前养老服务中的一项重要任务。

目前的社会体育指导员职业培训体系中，缺乏指导老年人进行体育活动的内容，在一定程度上制约了我国老年人体育活动的科学化水平。因此，建立、健全老年体育活动指导师队伍、对老年人体育活动的基础理论、专业知识和实践技能进行全面、系统的培训，对促进老年人体育服务领域专业人才的培养，推动老年体育服务行业职业技能水平的提高具有重要的现实意义和长远意义。

受中国社会福利协会的委托，我们承担了《老年体育活动指导师实务培训》教材的编写任务。参加编写的人员是目前从事运动医学、体育保健学、体育教育学、社会体育学教学与科研的专业人员和博士研究生。

由于目前国内、外尚未见类似的参照书籍，因此，在编写初期，我们本着认真负责的科学态度，经过反复论证、研讨，确定了教材的核心内容和拓展内容。在具体章节编写过程中，我们基于理论为主导、应用为核心的理念，突出安全性、操作性、必要性的特点，力求使本教材既能用于老年体育活动指导师的岗位技能培训，又能成为老年人进行体育活动的实用手册。为此，我们综合了国内、外最新的研究成果和应用实践，参照了大量科学数据和科学方法，将复杂的研究数据和研究结果化解为简单易懂、便于操作的健身方法和控制指标，结合我国老年人喜闻乐见的体育